本书出版受到"西南大学人文社会科学优秀成果文库"经费资助

国家社科基金丛书
GUOJIA SHEKE JIJIN CONGSHU

遇见不可见者

——列维纳斯论超越

Encounter with the Invisible:
Levinas on Transcendence

林华敏　著

人民出版社

"乍看之下，超越之问在 20 世纪的哲学思想中似乎已经成为一个边缘性问题。但仔细审视会发现，实际上这个问题始终都是在场的，即便表面看来对知与行内在关系的研究似乎已经完全被关于核战争的百年之思所吸引，也依然如此。"

——列维纳斯

"现象学的灵魂就在于：通过从所思回溯到思的完满性本身，我们发现了——这里所说的发现并没有任何演绎的、辩证法的和其他的意味——每每全新的意义维度。即使对于所有那些今天已不再自称现象学家的人，上述这一点也是极端重要的。"

——列维纳斯

"上帝一词突然来到人类语言之中就是差异的最初标记。"

——雅克 · 罗朗

"在努力推动超越形而上学的当代哲学家中，列维纳斯无疑是走得最远的一个"。

——基阿尼 · 瓦蒂莫

目　录

前　言

基于列维纳斯(Emmanuel Levinas)思想和著作内容、结构的丰富性和复杂性,有必要对本书写作的出发点和内容进行先行说明。

本书考察和探讨法国哲学家列维纳斯的超越理论,内容涉及其现象学伦理学和神学思想——并不是关于其现象学伦理学和神学的全部,而是侧重于其中的超越论主题,正如主标题"遇见不可见者"所示。当然,这样限定和表述并不完全确切,因为大体而言,列维纳斯的整个思想都可以被定义为"超越论"。同时,关于"超越"的理论,在列维纳斯那里也可以用其他概念来表述,如"第一哲学""形而上学"等。德里达(Jacques Derrida)曾指出,列维纳斯的"这个思想无论如何想在其第一可能性中将自己定义为形而上学(而这是个希腊观念,只要我们顺着问题脉络往下走就不难发现)。这种勒维纳斯想要恢复其隶属关系的形而上学,他要从这种形而上学中修复出用以抵抗源自亚里士多德的整个传统的那种概念"①。

不论列维纳斯被称为现象学家、伦理学家,抑或是神学家,他的思想内容离不开两个基本称呼:"作为第一哲学的伦理学""形而上学"。而这种"第一哲学"或"形而上学"的核心指向和特征是"超越"。无论在现象学、法国哲学

---

① 　[法]德里达:《书写与差异》,张宁译,生活·读书·新知三联书店2001年版,第135页。

的语境中,还是在犹太教神学的语境中,列维纳斯思想的大体指向和特征都可以被概括为"超越"(transcendance)。在此,有必要首先对列维纳斯所使用的这个概念进行简要介绍和阐释。

"超越"这个词在列维纳斯那里有很多维度的含义。在不同的语境和文本中,他从意向性、与上帝的关系、他人的异质性、时间的历时性等方面赋予了"超越"这个词多重含义。在此,我们举一些列维纳斯的文本进行说明。

在《上帝·死亡和时间》中,列维纳斯这样描述"超越":

"超越意味着一种穿越(trans)运动和一种高攀(scando)运动;在此意义上,它意味着一种双重的间距跨越的努力;通过提高,通过水平上的改变;在任何的隐喻之前,这个词的含义可以在它地点的改变上来思考。……目光向上转向天空,于是遇到了不可触摸之物:圣物[不可触摸(intouchable),这是不可能性(impossibilité)的一种说法,它还不到被禁止(interdit)的程度]。被目光如此跨越的距离,就是超越。"①

"在作为意识的情感之下,始终存在着本体论,填满的欲望(les désirs)是含有同一性的欲望。但是,在种种倾向达到一种界限之外的地方,可能会爆发一种情感性,它并不符合意识的这一描绘,它把我们从经验中拉出来;换句话说,它并不能简单归结为经验:它是超越(transcendance)。"②

这两段话揭示了"超越"这个概念的神性和情感性的维度与内涵。超越指向的是"高处",存在之外,界线之外;超越是"超验"——超出经验,但并不意味着它不是经验,只是说它超出对象性经验之外,是一种关于超越者的经验。这种经验不属于对象化的意识经验,而属于情感性经验。

---

① [法]勒维纳斯:《上帝·死亡和时间》,余中先译,生活·读书·新知三联书店1997年版,第195—196页。"勒维纳斯"同"列维纳斯"。这里将transcendance改译为"超越"。关于这个翻译下文将进行说明。

② [法]勒维纳斯:《上帝·死亡和时间》,余中先译,生活·读书·新知三联书店1997年版,第262页。译文有所调整。

在《总体与无限》中，列维纳斯有多处文本描述"超越"：

"形而上学端点的这种绝对外在性，形而上学运动的这种不可还原为内在游戏、不可还原为自身对自身的单纯在场的特性，是超越这一词的主张——如果不是证明的话。形而上学的运动是超越的，而超越作为欲望和不相即，又必然是一种向上超越(une transascendance)。"①

这段话揭示了"超越"的形而上内涵和特征。同时也反过来表明了列维纳斯所使用的"形而上学"概念的本质内涵是"超越"。

"超越(La transcendance)不是对他人(Autrui)的一种观看(vision)——而是一种原初的赠予(donation originelle)。"②

如果我们从列维纳斯这句话中的 vision 这个概念入手，也可以理解"超越"这个概念。vision 这个词也可翻译为视觉。该词的词根 vis 表示看，vision 表示眼睛看到的图像。结合列维纳斯对面容(visage)的基本界定：他要避免将面容作为具体的对象，即面容不是所看到的，它超越所见者，溢出于被我接受并表征的那部分内容。在这里，"超越"这个概念也表明了对视觉中心主义、对表象主义的超越。

进一步地，关于列维纳斯以上这句话，马里翁(Jean-Luc Marion)曾作了一个阐释：

"我们是这样理解的：被给予性给出自身，因而与超越性相一致，从而也就不是为了看到他者而给出的。事实上，'他者仅仅在其脸上才不

---

① ［法］列维纳斯：《总体与无限》，朱刚译，北京大学出版社 2016 年版，第 6 页。按照列维纳斯的说法，transascendance 这个词来自华尔(Jean Wahl)。对此，我们将在后面论述列维纳斯与华尔的关系时展开论述。

② ［法］列维纳斯：《总体与无限》，朱刚译，北京大学出版社 2016 年版，第 158 页。E.Levinas, *Totality and Infinity*, Alphonso Lingis(trans.), Pittsburgh：Duquesne University Press, 1969, p.174；E.Levinas, *Totalité et Infini：Essai sur l' extériorité*, La Haye：Martinus Nijhoff, 1961, p.189.说明：本书各章节写作时间跨度较大，对列维纳斯著作的参考引文，存在英、中和法文版不同版本的情况。大部分以英文文本为主，兼参阅了中文和法文版，在一些理解和翻译有疑难的地方，笔者将同时标注几个版本出处。

显现……'我们甚至于可以说,既然脸并不在表象中消失,那么将自己显现为一张脸时,他者完全就不显现。假如脸不是给出自身以使他者被看到,那么它如何显现自己？它的确显现了么？对此,列维纳斯纠正说,问题不应该这样问。因为他者并不是向观看(voir)而是向领会(entendre)显现的。"①

列维纳斯在这一节的后面还有一个相关表述:"超越……是最初的伦理姿态。"②如果将"原初的赠予""领会"与"他人的面容""伦理姿态"相结合,就能看到列维纳斯的"超越"概念不属于对象化的范畴,它描述的是对象化之前的人与人之间的关系。人们无法从视觉、理性的层面上去获得这种关系,只能通过"领会"。这种"领会"带有很强的"情感(感性)"色彩。

在《异于存在,或本质之外》的开篇,列维纳斯这样描述"超越":

"如果超越具有意义,它只能显示着这样的事实:是(being)、去是(esse)、本质(essence)这个事件越至存在之外。……超越越至存在之外,越至异于存在。"③

这段话整个地奠定了这本书,乃至列维纳斯后期思想的主题。实际上,按照理查德·科恩(Richard A.Cohen)在这本书英译本序言中的评价:《总体与无限》的首要工作是确定和阐述他人的他者性作为道德的至高与赤贫,超越在他人的面容中被发现;《异于存在,或本质之外》将这种异质性的伦理回归到了主体的道德感受性,回归到被他人唤醒的主体,作为他人的人质、替代他人和自我牺牲的主体。超越更深地被根植于身体之中。④ 实际上,这也意味

① [法]马里翁:《从他人到个人》,见高宣扬主编:《法兰西思想评论》(第三卷),同济大学出版社2008年版,第28—29页。

② [法]列维纳斯:《总体与无限》,朱刚译,北京大学出版社2016年版,第158页。

③ E.Levinas, *Otherwise than Being, or, Beyond Essence*, Alphonso Lingis(trans.), Pittsburgh:Duquesne University Press,1998,p.3.斜体为原文所有。

④ Richard A. Cohen, "Foreword", in Levinas, *Otherwise than Being, or, Beyond Essence*, Alphonso Lingis(trans.), Pittsburgh:Duquesne University Press,1998,p.xii.

着,到了《异于存在,或本质之外》,列维纳斯对超越的论述更多地从他人的面容转到了感受性的主体,回到了自身。这是一个重要转变,也是重要的深入。

在此需要提醒一点:虽然列维纳斯的超越概念有不同的语境,有现象学、神学和伦理学的视角,但基本地,列维纳斯在"超越"概念的使用上往往倾向于人与人之间的关系的超越。在一次访谈中,他提道:

> "他人的陌生性、他者性……他的异质性关乎我。或许,超越的观念就是在这点上提出的。"①

但是,超越并不是单纯地指向他人的他者性和异质性,因为在列维纳斯那里,他实际上又赋予了他人以"上帝"的神圣性意义上的超越。在法语中关于他人、他者通常有四种表达:Autrui、autrui、Autre、autre(大写的他人、他人、大写的他者、他者)。这些概念既包含他人的他者性(otherness)、陌生性(strangeness)、差异性(difference)、异质性(alterity)等含义,同时也包含着上帝的他者性、陌生性、差异性、异质性等。

除此之外,超越这个词还有时间层面上的含义。列维纳斯有一个独特的概念"时间的历时性(diachronie,dia-chronie)",这个概念区别于顺时性、共时性(synchrony)。时间的历时性是瞬间不断的断裂、重新开始与完成,它是对同一性(总体化)的时间观的超越。历时性的时间模式表明了意识和对象之间的非意向性构建关系,过去是绝对不可追溯的过去,未来是绝对不可期待的未来。时间是与他者(他人)的关系,它本身就是一种绝对的异质性和超越。

总之,列维纳斯的"超越"概念不是指简单的越过、超出或由此到彼,也不是指"意识"超出自身去认识"对象"。这个概念的核心含义中始终有一层形而上学的意味,它体现了列维纳斯思想的彻底性与激进性。而在汉语语境中,如果取中文"超越"的普通(形而下的)含义,则有可能损失其神性与形而上层面上的内涵。关于这个词有不同的译法,有学者翻译为"超验""超验性""升

---

① E.Levinas, *Is it Righteous to be? Interviews with Emmanuel Levinas*, Jill Robbins(eds.) ,Stanford:Stanford University Press,2001,p.48.

越""卓越"等。但在本书中,考虑到中文阅读的习惯,还是取其通常译法"超越",但需要注意和强调的是这个词特有的形而上、神性的内涵。

无论从其现象学、神学、伦理学思想,还是政治思想内容中,都能看到"超越"之基本指向和特征。也就是说,在"超越"这个概念和主题的统领下,列维纳斯的思想是浑然一体的,是很难具体地被"分块"的——他的现象学、伦理学、神学、政治学思想具有内在的高度的精神统一性。在讨论他的超越理论时,其中尤其突出与需要注意的是其思想中涉及神学的内容。列维纳斯很明确自己不是神学家,并且他有意将其哲学与神学(尤其是《塔木德》注解)写作出版分开。但这也不意味着在思想上他的哲学与神学是真正根本地分开的。因为,在列维纳斯的现象学哲学与犹太神学之间,很多概念、表述和思想是互用和贯通的;更重要地,二者共享着一个基本的精神,那就是超越。

列维纳斯的现象学哲学与他对犹太教思想的阐发,都共同地聚焦于"超越"。他在现象学上力图反思和批判胡塞尔(Edmund Husserl)、海德格尔(Martin Heidegger),其突破口是"超越",是绝对异质性的他者。他的神学,他对《塔木德》的注解,他的上帝观,他恢复真正的神学的努力,都是建立在他对真正的上帝之"超越"本性的理解和恢复之上的。在列维纳斯那里,不论是对哲学形而上学的恢复,还是对神学的恢复,都是建立在对真正的超越、他者的恢复基础之上的。列维纳斯批判胡塞尔和海德格尔所代表的传统哲学将哲学束缚于意识和存在的总体之中,遮蔽了绝对的他者,从而失去了真正的形而上——超越;他批判传统神学对上帝的操作,将上帝作为实存者而忽略了上帝真正的他异性和超越性,也因而失去了真正的上帝。

列维纳斯思想的核心内容与落脚点是"超越"。本书的基本任务就是去考察与阐释这个基本的判断。从结构上,本书主体内容更多地倾向于对其现象学和神学思想进行考察,而较少涉及具体的伦理思想主题和政治思想主题。但由于列维纳斯各个思想"板块"的内在基础和精神的统一性,在论述过程中,实际上存在相互渗透和重叠的地方。尤其是在对"上帝""无限观念"这两个概念和议题的讨论上,列维纳斯整个思想都反复交叉地出现这两个重要概念;除此之外,还有他者、面容和踪迹等具有模糊性、超越性的概念,都是列维纳斯的现象学、神学、伦理学和政治学等思想"板块"共享的基本而重要的概念。

笔者并不完全赞同法国哲学家雅尼考(Dominique Janicaud)关于列维纳斯的"现象学神学转向"的评判和指责,不认为列维纳斯抛弃和背叛了现象学而完全去借用现象学的幌子从事神学。基本地,笔者认为,列维纳斯进行着一种激进、彻底的现象学,这种现象学认为胡塞尔和海德格尔还"不够现象学";但同时,列维纳斯确实具有强烈的犹太教神学背景和上帝观,它构成了列维纳斯现象学的"视域"(horizon)。在现象学与神学的交错重叠中,列维纳斯提出了一种关于不可见者之显现的现象学,即关于"意义的显现"的现象学——而非关于表征对象的显现的现象学。不可见者之显现,它显现了什么?最初的差异、命令—戒律,即意义。

去描述上帝这个词的意义如何向我们显现?这是列维纳斯思想的重要任务之一。同时,也可以说,列维纳斯既从事现象学也从事神学(并非传统的神学)。在列维纳斯的激进现象学那里,这二者高度重叠,都力图克服古希腊精神传统下的哲学和神学对超越的"总体化"暴力。同时,列维纳斯对自己的工作有清晰的自我意识,他是在用现象学哲学(理性)的基本立场和思路方式进行这项工作的。这也是为什么列维纳斯一直主张自己是哲学家,而不是神学家的原因。当然,这项任务的难度和可能性也使得他遭受质疑,比如德里达质疑列维纳斯试图作为一个"希腊人",用希腊语言,去"杀掉一个仍然支配着我们的希腊之父"。①

当然,本书围绕"超越"这个主题解读列维纳斯还远远不够。笔者认为,具体的伦理和政治思想议题(虽然有些学者并不主张列维纳斯的思想涉及具

---

① ［法]德里达:《书写与差异》,张宁译,生活·读书·新知三联书店2001年版,第149页。

体的政治思想议题)是列维纳斯思想的"血和肉",也是他的思想中非常具有现实性和争议性的地方所在,需要进一步考察和思索。但是,在这之前,去拓清列维纳斯思想的"精神/神性",寻求其思想的形而上之基础和可能性,这是首要的任务,也是定位和理解其具体的伦理与政治思想议题的基本前提和基础。

导论　现象学与神学

——兼论雅尼考对列维纳斯的批评

"历史向我们表明,神学与哲学处于一种对话之中,这种对话不仅是持续不断的,而且是必然的。"①

——奥特(Heinrich Ott)

"尽管从某种意义上说,胡塞尔是现象学的中心,但他并不是现象学的全部。"②

——保罗·利科(Paul Ricoeur)

"我几乎总是开始于胡塞尔或者在胡塞尔之中,但是,我所说的东西不再是在胡塞尔之中。并不是因为我比胡塞尔聪明,而是因为我被胡塞尔的《第五笛卡尔沉思》所困扰。"③

——列维纳斯

---

① [德]奥特:《从神学与哲学相遇的背景看海德格尔思想的基本特征》,载刘小枫选编:《海德格尔式的现代神学》,华夏出版社 2008 年版,第 68 页。

② [法]保罗·利科:《论现象学流派》,蒋海燕译,南京大学出版社 2010 年版,第 1 页。

③ E.Levinas,*Is it Righteous to be? Interviews with Emmanuel Levinas*,Jill Robbins(eds.),Stanford:Stanford University Press,2001,p.271.

一

宗教和神话是哲学的重要源头。随着理性逻辑思维从宗教神话叙事中逐渐剥离出来,神学也从这种剥离中走出而成为区分于哲学的学科。信仰和理性的对立成为了这种区分的基本表现。但是这种对立与区分不是绝对的,哲学与神学一直保持着深刻的关联。这点在海德格尔等许多哲学家的思想中得到重要体现。神学是海德格尔思想的源头,他曾在一篇谈话"从一次关于语言的对话而来——在一位日本人与一位探问者之间"(收录于《在通向语言的途中》)中明确指出:"倘若没有这一神学的来源,我就绝不会踏上思想的道路。而来源始终是未来。"①在"我进入现象学之路"中海德格尔也同样指出了他思想中神学的重要出发点:"1909—1910 年冬季学期,在弗莱堡大学神学系,我开始了学院的学习。主要的精力放在神学上,此外还有足够的余地留给本来就属于学习计划的哲学。……四个学期之后,我放弃了神学的学习,完全致力于哲学了。但在 1911 年以后的几年里,我仍然听了一门神学讲座,这就是卡尔·布赖格讲授的教义学。这是由我对思辨神学的兴趣决定的。"②作为海德格尔的学生,列维纳斯也具有类似的思想经历。作为犹太人,列维纳斯深受犹太教文化的熏陶,而且一直致力于解读和阐释犹太教精神。列维纳斯也曾明确说过自己的思想与神学密切关联。他说:"我没有后悔将哲学与神学放在一起……。对我而言,哲学发端于宗教。"③海德格尔和列维纳斯的思想中都存在某种神学的"内核",实际上,与其说是"内核",不如说是在哲学中"延续"了某种关于神学与哲学的共同的思。他们都坚持其哲学之路是从神学起步并且在核心地带与神学具有同源性。

①　[德]海德格尔:《在通向语言的途中》,孙周兴译,商务印书馆 2008 年版,第 95 页。
②　《海德格尔选集》(下卷),孙周兴选编,生活·读书·新知三联书店 1996 年版,第 1280—1281 页。
③　E Levinas, *Nine Talmudic Readings*, translated and with an Introduction by Annette Aronowicz, Bloomington: Indiana University Press, 1990, p.182.

在《现象学与神学》一文中,海德格尔提出了对神学与哲学基本界定和关系的著名论断。海德格尔将神学作为一种实证科学,一门关于存在者的科学,"对某个现成摆着的和已经以某种方式被揭示出来的存在者的有所论证的揭示"①的科学;而哲学则是关于存在的科学,存在论,"原则上需要调整那种以存在者为标的的目光:从存在者转向存在;而恰恰在那里,存在者还被保持在目光中——当然,这是对一种已经改弦易辙的态度说的"②。在这个基本界定之下:"神学是一门实证科学,作为这样一门实证科学,神学便与哲学绝对地区分开来。"③神学与哲学的区分体现了海德格尔那里存在者与存在的区分,也因此,神学需要哲学的调校。在这篇文章中,海德格尔将神学引向了更源头的地方,存在者之存在显现的维度。据此,海德格尔指出哲学与神学的基本关系,哲学乃是对神学之调校:"哲学乃是对神学基本概念的存在状态上的而且是前基督教的内含所作的形式指示的存在论调校。"④海德格尔明确意识到在神学和哲学作为两种学科的对立之前,二者已经存在矛盾,生存状态上的矛盾。"整个此在的这一信仰状态与自由的自我承担之间的生存论上的矛盾,早在神学和哲学之前就已经存在了,而并不是通过作为科学的神学和哲学才形成的。"⑤尽管如此,作为哲学(或者说作为存在论方法)的现象学依旧能够对神学进行某种前科学的揭示(调校)。这是海德格尔那里现象学与神学的基本关系。

透过海德格尔,可以看到现象学与神学之间的亲源性。但是,在现象学内部,"现象学"与"神学"这两个概念放在一起组成一个词组或术语表述,却始终存在着各种争论。对于 20 世纪尤其是 20 世纪后半叶法国现象学,这个争论尤其明显。随着胡塞尔和海德格尔思想的传入和发展,法国一大批思想家

① 〔德〕海德格尔:《路标》,孙周兴译,商务印书馆 2011 年版,第 57 页。
② 〔德〕海德格尔:《路标》,孙周兴译,商务印书馆 2011 年版,第 55 页。
③ 〔德〕海德格尔:《路标》,孙周兴译,商务印书馆 2011 年版,第 55 页。
④ 〔德〕海德格尔:《路标》,孙周兴译,商务印书馆 2011 年版,第 72 页。
⑤ 〔德〕海德格尔:《路标》,孙周兴译,商务印书馆 2011 年版,第 73 页。

接受和跟随着现象学,在第二次世界大战之后的20多年里,现象学在法国获得了全面发展和传播,①但是同时也逐渐表现出法国自身的独特性,其中重要的一点就是与神学议题的结合和相互渗透。因此,有了其后"现象学与神学"的关系问题和争论。这个争论围绕着这样的论题展开:"在20世纪法国现象学中是否有一种神学转向,在20世纪法国哲学中是否存在一种现象学的神学?"是否可以说有一种"神学的现象学"?

从宏观上看,现象学在法国的发展,其主题的转换——借用梅洛-庞蒂(Maurice Merleau-Ponty)的《可见的与不可见的》一书标题——呈现出由"可见的"到"不可见的"转向趋势。正如梅洛-庞蒂在该书中揭示的主题:"我们要在一切本体论偏见之外重述怀疑论的各种争论,正是为了知道什么是世界存在、事物存在、想象的存在和意识存在。"②可以说,这是梅洛-庞蒂对胡塞尔现象学主题的某种概括:回到事情本身,回到显现的起点。但是梅洛-庞蒂并没有简单回到意识之"我思"作为反思的开端,而是回到世界——可感的世界本身。进而言之,回到了感性之模糊性。

> "非常真实的就是:'私人世界'在交流,它们中的每一个都是作为共同世界的一个变化体而存在。……确实性——尽管它是不可否认的——仍然是绝对模糊的;我们可以经验它,但不能思考它,不能表达它,也不能将它上升为论断。任何澄清的尝试都将会将我们引向二难推理。然而,这种不可辩护的、对我们来说都是共同的可感世界的确实性在我们这里却是真理的基础。……哲学不能简单地以内在分析的要求的名义忽视这些起源的事实。"③

在一定意义上,梅洛-庞蒂表达了法国现象学对现象学主题"回到事情本身"的独特的理解与追寻。明晰性被模糊性取代,"回到事情本身"意味着回

---

① [法]丹尼斯·于斯曼:《法国哲学史》,冯俊、郑鸣译,商务印书馆2015年版,第454页。
② [法]梅洛-庞蒂:《可见的与不可见的》,罗国祥译,商务印书馆2016年版,第16页。
③ [法]梅洛-庞蒂:《可见的与不可见的》,罗国祥译,商务印书馆2016年版,第22页。

到了不能思考、不能表达、不能上升为论断的"经验"。简言之,现象学还原的目光聚焦从可见到不可见,从可分析到不可分析,从"我思"的理性到"肉身"的感性。

在梅洛-庞蒂之外,朝向"不可见"似乎还有更加彻底的,诸如列维纳斯和马里翁等人。表面而言,他们那里的"不可见者"带着更多的"神学"的色彩。如何看待这种转变,它是否真的是一种神学的转向? 关于这个争论,典型地反映在法国哲学家雅尼考1991年写的一篇长文《法国现象学的神学转向》中(该文后来收录于《法国现象学神学转向》一书中)。在该文中,雅尼考认为存在这样的转向,但是这个转向最后并不是在现象学内部运动,而是跳出了现象学甚至成为了神学。同时,他也不主张"现象学的神学转向"是研究现象学和神学二者的关系。也就是说,这个"转向"并不是处理二者的关系,而是完全转入了神学之中。他认为法国哲学的道路中有一些代表人物,比如列维纳斯、马里翁、路易斯·克里汀(Jean-Louis Chrétien)和米歇尔·亨利(Michel Henry),他们的哲学体现了"神学的转向"。

雅尼考将从列维纳斯到米歇尔·亨利这个过程中的一些重要思想家,作为法国现象学的第二代现象学家,称之为"新的现象学家"。他认为这些新的现象学家所实践的现象学已经不再是现象学的,而是在现象学掩盖下的神学。雅尼考对这批"新现象学家"的讨论带着明显的批评,他认为"列维纳斯等人在现象学中引入了上帝——圣经的上帝——原本不属于现象学的上帝——从而败坏了法国现象学的未来"①。很明显,雅尼考反对将现象学和神学混在一起。他通过解读这些新的现象学家的思想,进而指责他们所做的"现象学神学"。

对于雅尼考,现象学在法国所面临的危险不仅在于经验和先验的遭遇。雅尼考认为,近代法国现象学已经将对现象的描述居于去追问现象学的本质

①　Janicaud,Dominique(eds.),*Phenomenology and The"Theological Turn":The French Debate*,Bernard G.Prusak(trans.),New York:Fordham University Press,2000.p.4.

这个问题之后,也就是不首先去描述现象,而是去质问现象学的本质;并且已经将一种积极的现象学计划让位于"使原初性显现",将现象学的计划放在了让原初性显现这项工作上,放在了"回到原初性""从现象转到根基""从内在性到超越"这些任务之上。这样做颠倒了现象学的本末。雅尼考认为这正是"新的现象学家"所做的工作。

"做现象学,还是神学?"这个问题一直是许多法国现象学家所面临的质疑。例如在当代法国著名哲学家马里翁那里,他通过对被给予性、漫溢现象等不可见(知)性和超越性问题的深入讨论所展现出的现象学与神学的交叉更加让人疑惑不解。在1997年,马里翁和德里达就关于"礼物"问题发生争论。争论的焦点在于:纯礼物能否在不对其破坏的情况下被描述? 德里达重申了雅尼考对现象学神学转向的批评。按照德里达的观点,马里翁不再做现象学,因为他所尝试的是去思考礼物的纯粹所予、不能被知道的东西,去思考不能思考的东西:知觉缺乏,这违背了胡塞尔的"所有原则的原则"。① 而马里翁则主张"只要描述是可能的……我们就保留在现象学的领域里"。但是这已经无法满足德里达的提问,他指出:马里翁的"关于被给予性的超常的延伸"只能在神学的背景上具有意义。马里翁被德里达激怒,最后大声直呼:他是否做现象学这个问题已经不重要。因为,如同海德格尔,他更感兴趣的是引起现象学的兴趣的东西。② 德里达对马里翁的这些批评实际上更早地在他对列维纳斯的著名的批评《暴力与形而上学》一文中就已经隐约表现出来了——甚至可以认为德里达对列维纳斯和马里翁的批评是站在同一个立场上的——而且到目前为止对这些"神学"成分的批评的声音并没有减小。

关于这个论题的基本争论,可以通过以雅尼考的梳理和考察为引领,来大

---

① Janicaud, Dominique(eds.), *Phenomenology and The"Theological Turn":The French Debate*, Bernard G.Prusak(trans.), New York:Fordham University Press,2000,p.5.

② Janicaud, Dominique(eds.), *Phenomenology and The"Theological Turn":The French Debate*, Bernard G.Prusak(trans.), New York:Fordham University Press,2000.p.5.

致把握问题的脉络与焦点。在这个基础上,回到列维纳斯的视域中,探讨列维纳斯那里的现象学和神学的(关系)问题。或者说如何界定和理解列维纳斯所面对的"现象学神学转向"这个诘难?

雅尼考的文章很长,它是以一种报告的形式展现。从回顾1975—1990年法国哲学史开始,他发现在这段历史中,法国哲学出现了一个非常复杂的思想景观。在这个过程中,法国哲学发生了新的方向,同时也失去了系统化,各种哲学思想和观念的斗争也愈发激烈。在这个背景下,雅尼考指出,法国现象学的研究凭借着一种严肃性(特别是保罗·利科和米歇尔·亨利)和一种独特的原创性(例如列维纳斯)从20世纪六七十年代流行的(主要是存在主义)哲学中撤退出来,形成一种新的哲学思想景观。这种新的哲学思想景观不能被"神学转向"这个标题所囊括。因为"神学转向"这个标题仅仅试图证明法国现象学中这样一种倾向:从一种无神论的现象学到一种属灵论(spiritualist)的现象学①。雅尼考本人也清楚地知道,他所做出的"神学转向"的概括和研究只是法国现象学丰产性的一方面,而不是全部。

但是,雅尼考的考察从一开始就具有很强的针对性。他把现象学和神学凸显出来并放在一起解读,这个解读是沿着现象学在法国的基本发展脉络而展开的。他指出:在过去30多年的法国哲学中,"是否存在一个道路,与在开始时对胡塞尔和海德格尔接受时期不同的道路? 与内在性的现象学分道扬镳的道路? 向不可见者打开,向他者,一种纯粹的所予性打开的道路,或者向一种'最高的启示'(archi-revelation)打开的道路?"②对这两个基本问题,雅尼考给出的答案都是肯定的:存在这样的与胡塞尔、海德格尔现象学不同的道路,一条朝向最高的启示的道路。

---

① Janicaud, Dominique(eds.), *Phenomenology and The"Theological Turn"*: *The French Debate*, Bernard G.Prusak(trans.), New York: Fordham University Press, 2000.p.17.

② Janicaud, Dominique(eds.), *Phenomenology and The"Theological Turn"*: *The French Debate*, Bernard G.Prusak(trans.), New York: Fordham University Press, 2000.p.17.

基于这样的基本立场,雅尼考考察了胡塞尔现象学在法国的接受者们那里所发生的传承和转变。他认为"以半个世纪的视角去看,法国对胡塞尔的最原初的接纳,在今天看起来已经是过于简单化了"①。在法国现象学家当中,早期最突出的是萨特(Jean-Paul Sartre)。他在前期和后期对现象学表现出不同的兴趣和立场。萨特早期对胡塞尔现象学意向性以及自我的超越问题感兴趣,也已经表现出来一种超越论的倾向;然而,在法国解放运动之后的10年间,萨特放弃了现象学而朝向政治和一种伦理的介入。对萨特而言,他后来关于伦理学的笔记揭示了他对严格的现象学问题——完全纯粹的、与具体的处境和社会政治斗争太超然的问题——没有太多的兴趣。

然而,在萨特之外,还有许多哲学家继续沿着胡塞尔艰深的道路探险,甚至于将这条路引向了更艰难晦涩的地方。比如梅洛-庞蒂、列维纳斯、保罗·利科等人,他们寻求对胡塞尔思想的探险性的解读。相比于胡塞尔的科学主义的理性和清晰,法国的现象学家们更倾向于在经验的幽暗和晦涩地带、可见与不可见之间进行思想的冒险,不断地冲击和挑战现象学对意识考察这个任务的界线。雅尼考指出,利科通过芬克(Eugen Fink)的解释性的视角,指出胡塞尔那里隐含的新的道路,第三种意义的意向性:超越于心理的意向性和意向行为—意向相关项交互关系,在世界的源头的生产性和创造性的揭示。② 对此,利科在《作为一个他者的自身》中进行了阐述。利科通过追溯主体自身性、认同、他者性等问题,打破了主体优先性和自我认同的同一性,向异于自身的他者性靠近。利科主张"只要我们还停留在同一性—相同性的循环中,那么不同于自身的他者性就不呈现任何原始性"③。利科对他者性的考察体现出了对原初的非同一性的经验的探讨。在这本书中,利科也讨论了笛卡尔

① Janicaud, Dominique (eds.), *Phenomenology and The "Theological Turn": The French Debate*, Bernard G. Prusak (trans.), New York: Fordham University Press, 2000. p. 17.

② Janicaud, Dominique (eds.), *Phenomenology and The "Theological Turn": The French Debate*, Bernard G. Prusak (trans.), New York: Fordham University Press, 2000. p. 23.

③ [法]保罗·利科:《作为一个他者的自身》,佘碧平译,商务印书馆2013年版,第7页。

(René Descartes)的我思观念以及相关的上帝观念,还有哲学与信仰的关系问题,但是利科并没有如后来的列维纳斯、马里翁等人那样大篇幅地使用神学宗教概念以及讨论神学议题。按照雅尼考的说法,在利科那里也提出了被动的自身和回应者,这些问题本身已经包含了神学的转向,但是利科并没有往下走,而是将自己仅仅限制在这一步之内。雅尼考认为,利科的方法论的犹豫导致他解释学的谨慎,止步于现象学到神学的步骤,利科没有进入神学之中。①

接下来的另一个重要人物是梅洛-庞蒂。在梅洛-庞蒂研究的中心,在《可见的与不可见的》这本文集中,"交错(intertwining)"这个概念被引入,用以阐发一种既不是古典的再现哲学,也不是胡塞尔的现象学。这种现象学逐渐向一种不可见者的显现靠近。梅洛-庞蒂认为,应该严格看待胡塞尔那里的视域(horizon)概念,视域不能被还原为可见性的透明清晰的空间地方位置,或者一般地,表面或平面甚至于空间性。相反,梅洛-庞蒂认为:"身体以及参与其中的距离,在同样的肉体性或者一般意义上的可见性,它统治着它们之间以及它,甚至于超越视域,在皮肤之下,在存在的深处。"②视域被理解为交错,超越于任何定界,由我的在可见中的视觉所定的界限,甚至于包括一切在事物的身体肉身之中潜伏的可见的。也就是说,"可见的从来不是纯粹的,而总是与不可见性相互跳动的(悸动的),甚至于我所拥有的视觉也不是一切能够被确定无疑地刻画(划界)的,而是在物质性(肉身性)中被铭刻的。"③交错因此指示了一个双重的覆盖(超越、过剩、充溢):关于世界的肉身性之可见,以及我肉身性的视觉。这四个术语形成一个交叉关系,但是任何一个都

---

① Janicaud,Dominique(eds.),*Phenomenology and The"Theological Turn":The French Debate*, Bernard G.Prusak(trans.),New York:Fordham University Press,2000.p.23.

② Janicaud,Dominique(eds.),*Phenomenology and The"Theological Turn":The French Debate*, Bernard G.Prusak(trans.),New York:Fordham University Press,2000.p.24.

③ Janicaud,Dominique(eds.),*Phenomenology and The"Theological Turn":The French Debate*, Bernard G.Prusak(trans.),New York:Fordham University Press,2000.p.24.

从来不能与可见性之神秘的出现相分离。梅洛-庞蒂对身体直觉的描述打破了胡塞尔意义上清晰的理性意识对世界的把握,打破了那个清晰的视域(理性之光所见到—构建起来的视域),而回到了身体直觉。这种回归同时也回到了可见和不可见的交错的空间里面。这个空间是交错的,而不是二元分离的。

雅尼考通过引介梅洛-庞蒂《可见的与不可见的》一书的基本主题,指向了法国现象学在胡塞尔现象学的基础上所打开的一种可逆性视域。按照梅洛-庞蒂的理解:"从某种意义上说,就像胡塞尔说的那样,整个哲学都在于恢复意指的能力,就在于恢复意义或原初意义的诞生,就在于恢复通过经验的经验表达,这种表达尤其阐明了语言之特殊领域。"①可见与不可见的交错,这种交错就在于"可逆性"②。梅洛-庞蒂通过交错与可逆性克服传统的二元论,自我和他人、主体和对象的沟壑,"他们是两个入口、两个开放、两个舞台,某种事情将要在其中发生——这两者都同属于一个世界,属于存在的舞台"③。在梅洛-庞蒂的知觉现象学中,他尝试用身体的统一性克服二元论,同时也克服反思和前反思的区分。由此,现象学展开了一个完全新的视域,回到了概念化之前的、无法被思的身体经验。

在梅洛-庞蒂之后,雅尼考重点考察了列维纳斯。这个考察占据了雅尼考整篇文章非常大的篇幅。按照雅尼考的看法,《总体与无限》不仅仅是与梅洛-庞蒂同时期在时间上最近的作品,而且它关注和解决同样的问题,都试图解决胡塞尔现象学的不足:"意向性并没有成功地'还原'反身性;它既没有在世界中浮现,也没有进入他人,获得充分的注意。无论在抱负上有多超越,胡塞尔普遍构造的观念论还是不够彻底。"④这也是列维纳斯对胡塞尔现象学的

① [法]梅洛-庞蒂:《可见的与不可见的》,罗国祥译,商务印书馆2016年版,第192页。

② [法]梅洛-庞蒂:《可见的与不可见的》,罗国祥译,商务印书馆2016年版,第337页。

③ [法]梅洛-庞蒂:《可见的与不可见的》,罗国祥译,商务印书馆2016年版,第337页。

④ Janicaud,Dominique(eds.),*Phenomenology and The"Theological Turn":The French Debate*,Bernard G.Prusak(trans.),New York:Fordham University Press,2000.p.25.

基本批判与反抗:意向性如何能够指向绝对的超越者? 列维纳斯要求超越"视域"这个概念的纯意向性的意义,这点非常接近梅洛-庞蒂。在列维纳斯那里,很明确地,"意向分析是对具体的探寻。然而,在界定着概念的思想的直接注视下而获取的概念仍被揭示为植根于此思想所毫不怀疑的境域之中。而这种根植并不为此素朴的思想所知道。这些境域赋予概念以意义——这就是胡塞尔的根本教导。在就字面意义来看的胡塞尔现象学中,这些不受怀疑的境域自身是否又被解释为瞄向对象的思想,这并不重要! 重要的是那种溢出——被遗忘的经验对那赖之而存活的客观化的思想的溢出——的观念"①。雅尼考指出,在超越意向性的视域上,列维纳斯与梅洛-庞蒂的目的是一样的。而且,他们的策略非常接近,他们都更加相信现象学的精神性和超越性的维度。这种对超越性维度的强调和重视要超过胡塞尔。对此,雅尼考对列维纳斯的这点评价是中肯的。实际上,现象学对不可见与超越维度的关注实际在海德格尔的文本中就已经出现了。海德格尔提出的"关于非显现的现象学",这个表述是梅洛-庞蒂后期《可见的与不可见的》一书的基本议题;它也在列维纳斯、米歇尔·亨利和马里翁那里不断地被重复与深入。雅尼考认为正是在这个方向上,列维纳斯与这些思想家们一起,走向了一条与胡塞尔现象学不同的道路,一条背离胡塞尔现象学的道路。

但是雅尼考指出,列维纳斯和梅洛-庞蒂之间根本的分歧,不在于他们共同关注对意向性的超越以及打开不可见者的现象学问题上,他认为在这个问题上至少两人依然是哲学和现象学的,还没有走向"神学"的维度。按照雅尼考,梅洛-庞蒂的道路有一个启发式的断裂性:它是一个流动的探寻,探寻最接近每个人都能经历的经验的丰富性。"梅洛-庞蒂的道路只预设了一种不

① Janicaud, Dominique (eds.), *Phenomenology and The " Theological Turn "*: *The French Debate*, Bernard G.Prusak(trans.), New York: Fordham University Press, 2000. p.26.列维纳斯引文见 E.Levinas, *Totality and Infinity*, Alphonso Lingis(trans.), Pittsburgh: Duquesne University Press, 1969, p.28。译文参考[法]列维纳斯:《总体与无限》,朱刚译,北京大学出版社 2016 年版,前言第 9—10 页。

竭的欲望,去阐释那些将自己隐藏在经验之中的东西。"①梅洛-庞蒂通过对身体知觉的现象学考察,只是不断地试图阐释那个将自己隐藏在经验(可见者)里面的东西。梅洛-庞蒂的"交错"理论并不是排除一切,而是打开了人们对世界的深处和源头的关注。这种关注通过身体知觉而往经验和世界的深处——不可见者(不透明性)伸展。也就是说,梅洛-庞蒂依旧是在从更深的经验出发在现象学的道路上超越胡塞尔和海德格尔的经验视域。

不同于梅洛-庞蒂,雅尼考认为列维纳斯做了相反的事情。他认为在列维纳斯那里,一开始就预设了一种他者外在性,预设了某种"信仰/神学"的前提;通过异质性而预设了一种非现象学的、形而上的欲望——他引用了列维纳斯的一个表述:"对我们出生地之外的地方的欲望"②。正是从欲望概念出发,雅尼考认为列维纳斯那里"预设了一个形而上学—神学的蒙太奇手法,它优先于哲学写作"③。从这个预设出发,列维纳斯逐渐背离了现象学的策略和方向。"信仰在背景之中雄伟地升起。读者发现自身处于一个新信教徒(catechumen)的境地,他没有其他选择,除了渗入那些圣神的话语和教条:'欲望是对绝对他者的欲望。……对于欲望来说,这种他异性,与观念不相即的他异性,具有一种意义。它被理解为他人的他异性,被理解为至高者的他异性。'"④这是雅

---

① Janicaud,Dominique(eds.),*Phenomenology and The"Theological Turn"*:*The French Debate*,Bernard G.Prusak(trans.),New York:Fordham University Press,2000.p.27.

② Janicaud,Dominique(eds.),*Phenomenology and The"Theological Turn"*:*The French Debate*,Bernard G.Prusak(trans.),New York:Fordham University Press,2000.p.27.列维纳斯引文见 E. Levinas,Totality and Infinity,Alphonso Lingis(trans.),Pittsburgh:Duquesne University Press,1969. pp.33-34。

③ Janicaud,Dominique(eds.),*Phenomenology and The"Theological Turn"*:*The French Debate*,Bernard G.Prusak(trans.),New York:Fordham University Press,2000.p.27.在这里,我们可以把这种"蒙太奇"理解为列维纳斯试图诱导或强制其读者站在其形而上学和神学观点立场上,先入为主,给读者确立一个入口和出发点。

④ Janicaud, Dominique (eds.), *Phenomenology and The "Theological Turn"*: *The French Debate*,Bernard G.Prusak(trans.),New York:Fordham University Press,2000.p.27.此处雅尼考引用列维纳斯的引文。翻译参考[法]列维纳斯:《总体与无限》,朱刚译,北京大学出版社 2016年版,第5页。

尼考所分析的列维纳斯思想的一个重要特征。雅尼考将列维纳斯《总体与无限》中的这段表述作为列维纳斯预设的教条。雅尼考认为在列维纳斯那里，一切都来自外部，圣经传统的上帝显得非常重要。列维纳斯对还原的严厉的背叛，将超越的自我回归至其裸露状态，神学被恢复了。"但是这种神学，将自身置于意识自身最内在的秘密中"，这是一种以哲学掩盖的方式进行的神学。雅尼考对此提出了一个挑衅性质的质问："哲学是否一定要让自己如此胆怯？"①雅尼考指责列维纳斯将现象学还原引向了极端，通过意识的秘密地带将神学引入了现象学视域中，而实际上这种秘密地带已经是神学的领域了。

紧接着，雅尼考具体分析列维纳斯天才和独特的原创性——但是他对列维纳斯的分析和阐述明显是朝着神学方向的。他认为在列维纳斯那里，欲望被迅速地大写化，在极端中被强调。这种"大写化"所凭借的经验是列维纳斯所说的"形而上的经验"，而非一种直观的现象学描述。或者说，他认为列维纳斯本身已经有了形而上的预设，然后再在这种预设中去重构和描述形而上学。他非常明确地批评说："这种循环性可能是解释学的，但当然不是现象学的。"②雅尼考认为列维纳斯通过"形而上的经验"实际上走向了超验，而非对直观经验的现象学描述。列维纳斯对现象学的背叛之"光的游戏"乃是基于对现象学的偏颇的利用，以及他对他者之异质性的刻画并将这种异质性放在自我经验的核心，这使得事情更加无限复杂，它比从现象学到形而上学这样的描述更加复杂。

对于雅尼考的这个评论，确实，列维纳斯将其理智主义用于"欲望""形而上的经验""大写的他者""至善"等超越的概念和问题上，这些概念所指向的

---

①　Janicaud, Dominique(eds.), *Phenomenology and The"Theological Turn"*: *The French Debate*, Bernard G.Prusak(trans.), New York: Fordham University Press, 2000.p.27.

②　Janicaud, Dominique(eds.), *Phenomenology and The"Theological Turn"*: *The French Debate*, Bernard G.Prusak(trans.), New York: Fordham University Press, 2000.p.27.

并非一般经验意义上的直接的认知对象、意向性对象,而是不可知者;不是指向显现之物的显现,而是指向未显现之物的显现;不是朝向意向性的构建,而是朝向意识本身之中无法自识的部分。这也可以说是雅尼考所说的那些"新现象学家"们的共同旨趣之一。但这点激起了雅尼考的强烈指责。

列维纳斯对这些问题的讨论受到雅尼考激烈的讽刺和质疑,他认为列维纳斯是"通过去巴结讨好现象学而安置自身"①。但这种讨好是在秘密中进行的。雅尼考认为这种将神学秘密地放置在现象学中的做法,在海德格尔那里就已经开始了。因此,对法国现象学(神学转向)的考察必须回到另一个重要人物,那就是海德格尔。雅尼考苛刻的质疑不得不将目光重新回到列维纳斯的另一位老师——海德格尔。要讨论列维纳斯那里神学思想的地位和秘密,有必要回到海德格尔,回到海德格尔关于"非显现者"的现象学和所与性问题的思考中。或许可以这样反问雅尼考:如果说,海德格尔是在现象学之中讨论"非显现者",列维纳斯对不可见者的讨论为何就偏离了现象学?而雅尼考对海德格尔后期的现象学也是加引号的。因为在一定意义上,恰恰是后期海德格尔开启了与胡塞尔积极现象学之间的某种"断裂"——通过神学思想的介入才打开与胡塞尔现象学的断裂。这是雅尼考认为的"现象学神学转向"的开端,也是核心所在。

按照雅尼考的观点,海德格尔后期提出了"关于未显现的现象学"(phenomenology of the unapparent)。但是,海德格尔"关于未显现的现象学"这个神秘的用法引发了许多困难,不仅仅在于"'不显现者'本身如何显现?"这个问题,更在于它如何以现象学的方式进行描述? 也就是说,雅尼考预设着一个立场:关于"未显现者"的问题本身并不能引发多少争议,困难在于从现象学的角度讨论这个问题是否可能、如何具有合法性。未显现是模糊的、隐藏自身的、不向意识显现的;它不能还原为一种单纯的显现。海德格尔试图思考作为

---

① Janicaud, Dominique(eds.), *Phenomenology and The"Theological Turn": The French Debate*, Bernard G.Prusak(trans.), New York: Fordham University Press, 2000.p.28.

在场的去蔽(未遮蔽)的真理。与胡塞尔不同,在海德格尔那里,一切都不再与意向性相关,意识更加根本地植入此在的绽出(ekstatic)。海德格尔表达出了一种对更加原始的思的形式的关心,他名之为"永真的思"(tautological thought)。①

雅尼考认为:"这些指示仅仅确定海德格尔'转向'的源头,寻找——有时大胆地,有时耐心地——摆脱思的排他性的形而上学模式的条件。"②也就是说,海德格尔的转向与他对传统的思的形而上学模式的批评是分不开的,而这点自然也指向他对胡塞尔现象学之形而上学思的模式的逃离。如果按照雅尼考的解释,对于海德格尔的哲学任务本身,其转向所包含的悖论是他思想自身的内容之一,这项任务本身已经超过了胡塞尔现象学的计划。或许是否可以说,没有必要在海德格尔的整个哲学任务上烙上(胡塞尔)现象学的印章。后期海德格尔是否还需要胡塞尔现象学为参照?他是否总是将其后期思想表现为现象学式的?这两个问题的答案可能都是否定的。事实是,在海德格尔后期思想中,如同在《我走向现象学的道路》一文中所揭示的,与胡塞尔遗产的关系成为争论的中心,并且从他与胡塞尔会面到他著名的异议和分歧中,海德格尔标明了其自身思想旅程的统一性。③ 雅尼考在这篇文章中也试图将海德格尔后期的思想与胡塞尔的现象学区别开来,尽管这种区别只是以提问的方式,而没有给海德格尔下个定论。如果按照这种态度,完全可以只是将海德格尔后期的思想作为一个独立的关于"永真"的思想,而这种思想与胡塞尔构造现象学的冒险已经没有任何关系了。它意味着海德格尔提供了一种关于存在之不同面目的更加基本的、更真的描述。而这也意味着海德格尔与胡塞尔整

① Janicaud,Dominique(eds.),*Phenomenology and The"Theological Turn":The French Debate*,Bernard G.Prusak(trans.),New York:Fordham University Press,2000.p.29.

② Janicaud,Dominique(eds.),*Phenomenology and The"Theological Turn":The French Debate*,Bernard G.Prusak(trans.),New York:Fordham University Press,2000.p.29.

③ Janicaud,Dominique(eds.),*Phenomenology and The"Theological Turn":The French Debate*,Bernard G.Prusak(trans.),New York:Fordham University Press,2000.pp.29-30.

个积极现象学计划的断裂。

雅尼考指出:"海德格尔神秘费解的道路之召唤可能导致我们离开神学转向这个问题。但是,相反,它将我们放置于一个决定性的症结上:在积极的现象学计划和朝向原初性的可能性之间的断裂。"①雅尼考认为,积极的、建构性的现象学与朝向原初性之间是一种矛盾,前者要求的清晰明见性可能是后者的限制,而后者的原初性、裸露性则可能是前者的困扰。如果"非显现的现象学"最终在所有基于法则之上的"显现的显现"变得犹豫,进而倾听沉默的有漩涡的语言,那么,这是一条朝向始源、不可见者、内向的沉默寡言的界线。雅尼考认为,如果"关于未显现的现象学"能够被理解为不是作为倒退,而是作为某种承诺和期待,那么这项非常大胆的探索将得以持续。而这将利用对"所与性"和"时间性"的非常原始的领域的恢复来获得一种对"圣物(sacred)"和"上帝最高的神性(divine)"的新的接近方式。② 这是雅尼考从海德格尔的"关于未显现的现象学"中解读到的通向神学的铺垫。也就是说,海德格尔基于对所与性和时间性的非常原始领域的考察,进而获得了关于圣物和神性的另一种进入途径。这似乎意味着海德格尔开启了"现象学神学"。在雅尼考看来,这也同样是列维纳斯从哲学道路上去讨论和恢复上帝的重要方式。列维纳斯很清晰地区别了圣物和神圣。他通过对神圣的恢复而实现从哲学上(而非宗教上)去理解上帝——探讨将上帝作为一个有意义的概念何以可能。在《从圣物到圣洁》(*From the Sacred to the Holy*)中,列维纳斯凸显了圣洁性并且将它和超越、形而上的伦理学直接关联,并且拒绝关于上帝的偶像崇拜。从圣物的偶像崇拜转向世俗化,这在列维纳斯那里意味着在人与人的关系之中谈论超验性,意味着将偶像崇拜转为哲学,转为无神论。这个思路

---

① Janicaud, Dominique(eds.), *Phenomenology and The"Theological Turn":The French Debate*, Bernard G.Prusak(trans.), New York:Fordham University Press, 2000.p.30.

② Janicaud, Dominique(eds.), *Phenomenology and The"Theological Turn":The French Debate*, Bernard G.Prusak(trans.), New York:Fordham University Press, 2000.p.31.

同样在《超验性，偶像崇拜和世俗化》一文中得到展现。①

　　雅尼考指出："没有海德格尔的转折（折返），将没有神学的转向。"②关于这点，列维纳斯本人也试图明确区别"sacred"和"divine"之间在神学和哲学上的不同脉络。这是雅尼考所没有提到的。也就是说，列维纳斯讨论上帝时，他对于圣物（偶像崇拜的上帝）和圣洁（作为观念上的上帝之意义）之间的区分，这种区分在很大程度上能够使得他继续走在哲学现象学的道路上，避免了向宗教的拐弯。而这似乎是雅尼考在他的文章中对列维纳斯的"神学"转向进行批判时所忽略的。

　　在这篇长文中，雅尼考除了对萨特、梅洛-庞蒂等早期法国现象学家的讨论以及对海德格尔的追溯性考察之外，还进而考察了 20 世纪后半段的法国"非显现的现象学"，并且对其进行了批评性的研究。在这里面，雅尼考首先讨论的是马里翁。马里翁作为在世的法国重要的思想家，他的思想与列维纳斯具有非常大的继承性，同时他所做的现象学也引发了较大争议。马里翁很多地方延续了列维纳斯的基本主题，但是他似乎比列维纳斯的表述更加"现象学化"。在雅尼考的文章中，他实际上认为马里翁在很大程度上做的不是现象学，而是神学。马里翁对"召唤的纯粹形式"，也就是"第三种还原"的大胆的探求引起了雅尼考强烈的质疑："这种还原以什么方式——这种还原据说能展开一种彻底的原始的所予——依然是现象学的？我们能够在什么意义

---

　　①　［法］勒维纳斯：《上帝·死亡和时间》，余中先译，生活·读书·新知三联书店 1997 年版，第 195—199 页。值得一提的是，在该文的注释 1 中，雅克·罗朗指出："列维纳斯可以是任何思想家，但唯独不是一个有关'圣物'的思想家，相反，他将这个概念（圣物）与圣洁（saint, holy）对立起来，……我们不妨强调一下，人们可以把列维纳斯当作世俗化的思想者来阅读，他寻求去把握住这样一个机会：通过某一特定的上帝——居于世界背后的世界的上帝——的死亡，而提供给思想的机会。从这个视角看，他的这一思想在根本上与马里翁提出的问题并不太远，诸如在《偶像与距离》（巴黎，格拉塞出版社，1976 年）或者《没有存在的上帝》（巴黎，Fayard 出版社，1982 年）中所探索的问题。"见第 200 页，译文有所改动。E. Levinas, *God, Death and Time*, Bettina Bergo(trans.), Stanford University Press, 2000, pp.274—275.

　　②　Janicaud, Dominique(eds.), *Phenomenology and The "Theological Turn"：The French Debate*, Bernard G.Prusak(trans.), New York：Fordham University Press, 2000.p.31.

上理解这样一种召唤——它如此纯粹以至于它只声称一种'对话',没有肉和骨头的对话?"①在他看来,这样一种还原已经脱离了现象学探讨的基本内容,只留下空洞的召唤,而进入一种纯粹的形而上的形式(超越)之中。雅尼考也注意到马里翁本人对这个问题的自觉:"是否这样一种越界……仍然是现象学的处境中的议题?"②当然,在这里面,雅尼考没有展开马里翁的回复,以及马里翁整个现象学,尤其是《还原与被给予》的动机以及相关预设的讨论。

在马里翁之后,雅尼考将考查指向了让-路易斯·克里汀和米歇尔·亨利。他指出克里汀的"赤裸的声音"保留着某种现象学的特征。而对于亨利,雅尼考认为:为了与不仅是胡塞尔,而且是整个西方哲学中——对象或者理念的可见性——的现象的统治的概念相对立,"亨利将现象学结构与其秘密的内在性相联系起来,与其构建性的不可见性,与它的自动触发(autoaffection)的黑夜相联系起来"③。亨利的神学朝向已经很好地在《显现的本质》这本著作中表达。在《显现的本质》中,亨利对胡塞尔直觉论的观念论提出批评,也对海德格尔的存在论的一神论提出批评,二者使得对现象的描述服从于现象性的本质。雅尼考指出,在亨利那里,现象性之本质被理解为对绝对者之触发和绝对的揭示。雅尼考认为,在这个背景下,我们微妙地被导向了上帝。这种导向体现了一种神秘的综合——在现象的显现和生命的基础之间的神秘的结合。④ 而在这点上,亨利与梅洛-庞蒂的立场相当接近。在梅洛-庞蒂那里的肉体,在亨利那里被以"生命"的形式得到进一步深化。亨利从胡塞尔那里接过了一个基本问题:自我显现何以构成? 亨利对此的分析是"自我显现的行

---

① Janicaud, Dominique(eds.), *Phenomenology and The "Theological Turn" : The French Debate*, Bernard G.Prusak(trans.), New York: Fordham University Press, 2000.p.32.

② Janicaud, Dominique(eds.), *Phenomenology and The "Theological Turn" : The French Debate*, Bernard G.Prusak(trans.), New York: Fordham University Press, 2000.p.32.

③ Janicaud, Dominique(eds.), *Phenomenology and The "Theological Turn" : The French Debate*, Bernard G.Prusak(trans.), New York: Fordham University Press, 2000.p.33.

④ Janicaud, Dominique(eds.), *Phenomenology and The "Theological Turn" : The French Debate*, Bernard G.Prusak(trans.), New York: Fordham University Press, 2000.p.33.

为最初是一种情态，一种情感，一种敏感，是人们只能在通常被称为'生命'的实体中才能发现聚合在一起的一切条件"。而作为亨利哲学的核心概念的生命："生命不是某种东西，比如生物学的对象，而是万物的本原。这是一种现象学上的生命，其根本意义在于生命定义了纯粹现象性的本质，从而也定义了存在的本质。"①

按照雅尼考的说法："亨利奇怪而固执地去将这些研究植入一种有组织的装置中，他甚至走得更远，主张未来属于一种重新定位的现象学。"②但是，什么样的未来，谁的未来，如果关于绝对者的触发性、感性的立场与统一的方法论的构建的结合被确定，它将如何驶向神秘之夜的"非知识"？这是雅尼考的疑问，同时也是他对法国后半期关于"未显现者"的现象学所提出的基本问题。可以看出雅尼考对现象学的统一的方法论的构建的坚持；正是这种"关于绝对者的触发性的、感性的立场"与"统一的方法论构建"之间的不兼容性引发雅尼考的反对。在雅尼考的眼中，前者只能引导现象学走向神学。而关于亨利的生命概念，按照丹尼斯·于斯曼（Denis Huisman）的考察，亨利在1996年的《我就是真理：为一种基督教哲学》中断言：存在"不是生物生命的儿子，而是存在着的唯一生命的儿子，绝对现象学上的生命，它不是别的，就是上帝的本质"。丹尼斯·于斯曼对此的评价是："胡塞尔恐怕也会从这样的转变中发现让他都感到骇然的东西，在1999年出版的《化身》中，这种改变更加明显。"③这佐证了雅尼考关于20世纪后半期法国现象学中的一种向某种神秘的不可见者转向的说法。

但是，不能仅仅由此就确认存在"现象学神学的转向"，也不能断定"关于绝对者的触发与感性"一定就是神学的或神秘的。尽管在梅洛–庞蒂和亨利、

---

① ［法］丹尼斯·于斯曼：《法国哲学史》，冯俊、郑鸣译，商务印书馆2015年版，第458页。

② Janicaud, Dominique(eds.) , *Phenomenology and The"Theological Turn"：The French Debate*, Bernard G.Prusak(trans.) , New York：Fordham University Press,2000.p.34.

③ ［法］丹尼斯·于斯曼：《法国哲学史》，冯俊、郑鸣译，商务印书馆2015年版，第459页。

马里翁等人那里都共同地出现了将现象学研究的目光指向"不可见者",然而按照梅洛-庞蒂的说法,它"不是一种绝对的不可见……而是这个世界的不可见"①。可以用这句话概括雅尼考所说的法国的"新现象学家"们追求的东西,这种东西不是传统神学家的神秘者,而是我们的世界之中(这个世界)的不可见的部分,是可见之无法被分析的源头。在这个意义上,雅尼考对"新现象学家"们的"神学"定位和批评存在着某种"错位"。

胡塞尔试图彻底地重建哲学的科学性,这个抱负同样见于笛卡尔对明见性的寻求。这个理想在海德格尔那里发生了改变,《存在与时间》打破了形而上学的理性而转向对存在的基本经验结构的描述性分析,转向了一种关于存在的更深层的原始经验。胡塞尔本人似乎没有预见到一个新的现象学向神学视角打开的运动。萨特和梅洛-庞蒂至少还保持着对胡塞尔基本启发的认同——通过现象学还原,意向性的本质在现象的内在性之中被找到(发现)。如果有一种意向性的超越,它被把握,如同它被给予在世界之中,对自然态度的悬搁应该不会导致飞越向另一个世界或者恢复绝对的理念论,但是会深化关于经验的超越的考察。这是雅尼考对萨特和梅洛-庞蒂的基本判断。也就是说他认为在萨特和梅洛-庞蒂那里,意向性的超越不论指向多么深沉超越的经验,依然是现象学理智之中的探索。但是对于列维纳斯,情况则不同。

二

为了更深入地考察这个主题,有必要在雅尼考的指引下,再度将重心放在列维纳斯思想发展所处的背景以及列维纳斯的基本兴趣和主题上。

列维纳斯是法国现象学的重要引入者和开创者之一,但同时也是一个重要的"破坏者"。列维纳斯有着复杂多维的学术背景和生涯,但是毫无疑问,作为胡塞尔和海德格尔的学生,现象学是他思想的基本而重要的出发点。按

---

① Janicaud, Dominique(eds.), *Phenomenology and The"Theological Turn": The French Debate*, Bernard G. Prusak(trans.), New York: Fordham University Press, 2000. p.34.

照柯林·戴维斯（Colin Davis）的基本评价，列维纳斯对于现象学在法国的传播起到了重要的作用，但是列维纳斯在消解现象学的声望方面同样发挥了重要作用。① 丹尼斯·于斯曼也认为："不合情理的是，把现象学进口到法国的两位关键人物后来都以最干脆利落的方式脱离了现象学。其中一位是列维纳斯。"②这种逃离有两个基本的方向：一个是伦理学，一个是神学。按照雅尼考的观点：列维纳斯脱离现象学，走向的是神学的方向。"列维纳斯的《总体与无限》是第一本法国哲学中的主要的著作，其中不仅能够辨识出这种神学转向，而且它是明确地在现象学的启发下出现的。"③虽然雅尼考的工作是回到《总体与无限》，尝试去确立在什么范围内这本书依然是现象学的，回顾列维纳斯所确切表达出的对待现象学的基本立场。但是，他对这本书解读的结果是："神学"。

同样地，施皮格伯格（Herbert Spiegelberg）在《现象学运动》中对列维纳斯的思想也作出了类似的判断："如果列维纳斯发现传统现象学不适用，原因之一就是人们不能用它的语言谈论超越的上帝。"④"上帝是起构成作用的意识，还是被构成的对象，它是与我思的相符合，还是与所思相符合？它应该被认为处于世界的地平线之内，还是处于世界的地平线之外？如果人们完全从现象学观点出发思考，所有这些二者择一的问题都肯定会导致荒谬的结论。因此，想要设计一种有神论宗教哲学的思想家必须开创一种新的语言，借助于这种语言，即使在'上帝死了'之后，人们依然能够谈论神圣的东西。这就是莱维纳在《不同于存在》一书中为自己设立的真正目标。"⑤或许，在读完这些评价

①　[英]柯林·戴维斯：《列维纳斯》，李瑞华译，江苏人民出版社2006年版，第8页。

②　[法]丹尼斯·于斯曼：《法国哲学史》，冯俊、郑鸣译，商务印书馆2015年版，第454页。

③　Janicaud, Dominique(eds.), *Phenomenology and The"Theological Turn": The French Debate*, Bernard G.Prusak(trans.), New York: Fordham University Press, 2000.p.36.

④　[美]赫伯特·施皮格伯格：《现象学运动》，王炳文、张金言译，商务印书馆2011年版，第846页。

⑤　[美]赫伯特·施皮格伯格：《现象学运动》，王炳文、张金言译，商务印书馆2011年版，第846页。

观点之后,不能再坚持用胡塞尔现象学的明晰性和知识性的立场去看待列维纳斯,因为他确实带着浓厚的"神秘"色彩。列维纳斯重视并考察"超越"——这几乎是大多数评论家对于列维纳斯的基本判断,但是这个判断也同样注意到了列维纳斯的现象学背景。在《总体与无限》的前言中,列维纳斯提到他受到现象学的启发,除了胡塞尔和海德格尔,他还提到马丁·布伯(Martin Buber)、罗森茨威格(Franz Rosenzweig),特别是柏格森(Henri Bergson)。他努力使得《总体与无限》按照胡塞尔方法展开,但是同时超越现象学视域。一方面,列维纳斯坚持"(我们)所采用的概念的提出和发展,都归功于现象学的方法",另一方面,他也强调"现象学是一种哲学方法,但是现象学——凭借(把事物)带入光明而(对事物进行)统握(理解)——并不构成存在本身的终极事件"①。从头到尾,列维纳斯声称没有脱离现象学方法,而且在后期作品《异于存在,或本质之外》的结尾,列维纳斯也再次强调了对现象学的尊重。"我们的分析处于胡塞尔哲学的精神之中,其(胡塞尔)文字已经成为我们时代的对持久的现象学的召唤,已经使其成为所有哲学的方法。"②但是,这些尊重无法改变列维纳斯对胡塞尔的批评,以及他的现象学神秘性的指向。列维纳斯从一开始就对现象学的基本概念"意向性"进行了不同的理解和阐释。在他看来,"所有知识,作为意向性,已经假设了无限的观念,作为超越的非相即"③。在其学术生涯中,他很大的努力在于用"超越"去克服意识的同一性暴力,换言之,理性传统对于异质性的暴力。在列维纳斯那里,必须看到夹杂在对意识经验的现象学分析之中的"超越"道路,同时,也是一条指向其伦理和政治思

---

① E.Levinas, *Totality and Infinity*, Alphonso Lingis(trans.), Pittsburgh: Duquesne University Press, 1969, p.28.译文参考[法]列维纳斯:《总体与无限》,朱刚译,北京大学出版社 2016 年版,前言第 9 页。

② E.Levinas, *Otherwise than Being, or, Beyond Essence*, Alphonso Lingis(trans.), Pittsburgh: Duquesne University Press, 1998.p.183.

③ Janicaud, Dominique(eds.), *Phenomenology and The"Theological Turn":The French Debate*, Bernard G.Prusak(trans.), New York: Fordham University Press, 2000.p.37.另见 E.Levinas, *Totality and Infinity*, Alphonso Lingis(trans.), Pittsburgh: Duquesne University Press, 1969, p.27.

想的道路。

列维纳斯一直将第二次世界大战奥斯维辛的经历和记忆作为其学术反思的基本现实和理论出发点,由此深入反思和批判西方总体性对他者的暴力传统。他在尊重两位老师的同时,也对他们提出了质疑:在海德格尔和胡塞尔那里,现象学滑入了存在论和再现的现象学。它强调意向性行为和意向性对象,并且由此证明自身无法打开自身而朝向作为超越的事件——他人的到来。现象学仅仅是一个光的游戏。① 雅尼考认为,列维纳斯挑战的是作为方法的现象学。他认为列维纳斯将这种方法理解为仅仅是对异常清晰的清晰性和关于本质的直观的追求。而由此列维纳斯遇到的困难是:他整个思想计划的融洽性,他对现象学、意向性和再现的消化(理解)的合法性。也就是说,列维纳斯是否正确地理解和消化了现象学、意向性和再现等问题? 雅尼考认为:列维纳斯仅仅将现象学理解为明晰性,并且在这个基础上对自己所理解的这样的现象学进行批评和背离。而问题就在于现象学是否本身就只等同于异常明晰性、可见性? 列维纳斯将这个作为自己批评现象学的靶子,并通过他者、不可见性和超越性来攻击这样的清晰性,并进而整个地批评现象学。雅尼考认为这是一种基于对现象学的误解。也就是说,雅尼考认为列维纳斯是在基于对现象学的明晰性的误解基础上而进行了一种神学转向,并且还误以为这种转向是对现象学的一种深化。因为胡塞尔后期文稿中也遭遇并且讨论了被动性和不可见的问题。对此,按照柯林·戴维斯的梳理,列维纳斯并没有进入和评论胡塞尔后期的作品,甚至于也只是"简略地提及了随先验自我而来的主体间性和其他心灵存在的问题。……列维纳斯提到但没有批评胡塞尔后期对社会关系和他人的存在的分析"②。而且实际上,胡塞尔关于被动综合和未显现的相关讨论,列维纳斯也是没有深入注意和研究。列维纳斯基于他对胡塞尔

---

① 　Janicaud,Dominique(eds.),*Phenomenology and The"Theological Turn"*:*The French Debate*,Bernard G.Prusak(trans.),New York:Fordham University Press,2000.p.37.

② 　[英]柯林·戴维斯:《列维纳斯》,李瑞华译,江苏人民出版社 2006 年版,第 14 页。

的理解而以一种非常强势的姿态将超越嵌入现象学之中并且作为自己的现象学的主题。其中或许存在一种对胡塞尔现象学的误读(未读)。

然而,如果跳出雅尼考的批评视野,从列维纳斯整个思想体系探讨的核心议题来看,实际的问题可能恰恰不在于列维纳斯是否误读了现象学,而在于列维纳斯本身要做的事情就是他自己计划范围内的,这个计划原本就超出了胡塞尔现象学的计划和抱负。例如在《异于存在,或本质之外》中,列维纳斯就明显界定了他的任务是说不可说者(unsayable),是描述那未被还原为所说(said)的言说(saying)。而且言说和所说是无法同步的,我们必须停留在这种历时性的思想的极端处境中。①

但是对于雅尼考,列维纳斯思想的特征(面临的质疑)不仅仅在于明晰性或模糊性的问题,而在于上帝这个绝对他者的介入(被作为前提预先安排了)。雅尼考对列维纳斯的质疑和批评在很多地方都是直接而有力的。例如他说,列维纳斯声称哲学是一种知识的客观主义。但是,列维纳斯的这个提法对于柏拉图(Plato)的"善"、普罗提诺(Plotinus)的"一"、笛卡尔的"无限",就不再适合了。② 雅尼考认为列维纳斯在这个界定上自相矛盾,因为一方面列维纳斯说哲学是一种知识的客观主义,而他本人的哲学的对象却是超验的经验。这对于列维纳斯自己的"哲学"而言明显自相矛盾。但是,回到雅尼考所引用的《总体与无限》中列维纳斯的话,会发现雅尼考的这个指责可能有问题。因为列维纳斯说的作为客观主义的哲学实际上是列维纳斯自己要批评的传统哲学、总体性哲学,而他自己要做的是恢复作为真正形而上学的哲学。列维纳斯很清醒地意识到:作为理性主义、客观主义、智识主义的哲学和作为真正形而上学的哲学,这二者是不同的。因此,很难说列维纳斯在"哲学"这个

① E.Levinas, *Otherwise than Being*, *or*, *Beyond Essence*, Alphonso Lingis(trans.), Pittsburgh: Duquesne University Press, 1998, p.7.

② Janicaud, Dominique(eds.), *Phenomenology and The"Theological Turn": The French Debate*, Bernard G.Prusak(trans.), New York: Fordham University Press, 2000.p.38.

概念上自相矛盾,只能说他对传统的哲学和真正的作为形而上学的哲学之间的区分。

　　不过,这远远不足以回答雅尼考进一步的一系列的质疑。雅尼考对列维纳斯的意向性理论提出疑问。"依然有一些严肃的问题要思考:列维纳斯的意向性概念引导我们去质疑其思想的融贯性。至少,他对这个概念的构建是值得商榷和使人窘迫的,我们刚才看到的那个意向性在胡塞尔那里是不能还原为思和对象的相即的。但是,它在列维纳斯那里,结果变成了什么呢? 他击打我们的作为他根本的暴力(或'外在性'),是无限观念的行动或盈余。"①在某种意义上,列维纳斯用无限观念的行动或溢出来代替(超越)胡塞尔的意向性理论,而雅尼考认为这是有问题的,这存在对胡塞尔意向性理论的误解。关于列维纳斯的意向性问题,雅尼考引用列维纳斯的话:"无限不是首先存在,然后揭示自身。它的无限性作为启示创造自身,正如将它的观念放入我。"②据此,雅尼考把目光落在了"启示"这个问题上。"如果这种启示是主体性的,那么在什么意义上声称它没有包含意向性呢? 一个假设的意向性,纯粹地再现性的,已经被伪造以准备去进入无限的观念的讨论。"③也就是说,是否在列维纳斯讨论无限观念的时候,存在一种被遮蔽的或者隐藏的意向性? 列维纳斯没有进行深入的剖析,或者有意停留在这个问题的表层;而实际上笛卡尔和胡塞尔也能做到,只是他们不这样做:对于这些思想家,在发现我之中的无限观念,我也发现我的主体性越出于我所拥有的再现。因此,雅尼考认为,或许对于笛卡尔和胡塞尔而言,压根就没有必要引入一个他者去针对同者,也没有

---

①　Janicaud, Dominique(eds.), *Phenomenology and The"Theological Turn":The French Debate*, Bernard G.Prusak(trans.), New York:Fordham University Press,2000.p.38.

②　Janicaud, Dominique(eds.), *Phenomenology and The"Theological Turn":The French Debate*, Bernard G.Prusak(trans.), New York:Fordham University Press, 2000. p. 38.列维纳斯引文见 E. Levinas, *Totality and Infinity*, Alphonso Lingis(trans.), Pittsburgh:Duquesne University Press, 1969, p.26。

③　Janicaud, Dominique(eds.), *Phenomenology and The"Theological Turn":The French Debate*, Bernard G.Prusak(trans.), New York:Fordham University Press,2000.p.38.

必要主张——如列维纳斯做的——无限的观念是"作为卓越的非相即"①。这是雅尼考对列维纳斯非常强烈的质疑。雅尼考的指责似乎是认为列维纳斯在画蛇添足，或者说，列维纳斯所进行的问题在胡塞尔那里也被意识到了，只是胡塞尔认为没有必要专门引入一个他者去针对同者。因为同者自身的矛盾在那里，包含在意向性之中，而他者的引入实际上多了一道"尾巴"而已。并且即使多了这道"尾巴"似乎也不足以解决同者自身的问题。

然而，不论怎样，列维纳斯并不认为这道"尾巴"是多余的；他还是坚持从"他者"视角去讨论现象学和弥补胡塞尔现象学的"不足"。他对胡塞尔现象学的一些概念进行了改造或深化。例如，相对于胡塞尔，列维纳斯使用了一些独特的意向性相关概念：享受的意向性、形而上的欲望等。这两个概念都打破了"意向行为"和"意向相关项"之间的交互关系，前者从感性的维度指出了前对象化阶段的"意向"关系，后者从超越的维度指出意识和超越者之间的非相即的关系。对于列维纳斯，这是现象学所发现的打开意识自身的可能性，也是现象学考察意识必须要完成的根本任务。但是，对此，雅尼考还是苛刻地说："为了重新建立他计划的融贯性，我们必须接受'他的'意向性，'他的'现象学概念。"但是，以什么为代价呢？"当然，明确地，代价是放弃现象学的方法，与胡塞尔严格科学的雄心说再见。"②这是雅尼考的基本观点，同时也是他多次强调的观点。雅尼考指出，必须注意到列维纳斯多次反复地挑战了他所说的形式逻辑（formal logic）。而雅尼考认为，在列维纳斯解读和批评胡塞尔的暴力、本质现象学、再现现象学、对象化的哲学的同时，他自己也引发了一种"解释学的暴力"。也就是说，在列维纳斯用自己的一套东西（甚至于可能是预设

① Janicaud,Dominique(eds.),*Phenomenology and The"Theological Turn"：The French Debate*,Bernard G.Prusak（trans.）,New York：Fordham University Press,2000.p.39. 列维纳斯引文见 E. Levinas,*Totality and Infinity*,Alphonso Lingis（trans.）,Pittsburgh：Duquesne University Press,1969,p.27。

② Janicaud,Dominique(eds.),*Phenomenology and The"Theological Turn"：The French Debate*,Bernard G.Prusak（trans.）,New York：Fordham University Press,2000.p.39.

的东西)去取代他所批判的哲学的同时,同样存在一种"暴力"。

雅尼考认为列维纳斯以曲解方法论上的所指来强制地规定其思想轮廓。姑且搁置雅尼考的批评是否成立这个问题,回到列维纳斯,关键的问题或许是:这种"曲解"所构建出来的东西能否站得住脚? 这是笔者将要展开的讨论和研究。在现象学立场上,雅尼考始终刻意将列维纳斯拉回到胡塞尔现象学关于明晰性的寻求中,甚至于将列维纳斯放在"明晰性"这个聚光灯下进行审判,并由此论断列维纳斯关于不可见者、上帝的讨论是非法的。他认为列维纳斯将海德格尔存在论的武器转向自身,但是他的处理已经不再是合法的了。与他挑战的传统对抗,他必须也要回应自身的自洽性。因为,要解除现象学方法论的约束、摆脱现象学是容易的。① 困难的是如何建立起一种自洽的理论。列维纳斯挑战存在论的同时唤起存在者,他在挑战了现象学方法之后,重新引进了"现象学",而这种"现象学"在雅尼考看来已经不再是现象学了。

在这里,可以接着雅尼考的提问往下走,如果雅尼考的质疑成立,考察的重点将是:列维纳斯的思想自身所面对的问题是什么? 我们是否可以不必拘泥于胡塞尔、海德格尔的语境而去理解列维纳斯所做的工作? 这是否是一个新的工作领域,在其中,列维纳斯仅仅保留了现象学的基本精神?

雅尼考认为列维纳斯没有建立起这种双向的理论,而是倾向于将他者的优先性视为一种不变的既定的事实。通过这种做法,他者绝对的优先性被高尚地确定了。但是,列维纳斯自己并不承认或放弃这种局限性与矛盾性。② 也就是说,列维纳斯没有去论证他者的优先性本身,而是将之视为一种既定的事实。这几乎成为了列维纳斯思想中的一个无法再论证的预设、一个不容置疑的前提。但是这个前提预设,或者说这种方法本身是否已经违背了现象学

---

① Janicaud,Dominique(eds.),*Phenomenology and The"Theological Turn":The French Debate*,Bernard G.Prusak(trans.),New York:Fordham University Press,2000.p.39.

② Janicaud,Dominique(eds.),*Phenomenology and The"Theological Turn":The French Debate*,Bernard G.Prusak(trans.),New York:Fordham University Press,2000.p.40.

没有前提的方法与精神？因此，为了回归到现象学,列维纳斯实际上面临着一个非常困难的处境:他在挑战现象学的同时如何将自己置身其外？

雅尼考认为列维纳斯许多文本书写都不是现象学的,只有一些是现象学的——那就是一些专门写的或者介绍其他现象学家的文本;而列维纳斯自己的哲学文本则较少有现象学。他认为列维纳斯的描述没有扮演任何探索性启发性的角色,只是谨慎地将其哲学的宏图安置在他者的教诲里,以遮蔽概念化。雅尼考甚至认为在列维纳斯爱抚现象学中,"现象学"变为教诲的和幻想的召唤,一个无实质性的爱抚之召唤,以及性爱的展示窗。① 雅尼考一直坚持列维纳斯所谈论的内容的模糊性和不一致性,认为列维纳斯所谈论的东西是一种不可能。例如,他认为像列维纳斯所说的"被爱者,即使被把握的同时也是原封不动的,在其裸露中,超越于对象和面容,因此超越于存在,保持着纯洁"。这些话再次是"不可能的"。② 他认为在列维纳斯的描述中,"当我们必须承认这个纯洁性'在对象和面容之外,并由此在存在之外'保持自身时,经验的贫乏达到了令人吃惊的比例。或者列维纳斯的这些话有意义,或者这些话没有任何意义"③。雅尼考指出,如果列维纳斯的这些话有意义,这种原初性(纯洁性)是绝对无法被把握的,那么又如何去谈论这种没有任何肉身性的先验呢？不管列维纳斯关于爱抚\爱欲现象学的话有没有意义,在雅尼考看来,其最后都是不可能的,是飘忽不定的。

在列维纳斯那里,这样一种欲望/爱欲关系:在经验中给予愉悦,同时以这

① Janicaud,Dominique(eds.),*Phenomenology and The"Theological Turn":The French Debate*, Bernard G.Prusak(trans.),New York:Fordham University Press,2000.p.40.

② Janicaud,Dominique(eds.),*Phenomenology and The"Theological Turn":The French Debate*, Bernard G.Prusak(trans.),New York:Fordham University Press,2000.p.41.列维纳斯引文见 E. Levinas,*Totality and Infinity*,Alphonso Lingis(trans.),Pittsburgh:Duquesne University Press,1969. p.258。

③ Janicaud,Dominique(eds.),*Phenomenology and The"Theological Turn":The French Debate*, Bernard G.Prusak(trans.),New York:Fordham University Press,2000.p.41.列维纳斯引文见 E. Levinas,*Totality and Infinity*,Alphonso Lingis(trans.),Pittsburgh:Duquesne University Press,1969, p.258。

样的方式,外在性的超越在内在性之中发生。这是列维纳斯的基本思路。雅尼考正是质疑这样一个过程的发生的可能性,或者说可知性。在列维纳斯那里,这个问题恰恰构成了他要做的基本工作:意识的完全还原是不可能的,最后的还原应该是在主体间性和对象性关系之外。我们将看到,受到罗森茨威格和让·华尔的启发,列维纳斯对雅尼考的质疑所作出的可能的回答是:绝对经验不是揭示,不是描述与再现,而是启示;真正的经验只能是关于超越者的、形而上的经验、绝对的经验。但是,雅尼考或许并不认为这种回答能够满足他的问题,因为他不认为去描述这样一种绝对的启示经验是现象学的任务,它可能仅仅是神学的任务。因此,雅尼考认为"现象学受到了神学的威胁,而这个'神学'却不愿意显露自己,将自己隐藏在现象学背后,不愿意承认自己是神学"①。

如同马里翁,毫无疑问,列维纳斯那里的关键概念是不可见者、不可见者的显现(神显)。列维纳斯将这种不可见者的显现——与不可见者之超越关系——作为自己现象学考察的任务。正如它在"爱欲现象学"一节中所说的:"爱抚像接触一样是感受性。但是爱抚超越可感者。……它寻求,它挖掘。它不是关于揭示的意向性,而是关于寻求的意向性:一个朝向不可见者的运动。……爱抚寻求尚未到来者、'比无更少者'(less than nothing)。"②这些描述共同地指向列维纳斯的绝对经验和超越者的关联。这在列维纳斯的无论是对身体感性的描述还是对上帝的描述中,都占据着重要地位。不可见者在绝对(纯粹)经验之中启示自身。但是雅尼考认为这样的概念自身有其矛盾性,它背负着太多的不清楚、模棱两可的东西。例如雅尼考指责列维纳斯通过"爱欲—超越现象学"而放弃了胡塞尔所试图揭示的理型(eidos),转而从爱欲

① Janicaud, Dominique(eds.), *Phenomenology and The "Theological Turn"; The French Debate*, Bernard G. Prusak(trans.), New York: Fordham University Press, 2000. pp.42-43.

② E. Levinas, *Totality and Infinity*, Alphonso Lingis, Pittsburgh: Duquesne University Press, 1969, pp.257-258.

现象学之模糊性中,揭示内在性之中发生的外在性的超越。"从这里,这个圆圈是方形的:一种纯粹的经验! 女性的面容,在其暧昧性之中,我们读道:'在这个意义上快感(voluptuosity)是一种纯粹的经验,一种没有滑入任何概念中的经验,一种保留着盲目的经验之经验。'这个(纯粹的经验)概念担负着太多的东西。"①通过引用和解读列维纳斯的话,雅尼考指出,列维纳斯的工作是再次玩起了"部分的不可表达(或者至少在概念上是无法表达的),欲望和愉悦之经验的不可表达性"②这样的思维游戏。但问题是,列维纳斯讨论或者书写这种作为意志的经验,能否真正赋予他自己所有的特权和自由? 或者再次地,主张那种含糊性能否为"纯粹经验"设置一个舞台?

雅尼考的问题是:"通过主张那种含糊性,能够为'纯粹经验'提供一个合法的位置吗? 没有什么比含糊性更少纯粹的东西。更激进地,我们必须提出这个问题:'绝对经验'这个概念是可接受的吗?"③他引用了列维纳斯的表述:"绝对经验不是揭示,而是启示。"④雅尼考认为,列维纳斯所有的讨论都基于这个前设判断。一旦列维纳斯的读者同意他,他就能合法地把所有的一切放到这个循环中。例如,在设置了纯粹外在性这个概念之后,他能写下这样的句子:"示意,最卓越地,乃是外在性的在场。"而"问题仅仅是,外在性如果在场的话,它何以能够再纯粹?"⑤

---

① Janicaud,Dominique(eds.),*Phenomenology and The"Theological Turn":The French Debate*,Bernard G.Prusak(trans.),New York:Fordham University Press,2000.p.41.

② Janicaud,Dominique(eds.),*Phenomenology and The"Theological Turn":The French Debate*,Bernard G.Prusak(trans.),New York:Fordham University Press,2000.p.42.

③ Janicaud,Dominique(eds.),*Phenomenology and The"Theological Turn":The French Debate*,Bernard G.Prusak(trans.),New York:Fordham University Press,2000.p.42.

④ Janicaud,Dominique(eds.),*Phenomenology and The"Theological Turn":The French Debate*,Bernard G.Prusak(trans.),New York:Fordham University Press,2000.p.42.列维纳斯引文见 E.Levinas,*Totality and Infinity*,Alphonso Lingis(trans.),Pittsburgh:Duquesne University Press,1969,pp.65-66。

⑤ Janicaud,Dominique(eds.),*Phenomenology and The"Theological Turn":The French Debate*,Bernard G.Prusak(trans.),New York:Fordham University Press,2000.p.42.

雅尼考对"新现象学家"们发出了激烈的质疑和批评。这些批评主要是建立在清晰性的诉求基础上的——他设定胡塞尔现象学的基本任务是为科学确立一个更加牢靠清晰的基础,而这个基础是通过对自然态度的搁置和对经验的还原而获得的。在雅尼考看来,不可见者、他者、上帝、形而上的欲望等概念的介入本身无法获得清晰性,这种介入实际上是借用了现象学的名义去讨论神学问题。那么,"新现象学家"们应该如何去回应这种对理性清晰性的诉求呢? 或者,"新现象学家"们所做的工作是否从一开始就是对这种理性清晰性的摆脱与逃离,或者说深入清晰性问题的内部。这种摆脱、逃离、深入恰恰构成他们赋予现象学新的任务,但同时却构成了雅尼考眼中的"背叛"。然而,这里面的问题是,现象学是否仅仅是一种方法,或许现象学还是一种哲学的基本内容和议题? 这些问题都可以集中在列维纳斯那里。对此,笔者将在本书后面的章节中通过对列维纳斯思想的具体展开而解答。

从宏观上看,在胡塞尔之后,现象学还原不再只是回到意识自身的直观自明性,而是回到存在的揭示(海德格尔),肉身、不可见性(梅洛-庞蒂),生命(亨利),他者(列维纳斯),漫溢(马里翁)等,现象学的经验视域不断被扩大,由可见到不可见,由自我到他者,由内在性到超越。而在这个过程中,上帝成为一个绕不开的环节,或概念。这是现象学在法国发展的基本特征之一。但是,这种特征是否就意味着神学的"转向",或者"神学的转向"究竟意味着什么? 神学究竟与现象学是兼容的还是不兼容的? 实际上,列维纳斯所理解的宗教概念以及他所阐发的神学(如果可以用神学这个词的话)概念,与传统的都有所不同;从始至终,列维纳斯所涉及的"上帝"与传统神学(基督教神学)的上帝并不是一回事。但是,雅尼考的立场非常坚定,他倾向于现象学和神学之间、现象显现和上帝的启示之间的区分与界限。"现象学的还原已经被'启示'取代;总之,我们将必须,再次地,聆听远处的叠句。"①他认为:现象学还原

---

① Janicaud, Dominique(eds.), *Phenomenology and The"Theological Turn":The French Debate*, Bernard G.Prusak(trans.), New York:Fordham University Press,2000.p.43.

的任务成为聆听来自远处的超越的声音。既然如此,为什么还要继续停留在现象学之中游戏?为什么声称克服意向性,仅仅去重新引进一种"感觉的意向"或者一种超越的意向性?既然列维纳斯要克服意向性,为什么又要引入新的意向性呢?这些问题表达了雅尼考对"转向"的批评。雅尼考或许并不反对这些"新现象学家"们所做的事情,但是,他不赞同他们以"现象学"的名义,并且仍然使用现象学的概念去做这些事情。既然现象学寻求清晰性,模棱两可的和超越的不可见者又如何可以是现象学的?雅尼考认为列维纳斯对现象学的不忠在这样的矛盾中结束。他认为列维纳斯借用了现象学的方法去展开神学,同时批判胡塞尔和海德格尔的现象学。"在对胡塞尔的概念和海德格尔的系统的分析(同者到他者,理念到外在性,意向性到表达,存在的去蔽到存在者的神显)中,列维纳斯不仅在传统的力图寻求出路的现象学家的心中产生了一种(暂时性的)冲击效果,而且成功地巴结讨好现象学的方法——比扭断其脖子要好。事实上,现象学已经被一种不愿具名的神学绑架。"①"确切地,我们想要指出的是,在列维纳斯那里,现象学被挑战了并且被使用,以一种有意的方式被使用,并且指向了德里达所指出的问题。"他借用了德里达描述列维纳斯的词"矛盾,不自洽(contradiction, incoherence)"②,认为列维纳斯处于一个讽刺性的处境:在拒绝战争般的本体论的同时,列维纳斯对本体论的现象性也施予了暴力。③ 在这里,在某种程度上,雅尼考重复了德里达对列维纳斯的批评。只是雅尼考将这种批评更多地引向了列维纳斯在现象学和反现象学立场之间的矛盾上。

① Janicaud, Dominique(eds.), *Phenomenology and The"Theological Turn": The French Debate*, Bernard G.Prusak(trans.), New York: Fordham University Press, 2000.pp.42-43.

② Janicaud, Dominique(eds.), *Phenomenology and The"Theological Turn": The French Debate*, Bernard G.Prusak(trans.), New York: Fordham University Press, 2000.pp.43-44.

③ Janicaud, Dominique(eds.), *Phenomenology and The"Theological Turn": The French Debate*, Bernard G.Prusak(trans.), New York: Fordham University Press, 2000.p.44.

雅尼考甚至尖锐地批评,在列维纳斯的存在主义的召唤之贫瘠之外,列维纳斯保留着大量的黑格尔式的句子——仅仅是缺少辩证法的力量。例如"欲望是对绝对他者的欲望""外在性的异质性"等类似的句子和表述。雅尼考由此对列维纳斯提出激烈的批判,指出列维纳斯用"异质性"这个帽子,实际上反而将许多东西都统一和贴标签了。这是一种缺少辩证法的黑格尔式的断言。雅尼考指责列维纳斯从另一个维度回到了黑格尔式的独断,甚至于比黑格尔更缺少辩证法。他认为列维纳斯的这种做法有违批判精神。

问题始终围绕着可见的、清晰性和不可见的、模糊性之间的矛盾。在雅尼考和他所说的"新的现象学家"之间,存在对一个基本的问题的不同答案:有没有这样一种纯粹经验,我们可以描述它,而不是去认知它?什么才是经验的原初性?按照雅尼考的说法,胡塞尔选择了去描述并且试图认识它。但是,在列维纳斯那里,与经验的关系服从于形而上学领域的恢复;这样看来,它不再是经验主义的问题了,而是超验主义的问题。因此,雅尼考认为,列维纳斯所讨论和涉及的已经不属于经验主义,或者说它已经超过了可以描述的经验主义、可以被概念化的经验。如果偏离了这个,结果就是神秘主义或者纯粹的神学,而不再是胡塞尔的为科学奠基的寻求明见性的现象学了。

雅尼考认为,亨利、列维纳斯等人做出的神学转向是在现象学的庇护下,进行着"一种关于绝对者的不可避免的幻想"①。雅尼考明显带着对现象学之纯粹性(明见性)的某种偏爱与捍卫。即使经验具有丰富的维度,而现象学作为研究经验的方法并非单一和机械的,但是雅尼考仍然认为对原初性的关注已经被隐蔽的神学动机狡猾地绑架了。他认为胡塞尔现象学也能够容纳经验的丰富和模棱两可。"在其可能性的交集地带,难道现象学不能担负模棱两可性之丰富吗?这种模棱两可的丰富已然在胡塞尔那里:在超越的和理念的

---

① Janicaud,Dominique(eds.),*Phenomenology and The"Theological Turn":The French Debate*,Bernard G.Prusak(trans.),New York:Fordham University Press,2000.p.93.

之间,在经验的可能性之条件和已确定的经验之间。"①因此,按照雅尼考的意思,如果不可见者的启示这个议题能够作为经验的条件,那么,可能问题就不在于胡塞尔现象学是否缺失这个维度,而在于胡塞尔最终力图将这种条件"构建"起来。而他认为,列维纳斯的努力则完全是基于相反的出发点——神学的动机。无论如何,雅尼考最后还是坚持认为,现象学和神学必须是"两回事"。对于雅尼考而言,问题可能不是胡塞尔现象学无法处理超越的问题,而是这种处理是否从一开始就带着神学的目的和动机,就预设了上帝和他者?

雅尼考对法国"新现象学家"们的"神学转向"特征的评述引起了人们的关注,但同时也受到了一些批评。在《关于列维纳斯的遗产的辩论》一书中,Eddo Evink 在《现象学中的形而上学:列维纳斯和'神学转向'》一文中指出:"在 20 世纪后半期,现象学传统已经显示出了不同的观念、问题、模式和作品。现象学运动从来不是一种严格地定义的学派,但是自从最近几十年来,已经几乎无法对之设置一个清晰的边界了。一个很明显的发展就是,从胡塞尔现象学最著名的口号'回到事情本身!'中转移出来。许多现象学思想家,特别是在法国,越来越关注:现象的给予,以及显现之外超出现象自身的东西。"②"雅尼考已经在'法国现象学的神学转向'中对这个发展进行了深刻的批判,伴随着对列维纳斯、马里翁、克里汀和亨利的批判性的解读。""根据雅尼考的观点,这些哲学家已经通过将现象学方法遗留在了一边,以及向'未显现者'的转向——这个未显现者往往伴随着一种神学特征而发生——而赋予了现象学以一个神学的转向。"但是,作者也同样指出:"不幸的是,他(雅尼考)对列维纳斯的解读相当的贫乏,并且在许多方面根本是错误的。"③

---

① Janicaud, Dominique(eds.), *Phenomenology and The "Theological Turn": The French Debate*, Bernard G.Prusak(trans.), New York: Fordham University Press, 2000. p.96.

② Andris Breitling, Chris Bremmers, Arthur Cools (eds.), *Debating Levinas' Legacy (Studies in Contemporary Phenomenology)*, Leiden: Brill Press, 2015, p.127.

③ Andris Breitling, Chris Bremmers, Arthur Cools (eds.), *Debating Levinas' Legacy (Studies in Contemporary Phenomenology)*, Leiden: Brill Press, 2015, p.127.

　　不管怎样,法国现象学确实表现出对于不可见的、未显现者的某种独特的"兴趣";雅尼考对列维纳斯的指责似乎看起来符合理性哲学本身的逻辑,但是这些不是列维纳斯思想的全貌。这依然需要回到列维纳斯本身,探求列维纳斯所做的事情。只有回到列维纳斯,回到列维纳斯对现象学基本主题的阐述,回到他对他者、超越和上帝等议题的考察,才能进而理解所谓的法国现象学"神学转向"究竟意味着什么,并同时可能性地回应雅尼考等人的批评。

　　至于在现象学问题上,列维纳斯是否忠诚于胡塞尔,是否继续在从事现象学? 这并不能简单地单从胡塞尔的视角出发去判断。诚如保罗·利科在《论现象学流派》中所述,现象学有一个悠远的过去、历史和庞大的计划,不是从胡塞尔开始,也不会终止于一部作品或一组具体的著作。在某种意义上,胡塞尔是现象学的中心,但不是现象学的全部。广义上的现象学就是胡塞尔的著作及其来自胡塞尔的异端学说的综合,也是胡塞尔的各种衍变的总和。① 列维纳斯本人则在不同的场合中也明确了自己与胡塞尔的关系以及对现象学的基本立场,他获益并忠实于胡塞尔现象学的方法,但他在一些基本问题上不赞同胡塞尔的思想。

　　借用德里达的著名的对列维纳斯的评论文章《暴力与形而上学》的一段评论进行辩护。德里达指出,列维纳斯的思想:

　　　　"它无论怎样也没有在其话语中将自己当作一种犹太神学或犹太神秘主义(人们甚至可把它理解成神学与神秘主义诉讼)、一种教义、一种宗教,乃至于一种道德来展开。因为它在最后时刻从不以希伯来论题及文本为权威依据。它要求在对经验本身的某种求助中获得理解。而经验本身和那种经验中最无法还原的东西指的正是朝向他者的通道和出口:而他者本身和他者中那最无法还原的他性,就是

––––––––––––––

① [法]保罗·利科:《论现象学流派》,蒋海燕译,南京大学出版社 2010 年版,第 1—3 页。

他人。这种求助与我们通常称的哲学步骤不可相互混淆,不过它触
到了被超越的哲学不能不被关涉的一个点。"①

这段话也指出了列维纳斯与神学和现象学(对经验本身的现象学描述)
的基本关系。因此,关于列维纳斯是否做现象学这个问题,答案应该是清楚
的。但这个答案不是寻求的重点,也不是问题(反驳雅尼考)的根本。问题的
重点和根本在于:列维纳斯究竟做了什么样的工作? 他给了我们哪些启发?

---

① [法]德里达:《暴力与形而上学:论埃马纽埃尔·勒维纳斯的思想》,参见[法]德里达:
《书写与差异》,张宁译,生活·读书·新知三联书店 2001 年版,第 136 页。

第一章 基本主题：时间、意向性和物质性

"寻找无限观念及其超越之原发点，这毫无疑问是哲学主要的问题之一。"①

——列维纳斯

"我认为，不管怎么说，我这些都是在做现象学，尽管我并没有施行胡塞尔所要求的那种还原，尽管并非胡塞尔的所有方法论都得到了尊重。现象学的灵魂就在于：通过从所思回溯到思的完满性本身，我们发现了——这里所说的发现并没有任何演绎的、辩证法的和其他的意味——每每全新的意义维度。即使对于所有那些今天已不再自称现象学家的人，上述这一点也是极端重要的。"②

——列维纳斯

在《现象学：一部历史的和批评的导论》一书中，哲学史家德尔默·莫兰

---

① E.Levinas, *Alterity and Transcendence*, Michael B.Smith(trans.), New York: Columbia University Press, 1999, p.4.

② ［法］列维纳斯：《论来到观念的上帝》，王恒、王士盛译，商务印书馆2019年版，第143页。

（Dermot Moran）对列维纳斯作出了一个有意思的判断和评价：

> "莱维纳（列维纳斯）运用着一种相当受限定的哲学概念，然而他声称此哲学限定着全部西方理性传统。在其哲学讨论中，他援引柏拉图、笛卡尔、康德、胡塞尔、柏格森和海德格尔，重复地引述同一关键短语：柏拉图将神说成是'超越存在'，笛卡尔把一无限性上帝置于孤立自我之心中，康德在《纯粹理性批判》中区分感性和悟性，胡塞尔的意向性观，以及海德格尔的在世存在观包括其共在和趋死存在观。在这些哲学家之外，莱维纳似乎很不熟悉专业哲学（除了偶尔提及斯宾诺莎、莱布尼茨之外），而且对于20世纪丰富的哲学，除了现象学之外，肯定欠缺经验。他甚至更经常引述莎士比亚、普鲁斯特或《圣经》，却很少引述哲学文本。"①

审视这段评述以及列维纳斯的文本，确实在哲学史方面，列维纳斯基本上只围绕着莫兰所说的柏拉图、笛卡尔、胡塞尔、海德格尔、柏格森等人，除此之外，还有一些犹太思想家或文学家。列维纳斯很少提及西方哲学史的其他人物，也很少涉及20世纪的其他哲学流派观点。此外，列维纳斯对整个西方哲学精神的理解判断大体是从上述思想家展开的。这确实构成列维纳斯的一个基础，也可能是他思想的一个视角局限，但这不影响他思想自身的丰富性、独特性和深刻性。这段评述同时却也指出了列维纳斯的整个哲学与柏拉图、笛卡尔、胡塞尔、海德格尔等思想家之间巨大的关联，其中最为突出的哲学流派要数胡塞尔和海德格尔的现象学了——列维纳斯也往往因此被归入现象学流派。

毫无疑问，从开始到最后，胡塞尔现象学一直贯穿在列维纳斯的哲学中。从1928年到弗莱堡跟着胡塞尔学习现象学，1929年出版《胡塞尔现象学的直观概念》，一直到晚年，其讨论的重点始终是从胡塞尔的问题开始——尽管是

---

① ［爱尔兰］德尔默·莫兰：《现象学：一部历史的和批评的导论》，李幼蒸译，中国人民大学出版社2017年版，第363页。

对胡塞尔的批判。

在 1984 年的一篇著名论文《伦理学作为第一哲学》中,列维纳斯指出:

　　"胡塞尔回到中世纪的传统,把它描述为意向性,这种意向性被理解为'关于某物的意识',因此与它的'意向对象'是分不开的。这个结构有一个意向性行为—意向性对象的结构,在其中,再现或对象化是不可辩驳的模式。整个人类的生活经验,包括现在在内的整个时期,都是用经验来表达的,也就是说,已经转化为公认的规则、教诲、科学。与邻居的关系,与社会团体的关系,与上帝的关系,同样代表着集体和宗教的经历。"①

可以说,列维纳斯从来没有离开过胡塞尔的基本主题(列维纳斯所解读的胡塞尔的基本主题):意向性。不论从现象学哲学、伦理学,还是从宗教学神学的角度,列维纳斯都始终提及并讨论到这个问题。

但恰恰也是在现象学这个大的背景和语境中,列维纳斯凸显了他自身关于"超越"之主题的论述。在这里,笔者将首先考察他与胡塞尔、海德格尔现象学的思想关联,他如何从最初对胡塞尔和海德格尔现象学的亲切与尊敬走向对二者的反思和批判,以及在这个过程中如何开始他自己的超越的现象学道路。我们面临两个基本任务:列维纳斯如何走进而后又逃离胡塞尔和海德格尔的现象学? 他如何在这种逃离中确立自己的现象学"领域"?

在《与胡塞尔一起发现实存》的英译本导言中,理查德·科恩(Richard A. Cohen)对列维纳斯的现象学进行了这样的导入式介绍:

　　"'发现实存(existence)'这个表述为我们进入列维纳斯的现象学视野,进入列维纳斯的伦理的形而上学所力图超越的现象学的边界(局限 limits)提供了首要的线索。胡塞尔将现象学作为西方对知识和科学的追问的前沿阵地。这个标题指出了在这个追问的核心之

---

① E.Levinas,"Ethics as First Philosophy", in *The Levinas Reader*, Oxford:Blackwell Publishers, 1989,p.77.

根本的模棱两可性，亦即，在认知的核心：在构建和接受（reception），在兴趣（利益）和无私，在自我和他人之间。在列维纳斯那里，这两个术语——发现（discovery）和实存（existence）——将反映这个模棱两可性（ambiguity），也就是说，反映在意义的源头处的主动性和被动性的相遇。实在论和观念论，包括实在论者和观念论者对现象学的借用（appropriations），无论多复杂精致的（sophisticated），包括胡塞尔自己，将因此被拒绝看作是单维的（one-sided）。但是注意，在列维纳斯那里，现象学本身拒绝这种扭曲。发现（discovery）既是接受性的也是建构性的。因此，被发现的事物，'事情本身'，请求（solicit）和放弃意义。在这个导言中，我将指出：在列维纳斯后期的学术生涯中偏爱的一个术语'解经（exegesis）'最好地捕捉了他意义上的现象学，在其中感觉和感受性（sense and sensibility），解释与理解（explanation and understanding），精神与文字（spirit and letter）是交错的，彼此依赖。与此同时，我们要注意对于列维纳斯而言，解经与伦理是分不开的，在这个意义上他超越胡塞尔的现象学。"①

这段话从整体上介绍了列维纳斯与胡塞尔现象学的关系，以及更重要的，列维纳斯自己的现象学主题和特征。在其中，现象学的基本特征和内在的主题张力，列维纳斯对这种张力的理解以及走向，都得到了展示。下面可以从"超越"这个角度简要梳理列维纳斯与胡塞尔和海德格尔现象学的基本关联。

从列维纳斯的学术发展道路看，他的哲学生涯是从现象学开始的。1928年到1929年，列维纳斯在德国弗莱堡师从胡塞尔和海德格尔，1930年发表了论述胡塞尔现象学的第一部作品《胡塞尔现象学中的直观理论》（博士论文）。在这本书中，列维纳斯阐释并赞扬了胡塞尔现象学的思想，虽然在最后部分，列维纳斯对胡塞尔那里缺失的主体间性和历史性问题提出了疑问，并试图借

① Richard A.Cohen, "Introduction", in E.Levinas, *Discovering Existence with Husserl*, Evanston：Northwestern University Press, 1998, pp.xi-xii.

用柏格森和海德格尔来补充这个问题，但这不影响他对胡塞尔现象学的欣赏
与热情。从这时开始，列维纳斯作为一个胡塞尔和海德格尔现象学在法国的
继承者和发展者展开自己的思想冒险。

　　毫无疑问，胡塞尔为列维纳斯提供了基本的新的问题领域和研究方法，这
对于列维纳斯的哲学道路是至关重要的。通过对胡塞尔现象学之基本主题诸
如意识、意向性和直观等概念的阐释，列维纳斯看到了意识自身反思和还原的
重要性，通过这种反思与还原看清了意识和世界的基本关系结构，这种结构通
过胡塞尔的意向性理论得到阐发。这是现象学的首要步骤，也是列维纳斯对
胡塞尔的基本解读。但是，从第一本著作开始，列维纳斯就表达出了对胡塞尔
现象学的"不满意"。根本地，列维纳斯认为胡塞尔没有处理主体间性和历史
社会性的问题："现象学的还原，正如我们已经解释的，没有揭示具体的生命
和具体的生命所具有的意义。……具体的存在者并不是只为一个意识而存在
的。……如果我们局限于去描述在某个体的意识中，在一个自我（ego）中的
对象构建，我们将永远无法抵达对象的具体的生命之中，我们只能达到一个抽
象。"①"胡塞尔从来没有讨论意识的历史性与意识的意向性、意识的私人性、
意识的社会特征之间的关系。"②而这实际上也开始了列维纳斯对胡塞尔无法
克服"唯我论"的批评。③ 也就在这部作品的最后，列维纳斯表现出了对柏格
森思想的继承和海德格尔的靠近（远离胡塞尔、接近海德格尔）。"只有海德
格尔敢于故意面对这个问题。""柏格森哲学的直观紧紧地贴近人的具体的生

---

　　①　E.Levinas, *The Theory of Intuition in Husserl's Phenomenology*, Andre Orianné(trans.), Evan-
ston: Northwestern University Press, 1995, p.150.

　　②　E.Levinas, *The Theory of Intuition in Husserl's Phenomenology*, Andre Orianné(trans.), Evan-
ston: Northwestern University Press, 1995, p.156.

　　③　关于胡塞尔的"唯我论"，列维纳斯自己承认他并未完整地读完胡塞尔，尤其是《胡塞尔
现象学中的直观理论》阶段。涉及胡塞尔本人，他在《欧洲哲学的危机》中也已经深刻意识并努
力打破这种唯我论。《欧洲哲学的危机》是胡塞尔展开超验现象学目标的重要（未完成的）作品。
按照现象史学家施皮格伯格的评价，在《欧洲哲学的危机》中"他（胡塞尔）认为只有超验现象学
才能打破这种僵局"。见［美］赫伯特·施皮格伯格：《现象学运动》，王炳文、张金言译，商务印书
馆 2011 年版，第 209 页。

命和命运,触及其最高点,即自由之行动。"①

在这本书中,列维纳斯隐含着对胡塞尔理智主义和唯我论的不满。并且从列维纳斯对生活和历史的、具体的生命的重视中,可以看到他与海德格尔思想的亲近。在列维纳斯看来,海德格尔的存在论的现象学的方向是对胡塞尔意识现象学的改造与突破。对胡塞尔的欣赏和批判此后一直跟随着列维纳斯的现象学道路。与此同时,他对海德格尔的亲切感也从强到弱,最后随着海德格尔的纳粹事件也走上了"摆脱这种哲学的氛围"②的道路。列维纳斯受惠于海德格尔,同时也深刻地批判海德格尔,甚至于说海德格尔是唯一不能原谅的。

德里达曾这样评价列维纳斯在《胡塞尔现象学中的直观理论》中对胡塞尔的含蓄的批评:

> "理论(theoria)的帝国主义性质那个时候已困扰着勒维纳斯。
> 步柏拉图后尘的现象学应比所有其他的哲学更受制于光。(因为)
> 它未能减低那种最后的幼稚,即观看的幼稚,就将'存在'先决规定
> 为'对象'。在这一点上勒维纳斯的批评还是很含蓄的,而且也并不
> 成系统。"③

基本上,在列维纳斯与胡塞尔之间,二者的思想分歧集中在意向性理论上。基于列维纳斯的胡塞尔观——他对胡塞尔的理解,列维纳斯认为,意向性不应该局限于对世界的表象,不能局限于相即(充实)关系;意向性研究应该触及意识的超越性、它与对象的非表象关系。列维纳斯认为从表象意向性出发去考察意识实际上无法充分表达意识的奥秘。进而言之,胡塞尔的现象学

---

① E.Levinas, *The Theory of Intuition in Husserl's Phenomenology*, Andre Orianné(trans.), Evanston: Northwestern University Press, 1995, pp.154, 155.

② [法]列维纳斯:《从存在到存在者》,吴蕙仪译,王恒校,江苏教育出版社 2006 年版,第 4 页。

③ [法]德里达:《书写与差异》,张宁译,生活·读书·新知三联书店 2001 年版,第 139 页。

意向性理论不够彻底(radical 这个词在中文中表示"彻底",但可以用另一个词"激进"来表述更加充分)。在这个意义上,列维纳斯比胡塞尔要更加彻底和激进。这种激进按照列维纳斯的立场,它不是表现为非现象学,而是更加现象学,更加激进的现象学。这种现象学已经不是胡塞尔那里"作为严格科学"的现象学了。这也使得列维纳斯的现象学进入了模糊、不清晰、暧昧性的问题中,同时也表现出了不可避免的暧昧性与张力。在列维纳斯的描述中,表征关系并不是意义的全部内容,意识除了对世界的表征认识之外,还有很多更丰富的人与人之间的关系维度,比如身体的感性爱抚(爱欲关系),比如与他人的的关系(形而上的欲望)。这些关系隐含着列维纳斯对匿名的存在 il y a、感性触发性,以及与作为他者的他人的面对面关系的理论阐述中。这些都是人类经验之中超出表征经验的意识经验,列维纳斯认为这是意识现象学真正要考察的核心重点。

进而言之,对胡塞尔的批评,暗含和整合了列维纳斯对整个希腊传统理性哲学的认识和批判:整个西方理性传统是一个认识论传统,一个将意识与世界的关系处理为表象性关系的传统。列维纳斯认为这是意识对世界的"光之暴力"。当然,进入海德格尔后,列维纳斯的批评也依旧强烈。在遇到胡塞尔的初期,列维纳斯同样被海德格尔的思想吸引,并且一开始就被海德格尔所不同于胡塞尔的精神气质——存在论所包含的生活和历史的维度——所吸引,并试图用海德格尔去解读胡塞尔。虽然列维纳斯对海德格尔的《存在与时间》持高度的肯定和赞扬,但这并未改变列维纳斯对海德格尔的批判。尤其是随着海德格尔的纳粹事件,列维纳斯与海德格尔分道扬镳。海德格尔对存在和生存经验的分析给予列维纳斯很多启发,这种启发从早期的《从存在到存在者》一直到后期的《总体与无限》之中对于人的实存的现象学分析都能体现出来;不同的是,列维纳斯对人的经验之原初的更深入的探讨使得他更加注重个体性的体验——这种体验无法被置于"存在"这个整体经验之中,甚至于,这种个体性体验是海德格尔意义上的存在的开启。在《从存在到存在者》这部写于集中营和劳动改造过程中的书中,列维纳斯开始有意识地讨论人与存在的关联,实际上是将人从存在之中脱离出来。开始有意识地设想和阐述一种人的非存在论的体验。那是"抵抗的片段":

> "那是一种无名的、没有任何存在者(étant)宣布为之负责的、没有存在者或存在的东西的存在,是布朗肖所形容的无休止的'嘈杂',是如同无人称的'下雨了'或'天黑了'一样无人称的 il y a。这与海德格尔的'有'(es giebt)有着本质的区别。"①

列维纳斯通过 il y a 强调非人的中性(ueutralité)。存在的实现试图克服这种中性。列维纳斯认为存在对这种无人称的中性化的克服和去中性化"不可能获得真正的人性意义,反而会转向冷漠,……转向战争。在世界之外寻求救赎而无视他人存在的自私心态延续了这种冷漠"②。这段话的基本意思和内在逻辑表明了他对海德格尔"存在论的差别""存在者的存在"理论的批评,以及列维纳斯自己的理论的焦点——对他人的无私。值得注意的一点是:在《从存在到存在者》第三版的序言中,列维纳斯表明了从 1947 年到1981 年,他始终没有改变他的这个基本立场。也就是说,对海德格尔存在论的批评、关于人的非存在论的理解、对他人的无私,这些基本的思想主题始终贯穿在列维纳斯整个思想历程中。这些都指向了"对无限的渴望"这样的理论道路。按照列维纳斯早期的表述,即"通过对无限的渴望,揭示自己被人遗忘的诞生"③。

可以说,《从存在到存在者》意味着列维纳斯真正的自己的思想的开端,意味着走出胡塞尔和海德格尔的道路开始自己独特的思想历程。通过非存在

---

① [法]列维纳斯:《从存在到存在者》,吴蕙仪译,王恒校,江苏教育出版社 2006 年版,第二版序言第 1 页。

② [法]列维纳斯:《从存在到存在者》,吴蕙仪译,王恒校,江苏教育出版社 2006 年版,第二版序言第 2 页。

③ [法]列维纳斯:《从存在到存在者》,吴蕙仪译,王恒校,江苏教育出版社 2006 年版,第二版序言第 4 页。

论的构建,列维纳斯用 il y a 来取代海德格尔的"存在",向那匿名的中性,向那无法实显的他人敞开,打破了与存在相关联的自由。这已经奠定了列维纳斯的超越现象学。

> "这种无人称的、匿名的、却无法遏制的对存在(être)的'消用',在虚无的深处幽幽作响。……il y a 同时超越了外在性和内在性的范畴……浸透了、淹没了一切主体,无论是人还是物。……主体—客体之区别,将不再是我们思索存在一般(il y a)时的出发点。"①

这是一种什么样的状态？如列维纳斯这样描述,它是"夜晚的空间依旧如是,但它却不再空无一物,不再透明无余,不再能够在将我们和万物区分开来的同时,引领我们进入这通过透明而给予我们的万物。黑夜仿佛一种内容,填满了夜晚的空间,它盈实满溢,但充满它的是万事万物的虚无"②。林吉斯(Alphonso Lingis)在《从存在到存在者》的英译导言中指出,列维纳斯阐释这样一些非同寻常的主题:夜晚、未成形的感性元素、光、滋养、面容等"对象",失眠、睡眠、恐惧、眩晕、食欲、疲惫、慵懒等"主体"状态。"这些当然都是难以捉摸的现象;它要求非凡独特的洞察力和描述技术,去把这些东西里面发生的东西拉出来。"③这表明列维纳斯思想的目光指向了再现之前的幽暗地带,指向存在之前的每个具体的感性的人。这不仅是列维纳斯的哲学对象,而且也意味着列维纳斯的哲学风格。他只有用这种方式才能超越对意识和存在的传统哲学的阐述模式——这直接导致了他自身的困境与张力。

在《从存在到存在者》之后,"《时间与他者》以清晰的连续性阐发了存在之本质、孤独、物质性、进入世界、受难和必死性、与他者的相遇,以及他人

---

① [法]列维纳斯:《从存在到存在者》,吴蕙仪译,王恒校,江苏教育出版社 2006 年版,第 62 页。

② [法]列维纳斯:《从存在到存在者》,吴蕙仪译,王恒校,江苏教育出版社 2006 年版,第 64 页。

③ Alphonso Lingis, "Translator's Introduction", in E.Levinas, *Existence And Existents*, p.7.

的意义。它极为简要地概括了与海德格尔、黑格尔的辩证法和柏格森的绵延之意义的分歧。这种自信和具体的划清界限,确立了战后时期列维纳斯的独立思想。这部作品的核心目的是不再将时间显现为一种孤独的主体的'成就',而是一种主体与他人的关系"①。在一次谈到柏格森与海德格尔的比较时,列维纳斯明确指出,在时间问题上,自己更接近柏格森,而不是海德格尔。

> "归根结底,时间性就是对他者之爱。柏格森所谈的绵延,正是对于他者的靠拢所栖身的维度。神学是绵延的根基。在海德格尔那里,相反,正是人的所有权威与本真性包含在对于存在的把握之中。在这里,就呈现出巨大的差异——大致地讲,在柏格森所代表的西方圣经式的唯灵论与海德格尔式——或者更准确地讲希腊式的——世俗思想之间的差别。"②

这段话明确地提到了两点:第一,列维纳斯对海德格尔时间观的批评,第二,列维纳斯时间观中神学的维度。

基本而言,列维纳斯与胡塞尔现象学、海德格尔存在论的关联是清楚的,他对二者的逃离也是明显的。列维纳斯作为胡塞尔和海德格尔的弟子开始其关于超越的哲学现象学的冒险,这条道路脉络是清晰的。因此,当考察列维纳斯的超越论时,毫无疑问地,必须首先从现象学的基本主题出发去考察。本章将梳理列维纳斯对现象学三个基本主题的处理:时间、意向性和物质性。这三个基本主题既是现象学的基本主题,也是列维纳斯思想的基本主题。通过这三个主题,能看到他与现象学思潮之间的基本具体衔接和关联,同时也能看出他与胡塞尔、海德格尔现象学之间的基本差异。同时,这三个主题也将进一步导向笔者将要考察的目标:意识与不可见者的关系。

---

① [英]西恩·汉德:《导读列维纳斯》,重庆大学出版社 2014 年版,第 41 页。
② [法]单士宏:《列维纳斯:与神圣性的对话》,姜丹丹、赵鸣、张引弘译,华东师范大学出版社 2018 年版,第 35 页。

第一节　时　间

"摩西的上帝永远在别处，在那边。他真正的始源——善——不在过去，而在将来。过去和现在具有一种为将来的价值。犹太人的时间观念不仅仅深深地相异于希腊人的循环时间的观念，而且与保罗的历史基督教的'线性'时间观念有着深刻的差别。犹太人的时间不是以基督的现在，而是以永远为他者、在别处、'别样存在'的上帝的将来为中心的。"①

——V.维梯罗（Vitiello, V.）

时间理论是现象学的座架。不管在胡塞尔、海德格尔，还是在列维纳斯那里，时间理论都是他们思想运作的基础。在现象学的脉络中，时间对象的建构问题指向了意向性行为和意向性对象之间的关系问题，指向了感性所予和赋义的关系问题。意识反思对始源性的不断追问，最后这个追问如果要打破一种自身循环或者先验主体，就必须有个缺口，那个缺口就是被给予性自身，也就是那个意识把握之前的自身显现：什么东西被给予了意识？这是意识之"外部"的问题。但是，如果从相反的方向提出质疑：如果这个"外部"不是一种通过逻辑逆推而设想的话，它是如何可能存在的？因为从意识的视角看，一切都已经在意识之内。究竟能够沿着什么样的逻辑导向意识之外的纯粹被给予性？这些问题涉及意识对象的建构及边界问题。从这些问题出发，也可以看到列维纳斯对绝对外在性的讨论的内在线索依旧是现象学的，是关于时间和被给予性的现象学讨论。

回过头来看，现象学向神学的"转向"的问题在列维纳斯那里实际上发生

---

① V.维梯罗：《荒漠，道德，遗弃——论宗教人的拓扑学》，载[法]德里达、[意]基阿尼·瓦蒂莫主编：《宗教》，杜小真译，商务印书馆 2006 年版，第 157 页。

了转变,在现象学的语境中,它成为了一个关于界限的问题。一方面,它是意识自身的边界,内在性的边界。这是列维纳斯从现象学的背景下所遇到的基本问题,而它也是笛卡尔、康德和胡塞尔所致力于考察的问题。意向性概念考察了意识的基本能力和结构,在指出意识和世界的关系的同时,也界定了意识的边界——意识认知的出发点和能够抵达的地方。按照列维纳斯对意识哲学的基本理解,"认知已经预设了自我"①。意识哲学必定预设了二元——心灵和世界,自我的基本功能结构及其所认知的对象。这早在康德的两个世界划分中就已经提出了,而到了胡塞尔,现象(在意识中)的显现(立义)成为了讨论意向性的核心。另一方面,它是上帝(绝对不可知者)的边界,人们所能谈论的上帝和不可认知的上帝——在什么意义上上帝作为"上帝"而进入意识的视域内?这两个边界问题(意识和上帝的边界)在笛卡尔、康德、胡塞尔那里都是隐藏的问题,但是,列维纳斯将这个问题作为了现象学反思的重要线索。他意识到,只有反过来,先考察与外在性的关系,才能回过头来理解意识的地位和能力。因此,意向性问题从一开始就不仅和时间关联,而且和外在性、被给予性,还有上帝问题相关联。

在这样的逻辑下,关于上帝的理论就变成了内在性和外在性之间的现象学关系,这个内与外不是非此即彼的内与外,而是互为包含的。确切地说,是意识意向性所能抵达和不能抵达的地方之间的边界,显现之物和显现、可见和不可见、可以清晰的和不可清晰的、可以把握和不可把握之间的边界。这个问题涉及意识的能力、意向性和所予感觉材料。传统知识论的感觉材料和知识之间的关系,在这里成为了意识意向性的边界以及内在性外在性之间的关系问题。而意识的边界问题实际上是个意识对象的构造问题,在什么范围内(条件下)对象能够被给予,被建构为对象。在胡塞尔那里,意识对象的建立机制在时间的讨论之中揭开。《内时间意识现象学》指出了意向性问题如何

---

① E. Levinas, *Collected Philosophical Papers*, Alphonso Lingis (trans.), Dordrecht: Martinus Nijhoff Publishers, 1987. p.36.

与时间关联:在什么意义上讨论意向性行为和意向性对象的同时,必须首先讨论时间? 首先,沿着胡塞尔提出的难题,时间是最高的原初性被清晰地发展的地方。根据《内时间意识现象学》,时间讨论必须"完全排除任何与客观时间有关的设想、信念(排除所有对实存之物的超越预设)"①。"我们所接受的不是世界时间的实存,不是一个事物延续的实存,以及如此等等,而是显现的时间、显现的延续本身。但这却是绝对的被给予性,对它们的怀疑是完全无意义的。"②"现象学的素材是时间立义(Zeitauffassung),是客观意义上的时间之物显现于其中的体验。现象学地看,被给予我们的还有体验因素,它们特殊地奠定了时间立义本身的基础,这些体验因素也就是一种可能是特殊时间性的立义内容(即被温和的天赋论者称为原初的时间之物的东西)。"③胡塞尔的"原初的时间域",他划分为"被感觉到的"时间性的东西和"被感知到的"时间性的东西。④ 作为构建最深刻的原初构造(urkonstitution)的位置而揭示自身,对于现象学保留着这个位置——自我的形式的地方——被视为意向性行为的最后被进入意识流的发生。对于胡塞尔,这种源头不是一个简单的源头,或者一个简单的奠基——如果奠基仅仅是一个笛卡尔意义上的绝对真理的出发点的话;因为胡塞尔不仅要还原到那个不可怀疑的"我思",他还试图找到一切现象得以发生的基本机制。这个机制位于时间之中。

现象学最终指向超越的真理,指向笛卡尔主义还原的道路、绝对意识的重

---

① [德]胡塞尔:《内时间意识现象学》,倪梁康译,商务印书馆2009年版,第35页。
② [德]胡塞尔:《内时间意识现象学》,倪梁康译,商务印书馆2009年版,第36页。
③ [德]胡塞尔:《内时间意识现象学》,倪梁康译,商务印书馆2009年版,第36页。
④ [德]胡塞尔:《内时间意识现象学》,倪梁康译,商务印书馆2009年版,第37页。这里,胡塞尔给了一个注释:"'被感觉到'就是一种关系概念的指示。这个概念本身丝毫没有说明:被感觉到的东西是否是感性的东西,甚至是否是在感觉之物意义上内在的,换言之,这里并没有回答,被感觉到的东西本身是否已经构造出来,并且是否是一种完全不同于感觉之物的东西。——但在这里最好是把这整个区别都放在一边;并不是每个构造都具有立义内容—立义这个范式。"

新构建;朝向对纯粹内在的确定以及纯粹内在的原初领域。原初(源头)没有简单的自我呈现。更彻底地,意识的时间性,意识作为时间流,是最原初的构建之焦点,作为原初构造(urkonstitution)的原始的构建之焦点。因此,现象学的还原成为远远超过了对抗自然的运动;现象学考察不仅是朝向事物(自然),而且还是朝向意识自身。"现象学方法的第一个目标是扩大和加深我们直接经验的范围。"①胡塞尔提出回到事情本身,这不仅是要回到现象,而且是回到现象的显现,回到现象的发生过程——意识活动。很明显地,对于胡塞尔,原意识游离在作为超越的现象和非现象之间。事实上,它是所有现象的中介,并且由此,它事实上是作为超越的现象。进一步地,对于胡塞尔,回到自身,回到主体性,实际上就是回到时间,回到"构造着时间的河流"②。按照胡塞尔的观点:"这条河流就是我们根据这个被构造者来称呼的东西,但它不是时间上的'客观的东西'。它是绝对的主体性,并且具有一个形象地被标志为'河流'的东西的绝对特性:现时性点、原源泉点、'现在'涌现出来的东西,如此等等。"③"我们始终要区分:意识(河流)、显现(内在客体)、超越的对象(如果一个源生内容不是内在客体)。"④

　　如同德里达的礼物、梅洛-庞蒂的肉身和不可见者、马里翁的漫溢现象等,列维纳斯将现象学的目光转向了那部分无法被意识立义和再现的内容。这是对现象学基本主题的深化,也是意识目光的逆转。什么东西是被给予我而无法被我综合统一的? 当"我思"试图去把握被所予性,这种把握超出了我思的能力范围。笛卡尔和胡塞尔在这点上止步于意识主体自身的理性边界,这个边界是意识反思(笛卡尔的怀疑和胡塞尔的还原)最后的地方,也是他们构建的主体性的基本范围,不能再往下了。而列维纳斯在这点上继续往下走。

---

① [美]赫伯特·施皮格伯格:《现象学运动》,王炳文、张金言译,商务印书馆2011年版,第890页。

② [德]胡塞尔:《内时间意识现象学》,倪梁康译,商务印书馆2009年版,第109页。

③ [德]胡塞尔:《内时间意识现象学》,倪梁康译,商务印书馆2009年版,第109页。

④ [德]胡塞尔:《内时间意识现象学》,倪梁康译,商务印书馆2009年版,第110页。

但是这条路如何能够走下去？笛卡尔和胡塞尔通过"怀疑"和"悬搁""还原"已经将理性反思的道路和方法穷尽了，没有可能使用任何的语言和概念去描述前我思的被给予性，因为所有的出发点——包括语言和概念的出发点——只能是我思，那个先验的主体。因此，留给列维纳斯的只能是"非概念的描述"或者完全的否定——非表象、非再现、非在场。这种否定意味着现象学朝向意识自身"无能为力"的一面，绝对异于意识的另一个维度，纯粹被动的维度。这正是列维纳斯所要做的事情，朝向意识的源头，回到经验发生的地方，我思之前的"原初性"。从意识再现（现象）到本源（现象的被给予性），即不可见者。

在这点上，列维纳斯一直清晰地意识到他所面对的问题的根本与核心，同时也是胡塞尔和海德格尔现象学思想所依赖的基础，那就是时间性的问题。而且他也正是在这个基础上去根本而彻底地反思他的两位老师。列维纳斯关于时间问题以及他自己的处理思路有着明确的意识。在一次关于"超越和智性"的访谈中，列维纳斯提道："按照知识，过去和将来总是具有一种在场，人们通过想象、期待和回忆而将它们收集起来。回忆体现了思的一个重要功能，但是，对我而言，它不是时间的真理。相反，我想要用以取代这种在场（presence）的是时间的历时性。"①可以说，时间问题贯穿于列维纳斯的思想历程，其核心是时间的历时性（diachronie）理论。列维纳斯坦言："我最深的思考是关于时间的历时性，它支撑着我所有思考，我关于无限的思考——这种思考比关于有限的思考更早。"②在列维纳斯的思想进展中，对时间问题的处理是从内在性到超越这个转换的核心枢纽。历时性概念渗透在列维纳斯整个思想脉络中，交叉在现象学和伦理学主题的讨论中，这些讨论最后都指向一种无神论

---

① E. Levinas, "Discussion following 'Transcendence and Intelligibility'", in E. Levinas, *Is it Righteous to be? Interviews with Emmanuel Levinas*, Jill Robbins (eds.), Stanford: Stanford University Press, 2001, p.268.

② E. Levinas, *Of God Who Comes to Mind*, Bettina Bergo (trans.), Stanford: Stanford University Press, 1998, p.iv.

的上帝(超越)。

一、 异质性的时间经验——时间的去结构化

在 1988 年的一次访谈中,被问及"您现在作品主要的关注是什么"时,列维纳斯说:"我研究的根本主题是对时间这个概念的去结构化。"①这个主题点明了列维纳斯对康德之后一直到海德格尔在时间问题上的批判和反思。康德将时间作为经验的基本形式,而到了黑格尔,这种时间形式辩证地与内容结合,获得了充实。胡塞尔时间构建也基于一种意识的基本结构(滞留、当下化和前摄的能力)。按照列维纳斯的观点,康德、黑格尔和胡塞尔都将时间视为人类经验的结构形式,因此,对作为我思的统一体的时间的去结构化从伯格森开始就已经成为了现代思想的问题。② 在对时间的非结构化理解上,列维纳斯获益于柏格森,但是他比柏格森要走得更加彻底。

海德格尔作为胡塞尔的学生,他对时间的考察打破了胡塞尔的形式化。列维纳斯充分肯定了这点,认为海德格尔的时间理论发展了柏格森早期的洞见,把时间理论发展为绵延的相互渗透的领域,揭开了"钟点时间"之下更深的结构——关于综合的"狂喜的"时间性,本质地与人的实践、知识、道德、在世、历史相连的时间,并且打开了存在者的揭示。③ 海德格尔的时间考察也属于柏格森和罗森茨威格以来的"时间的去形式化"④,但是海德格尔的时间理论并不彻底,它没有真正将时间引出存在总体。海德格尔虽然不问"时间是什么?",却通过"被抛(过去)""共在(现在)""先行(将来)"等概念试图以一

---

① E.Levinas,*Entre Nous:Thinking of the Other*,Michael B.Smith and Barbara Harshav(trans.),New York:Columbia University Press,1998,p.232.

② Michael L. Morgan, *Discovering Levnias*, Cambridge:Cambridge University Press, 2007, p.220.

③ E.Levinas,*Otherwise than Being,or,Beyond Essence*,Alphonso Lingis(trans.),Pittsburgh:Duquesne University Press,1998,p.xiii.

④ E.Levinas,*Entre Nous:Thinking of the Other*,Michael B.Smith and Barbara Harshav(trans.),New York:Columbia University Press,1998,p.176.

种不同于度量时间的方式考察时间,以对此在的分析代替物理度量的方式来揭示时间,只是这种揭示始终没有摆脱"此在整体结构上的全体性"。即使海德格尔最终把时间延伸到了死亡经验,但是列维纳斯认为在海德格尔那里"死亡之意义从一出发就被解释为存在于世之终结、消亡"①。不同于海德格尔,列维纳斯的"思想坚持'从时间出发设想死亡,而不是像海德格尔那样,从死亡出发设想时间'。死亡不再是成为可能性的虚无,而是虚无与陌生的暧昧——时间不再是存在的地平线,而是在与他人之关系中的主观性情节"②。从海德格尔回溯至康德,列维纳斯认为,"自始至终,本体论、存在与虚无的领会一直是任何意义的源泉。无限(它也许随着历时性、耐心和时间的长度接近思想)从来不以任何的方式被这一分析所暗示。自康德以来,哲学成了没有无限的终结性"③。

列维纳斯对时间的考察的基本立场是超越康德以来的形式化的时间,将时间导向真正的本源的和无限的时间。与海德格尔不同,列维纳斯指出:"时间并非存在的界限,而是存在与无限的关系。""死亡不是毁灭,而是必要的疑问,以便与无限的这一关系或曰时间得以产生。"④在1947年的重要著作《从存在到存在者》开篇列维纳斯就明确指出:"柏拉图置'善'于存在彼岸的准则是引导这些研究的最概括也是最空泛的指南。这就意味着,引领一个存在者(existant)趋向善的过程并非是存在者上升为一种高级存在(existence)的超越行为,而是一个摆脱存在以及描述它的范畴的过程,是一种出越。"⑤这表明了

① 〔法〕勒维纳斯:《上帝·死亡和时间》,余中先译,生活·读书·新知三联书店1997年版,第37页。
② 〔法〕勒维纳斯:《上帝·死亡和时间》,余中先译,生活·读书·新知三联书店1997年版,第293页。
③ 〔法〕勒维纳斯:《上帝·死亡和时间》,余中先译,生活·读书·新知三联书店1997年版,第37页。
④ 〔法〕勒维纳斯:《上帝·死亡和时间》,余中先译,生活·读书·新知三联书店1997年版,第16页。
⑤ 〔法〕列维纳斯:《从存在到存在者》,吴蕙仪译,王恒校,江苏教育出版社2006年版,前言第1页。

列维纳斯思想的基本指向,也指出了他在时间问题上的根本立场。对于列维纳斯,"摆脱存在以及描述它的范畴"是时间考察的重要目的,而这个目的也只能通过对时间的重新理解阐释而得到实现。《从存在到存在者》阐明了列维纳斯与海德格尔在存在论问题上的基本差异:不同于海德格尔,列维纳斯力图将每个具体的存在者从存在总体中实显出来,获得其独特的意义。这项工作在根本上要依赖于一种超越于存在(总体)的命运的时间经验。在第二年的著作《时间与他者》中,列维纳斯进一步通过"他者"深化了这种超越:"时间不是作为存在者的存在的存在论境域,而是作为超越存在的一种样式,作为'思'与他者的关系。"①对于列维纳斯,能够"摆脱存在以及描述它的范畴,进而朝向善"的根本抓手是作为"思与他者的关系"的时间。只有与"他者"关联的时间才能打开"异于存在"的视域。在列维纳斯整个论述中,他将这种作为"思与他者的关系"的时间转向了更为复杂晦涩的主题——"时间的历时性"。

"历时性(diachronie)"是列维纳斯文本中反复出现的一个重要概念(他有时为了与传统的用法区别,强调时间的异质性与断裂性,会采用 dia-chronie 这一写法)。这个概念本身多用于语言学符号学,它与顺时性、共时性(synchrony)相对,指事物(现象)的进程及其本质随着时间的变化而变化,不具固定性和稳定性;亦指事件发生在不同的时间(非共时性)。按照柯林·戴维斯的比较梳理,"这里的历时性与索绪尔语言学中该词的更普通用法毫无关系,在索绪尔那里它是指一个研究对象(比如说语言)在时间中的发展;在列维纳斯的用法中,它是指单一时刻内部的断裂,这样时间就是内在割裂的,而不是统一在一个无所不包的总体中"②。在列维纳斯的许多文本中,他寓于历时性这个概念丰富而晦涩的内含:历时性描述了时间自身的异质性特征,历时性

---

① E.Levinas, *Time and the Other*, Richard A.Cohen(trans.), Pittsburgh: Duquesne University Press, 1987, p.30.

② 柯林·戴维斯:《列维纳斯》,李瑞华译,江苏人民出版社 2006 年版,第 96 页。

"是同一性的拆散，在其中同一个与同一个不能相会"①。历时性也意味着精神和世界之间的"非构建"关系，它揭示了一种伦理的和启示（神学）的超越关系、所说（said）和言说（saying）之间的延异（踪迹）关系。历时性是"这样一种伦理的和启示的关系结构——他者的亲密性、无私、为他、所说之说"，"这种结构生成伦理和语言"②。按照列维纳斯的观点，历时性这个概念始终与"不可包含者"（他者）相关联。③"历时性确切地描述了与绝对外在的东西的关系"④，而这种关系始终折射出意识原初的被动性以及因超越者而引发的欲望（desire）关系。

具体地，关于时间的历时性，我们首先要回到列维纳斯提到的两种时间，普遍历史的时间和历时性的时间。普遍历史的时间（顺时性的时间），也就是列维纳斯所说的死亡的时间、总体化的时间。这种时间是存在论的基础。"普遍历史的时间作为存在论基础持续着，在这种时间中个体性特殊的存在者失去了，它们的本质被计算和概括了。"⑤这是一种同者的时间。在其中，个体命运是总体的一个环节，没有例外也没有惊奇。而历时性的时间是一种断裂的时间，一种非吻合的时间，它是"非一致性、驱逐自身的"⑥，它"要求一种持续不断的创造，（它）表明了受造者的极度分散与多样性"。它是"历史的总体化的连续——死亡时间所标志的——的破裂，是造物主安排在存在者中的

---

① ［法］勒维纳斯：《上帝·死亡和时间》，余中先译，生活·读书·新知三联书店 1997 年版，第 16 页。

② E.Levinas, *Time and the Other*, Richard A.Cohen (trans.), Pittsburgh: Duquesne University Press, 1987, p.22.

③ E.Levinas, *Entre Nous: Thinking of the Other*, Michael B.Smith and Barbara Harshav (trans.), New York: Columbia University Press, 1998, p.90.

④ E.Levinas, *Time and the Other*, Richard A.Cohen (trans.), Pittsburgh: Duquesne University Press, 1987, p.35.

⑤ E.Levinas, *Totality and Infinity*, Alphonso Lingis (trans.), Pittsburgh: Duquesne University Press, 1969, p.55.

⑥ E.Levinas, *Of God Who Comes to Mind*, Bettina Bergo (trans.), Stanford: Stanford University Press, 1998, pp.ix–x.

一种破裂"①。历时性"超越于所有永恒的在场之顺时性"②。"这一历时性——既相吻合,又不相吻合——或许正是超验性的特征。"③这些论述表明列维纳斯对历时性概念的丰富而晦涩的使用。但是无论在什么样的语境中,都能看到这个概念对海德格尔和胡塞尔时间观的某种回应。首先,由于普遍历史的时间是存在论的基础,因此,历时性构成对海德格尔时间和存在论的一种回应。其次,分散与超越性也打破了胡塞尔的再现的时间经验。在列维纳斯的历时性概念下,时间获得两个重要特征:时间不是水流,也不能被意识再现和主题化。"水流或潮汐这些用以解释时间的形象适用于时间中的存在者(etre),却并不适用于时间本身。时间并不像一条河流那样流淌。"④"历时性是这样一种结构,任何主题化和有目的的意识运动(记忆或希望)在它所建构的统一化中都无法吸收或填补这种历时性。自我的孤立的时间性被从未来和不可记忆的过去而来的不可预见的他人的来临打破。"⑤按照列维纳斯的观点,时间是非连续和创生的,它无法被意识统摄进一个整体(片段)之中;过去和未来不是当下化(再现)能把握的,过去不是滞留的结果,未来也不容期待。列维纳斯指出:"在最后的分析中,历史的时间的每个瞬间——在其中行动开始——是一种生产,它因此打破历史的连续性的时间——一种属于作品的时间而不是关于意志的时间。"⑥在这个意义上,时间与历史之整体以及意识的

① E.Levinas, *Totality and Infinity*, Alphonso Lingis (trans.) , Pittsburgh: Duquesne University Press,1969,p.58.

② E.Levinas, *Alterity and Transcendence*, Michael B.Smith(trans.) , New York: Columbia University Press, 1999, pp.173-174.

③ [法]勒维纳斯:《上帝·死亡和时间》,余中先译,生活·读书·新知三联书店 1997 年版,第 263 页。

④ [法]列维纳斯:《从存在到存在者》,吴蕙仪译,王恒校,江苏教育出版社 2006 年版,第 89 页。

⑤ E.Levinas, *Of God Who Comes to Mind*, Bettina Bergo(trans.) , Stanford: Stanford University Press,1998,pp.ix-x.

⑥ E.Levinas, *Totality and Infinity*, Alphonso Lingis (trans.) , Pittsburgh: Duquesne University Press,1969,p.58.

主题化(意向性)决裂。时间经验不再是一个"整体"史的经验,也不是意向性的构造,它是关于不可预见的他人的超越经验。

在胡塞尔那里,意识以一种基本(先验)结构(能力)将过去和未来当下化,同时赋予过去和未来以意义,时间对象由此建立。列维纳斯通过时间的历时性指出:"(时间)的历—时性,历时性的'差异',并不意味着单纯的破裂,而是意味着一种在先验统觉的一致性中找不到的无私和调和,……,意味着背叛它。"①列维纳斯指出,通过计算和历史,时间的历时性被聚集在当下和再现中。② 但是,"未来的历时性……与前摄并不是一样的"③。"过去之历时性位于时间的具体性的底部,它不能被集合到再—现(现在在场)。"④由此可见,过去的流逝和未来的来临不附着在先验的主体结构中,时间经验的意义也不是先验的意识结构所赋予的。

在《历时性与再现》一文中,列维纳斯强调了时间的超越(他者性)维度。过去是不可追溯的过去,总是在我(意识)介入的每个瞬间前已经在那儿。这是一种"更为古老"的过去,它无法被设想为"曾经的"在那儿。过去是一种无法推卸的"在"。未来,则是超出我的预期的未来,是一种总是要回应(response)却无法把握的临近,也因而是一种永远无法完成的(无限)责任(responsibility)。因此,关于时间的经验是一种关于绝对不可把握的外在性的经验,这种关于外在性的经验内在于我们与陌生性相遇的经验中,这就是生存的时间性。通过陌生性与他人的关联,列维纳斯进而将时间性(历时性)嵌入作为人与人关系的节点:"历时性——超越于所有永恒的在场之顺时性——是

---

① E.Levinas, *Time and the Other*, Richard A.Cohen(trans.), Pittsburgh:Duquesne University Press,1987,p.118.

② E.Levinas, *Entre Nous*:*Thinking of the Other*, Michael B.Smith and Barbara Harshav(trans.), New York:Columbia University Press,1998,p.165.

③ E.Levinas, *Alterity and Transcendence*, Michael B.Smith(trans.), New York:Columbia University Press,1999,p.36.

④ E.Levinas, *Time and the Other*, Richard A.Cohen(trans.), Pittsburgh:Duquesne University Press,1987,p.112.

我和邻人（准确地说从我到他人）之间不可逆转的（或无私的）关系的节点，这种关系不可能是顺时性，并且同时是无私的，如同辞别，已经是一种爱。"①"这种未来的历时性不能被转化为知识，未来的历时性（在顺从中）被一种超越于再现和在场的东西所激发。"②在这里可以看到列维纳斯通过历时性概念揭示了时间的展开过程中的两个重要向度：作为他人不可回忆的过去及其不可期待的未来。历时性的特征坐落在了他人身上：我无法记忆他人经历过的事件；当他人从未来向我临近，以一种不可根除和不可还原的差异的时间性与自我相遇时，我既不能预见也不能期待面容的意义以及它的命令——这是责任的重要特征。任何主题化和意向性的意识运动都无法同化这种在他人面容之中的古老性和陌生性。

二、 时间历时性为伦理奠基

在《从存在到存在者》中列维纳斯就指出了时间对存在论的超越并不是真正的目的，真正的目的是"通向一种比存在论更古老的伦理学"③。"超越存在之诘问，所得到的并非一个真理，而是善。"④对此，理查德·科恩也曾指出："海德格尔和列维纳斯这两位哲学家通过对时间和感受性的仔细分析开创他们完全不同的视角：在海德格尔那里是终有一死的和焦虑的存在者，在列维纳斯那里是道德的和服从的责任者。"⑤这表明了列维纳斯时间考察的伦理指向——这种伦理的核心特征是超越。

---

① E.Levinas，*Alterity and Transcendence*，Michael B.Smith(trans.)，New York：Columbia University Press，1999，pp.173-174.

② E.Levinas，*Entre Nous：Thinking of the Other*，Michael B.Smith and Barbara Harshav(trans.)，New York：Columbia University Press，1998，p.152.

③ ［法］列维纳斯：《从存在到存在者》，吴蕙仪译，王恒校，江苏教育出版社 2006 年版，第二版序言第 3 页。

④ ［法］列维纳斯：《从存在到存在者》，吴蕙仪译，王恒校，江苏教育出版社 2006 年版，第11 页。

⑤ Richard A.Cohen，"Foreword"，in E.Levinas，*Otherwise than Being，or，Beyond Essence*，Alphonso Lingis(trans.)，Pittsburgh：Duquesne University Press，1998，p.xiv.

　　这里先看列维纳斯是如何理解伦理学这个概念的。在《上帝·死亡和时间》中，列维纳斯这样界定伦理学："伦理学是与他人、与下一个来者（其临近不应该跟空间意义上的一种相邻关系相混淆）的关系。'下一个来者'，它首先强调了这一关系的偶然性特征，因为他人、下一个来者就是第一个来临者。这一关系是一种临近性，即一种对他人的责任。"①在这个表述中，列维纳斯指出了伦理学内在的时间线索，"下一个来者"既是他人，也是未来。而实际上，"时间—他人"这个关联一直位于列维纳斯思考的中心。在1946年到1947年的以《时间和他者》为题的讲座中，列维纳斯直接点明了："时间不是作为一个存在者的存在的存在论视域，而是作为存在之外的形态，作为'思'与他者的关系。""时间并不是一个孤立的、单独的主体的成果，而是与他人之关系的结果。"②可以说，时间本身就是一种关系概念，而这个关系的核心特征是超越。因此，时间在列维纳斯的讨论中，本身就是一个伦理问题（也只有在这个问题中才能真正回应胡塞尔和海德格尔那里"伦理的缺失"）。在列维纳斯那里，时间和伦理这二者的关联是通过主体性概念获得的。正是因为人作为时间性（与他者—他人的关联性）的存在，人才能从一般的存在物中区别出来，作为伦理的存在者。主体这个概念并不是基于理性，而是基于伦理，或者说基于"与他者的关系"——时间性。在胡塞尔的内时间意识［甚至于在奥古斯丁（Saint Augustine）时间的灵魂转向］中，时间的内在化就已被明确提出，时间和主体性的关联也不是新的议题。对于列维纳斯，他所提问题之重点不在于时间和主体性的构成之间的关系，他要提出的是：时间的他者指向所包含的"时间—他人—主体"这个逻辑关联。在这个关联中，主体性看似问题的中心，实际上问题最后的焦点是"他者性奠基主体性"这一结论。也就是说在逻辑关

---

　　① ［法］勒维纳斯：《上帝·死亡和时间》，余中先译，生活·读书·新知三联书店1997年版，第158—159页。

　　② E.Levinas, *Time and the Other*, Richard A.Cohen（trans.），Pittsburgh：Duquesne University Press，1987，pp.30，39.

系上,主体与时间的关联是通过他人(古老的过去和不可抵达的未来)而完成的,进而凸显出在主体性问题上他人(伦理)的关键地位。而也正是在这个路向上,列维纳斯那里的时间内在化进程才走出胡塞尔的内时间意识讨论,时间的内在化才最终开显出外在性的视域。时间的内在化在开端上是以绝对的外在性为基础的。

区别于胡塞尔,在列维纳斯那里,主体的核心特征是被动性。这个被动性最终发端于时间的历时性——不可追忆(古老)的过去和绝对的将来(陌生)对于意识的某种"迫近"。在胡塞尔那里,主体的在场是我作为先验主体自身而在场,其他东西的存在都是从"我"这里被构建起来的,自我成了他者的主宰。列维纳斯通过历时性经验否定了自我对他者的在场性控制,在他者对意识的进入过程中,主体性是纯被动的。时间是自我和他者(未来)的特殊关系,未来不属于我,不属于任何东西,它不能被人所设定。① 因此,我们和未来的关系是和异质性的关系,和一种根本地外在于我的东西的关系。"和他者的非常的关系是和未来的关系。"②这种关系是超越的,它具有无限的距离和模棱两可性:未来绝对地外在于当下、外在于我,不能再现也不能期待,那么又如何与当下,与我发生关联? 这是列维纳斯的"没有关系的关系"的晦涩与困难之处,也是笛卡尔那里"自我包含无限""多寓于少"等表述的核心。

但是列维纳斯没有沿着笛卡尔的思路往下走去论证上帝的存在,他转而将这种模棱两可的超验关系落实(具体化)到了自我和他人身上。当下和未来的关系通过主体间的关系得以建立。"未来进入当下并不是主体自身得以完成的,而是通过主体间的关系。人与人之间的关系是时间的条件。"③按照列维纳

---

① E.Levinas, *Time and the Other*, Richard A.Cohen(trans.), Pittsburgh: Duquesne University Press, 1987, p.79.

② E.Levinas, *Time and the Other*, Richard A.Cohen(trans.), Pittsburgh: Duquesne University Press, 1987, p.77.

③ E.Levinas, *Time and the Other*, Richard A.Cohen(trans.), Pittsburgh: Duquesne University Press, 1987, p.79.

斯的观点，如果没有他人，时间是无法成其为时间的，时间经验就无法获得；反过来，时间性（历时性）是人与人之间的关系不会被纳入同一性整体中的根本所在。时间性（temporality）的本质是他者性（otherness），而他者性的核心在于他人的异质性。在这个意义上，时间与伦理构成关联。通过这种转换，把未来置换为他人，从而实现"绝对的未来——他人"的转换。可以说，如《时间与他者》的标题所揭示的，时间本身就是一种他者，进一步地，就是他人；时间的历时性对应于我和他人之间的非同一性，对应于意识和他人之间的非表象关系。

《时间与他者》构成了对海德格尔《存在与时间》的一种背离式的呼应：用他者来替代存在；通过以他者的时间代替存在论的时间，列维纳斯打开了时间的伦理维度。时间作为"'思'与他者的关系"，不再是存在论关系，也不是认知关系，而是超越关系。"与将来的关系，未来的在当下的在场，在与他人的面对面的关系中完成。"在这个意义上"面对面的境地才是时间的真正展开；当下对将来的进入并不是主体独自的成就，而是主体间的关系的成就。时间的条件位于人与人之间的关系之中，或者说，在历史之中"①。他人的临近以及随之而来的我对这种临近的回应，这不仅是伦理事件，更是时间的展开本身。正是在这个亲临和责任中，主体性才被构建起。如在《论来到观念的上帝》中所说的："时间，它属于无限，它在对他人的责任中显示出历时性。"②对于列维纳斯，他人不是现象，而是"世界"现象的中断，是意识认知的断裂。时间发生在绝对不在场和在场之间。③ 根本地，来自他者时间之中断打破了世界现象（显现）的连续性，带来了瞬间无休止的绽出以及意识对这种绽出的回应。

这种回应是无限的。回应总是对不可把握者之回应、对意料之外之回应。

---

① E.Levinas, *Time and the Other*, Richard A.Cohen（trans.）, Pittsburgh：Duquesne University Press, 1987, p.79.

② E.Levinas, *Of God Who Comes to Mind*, Bettina Bergo（trans.）, Stanford：Stanford University Press, 1998, p.81.

③ 王恒：《时间性：自身与他者——从胡塞尔、海德格尔到列维纳斯》，江苏人民出版社2008年版，第177页。

当下不断绽出,将来无法预期,过去永远无法追溯。在时间中,别人的一句"你好""再见"也是永远无法同步的,永远无法真正"在场当下"回应的。它与我是不同时的,甚至不可追忆的。这使得我的回应,我的回答"你好""再见"永远只能是滞后和空荡的。德里达在列维纳斯的悼词中提到一件事:他与列维纳斯通电话时,列维纳斯在说完每句话或者每句话还没说完时,都会"喂、喂"(allo,allo)地问个不停。"他似乎在每个瞬间都担心被挂断,担心沉默或者消失,担心那个他所呼叫和通话的他人'没有回应',伴随着在每个句子之间(有时甚至是在一个句子中间)不断的'allo,allo'。"① 与他人的关系预设了一次无限的分离,面容所显现出来的无限的打断,当另一次中断在死亡的片刻降临而更加无限地把第一次分离化作空虚,在中断的深处又有一次破碎性的中断。这种中断是向谁发出的,又是何时发出的?② 这是他者时间的核心问题,也是人与人之间关系(时间)的深渊。在这种中断之间,伴随的是一种伦理焦虑。在自我和他人的关系(时间)中,这种不同步(中断)是永远存在的,"对方"的回应永远都是在下一刻,我和他人、"此刻"和"下一刻"之间的关系正是通过伦理的焦虑——不断的"allo,allo"来填补,而这种焦虑却永远无法把对方拉到同一个时间"当下(在场)"里。"通过以间断性和总是重新开始性,也即将'自身延异'意义上的'历时性'当作时间性的基本界定后,真正的'他''人'就(或才)一同呈现了。有了他人,才有责任或回应意义上的主体。"③这是主体在时间中走向伦理的根本机制。

历时性打破存在与思对他人之异质性的束缚,他人进入了时间的核心。"时间不是一个孤立的和孤独的主体的成就,而是主体和他人的关系。"④时间

---

① Derrida, Jacques, *Adieu to Emmanuel Levinas*, Pascale - Anne Brault and Michael Naas (trans.), Stanford: Stanford University Press, 1999, p.9.

② Derrida, Jacques, *Adieu to Emmanuel Levinas*, Pascale - Anne Brault and Michael Naas (trans.), Stanford: Stanford University Press, 1999, p.9.

③ 王恒:《列维纳斯的他者:法国哲学的异质性理路》,《江苏社会科学》2004年第3期。

④ E.Levinas, *Time and the Other*, Richard A.Cohen(trans.), Pittsburgh: Duquesne University Press, 1987, p.39.

的真正内含在于绝对的陌生(他人)的进入,这层内含远远超过对此在的领会(海德格尔)和意识的赋义(胡塞尔)。列维纳斯认为:对于海德格尔和胡塞尔,不论是存在还是意识,始终有一种自身同一性。但是,真正的时间——他人的亲临——打破了这种同一性。在历时性中彰显着这样一种关系:这种关系没有吸收他者的异质性,但是确保了他者对"思"的临近。"时间不是永恒的堕落、下降,而是与不允许自身被经验所吸收的东西——这种东西是不可被同一化,绝对的他者——的关系;或者是与不允许自身被理解的东西——这种东西自身是无限——的关系。"①这是一种与不可见之超越者的关系,一种介于"伦理—形而上学"之间的关系。"他人或上帝(绝对他者)进入意识"与"未来进入意识"这两个事件是伦理和形而上学之间的同一事件。列维纳斯称这种关系为"一种没有条件的关系,一种没有等待对象的等待,一种无法满足的愿望"。它是"一种距离,也是一种临近"。时间因而是一种彻底的伦理范畴。时间既是当下(瞬间)的凝聚(实显)和创造(出离),也是未来进入当下(自我)的不可抗拒和不可把握的过程,这个过程在面向他人的面容中得到实现。列维纳斯指出:"被理解为朝向绝对他者的无限的超越的时间的运动并不会在流俗的方式上时间化,并没有与意向性的光束的直接性相似。它的显示的方式,以死亡的神秘性为标志,通过进入与他人的关系的伦理冒险而实现了一种迂回。"②

这个过程是没有任何预知和止境的,"他者"的进入是一个被动的过程,即使是最后的死亡也不是终点(预期)和完成。"并不是如海德格尔所想的存在的有限性构成了时间的本质,而是存在的无限(构成了时间的本质)。死亡的宣判并没有指向存在的结束,而是作为一种未知,这种未知悬搁了权力。间断的构

① E.Levinas, *Time and the Other*, Richard A.Cohen(trans.), Pittsburgh: Duquesne University Press, 1987, p.32.

② E.Levinas, *Time and the Other*, Richard A.Cohen(trans.), Pittsburgh: Duquesne University Press, 1987, p.33.

造——它使存在从有限性的命运中解放出来——呼唤死亡。间断的虚无——一种死亡的时间——是无限性的产物。复活构成了时间最初的时间。"①对于主体而言,复活不是瞬间的完成,而是下一个瞬间的开端,是他人的介入打断了意识的自我沉醉,从而使得自我中心主义被打破。从这个意义上,可以反过来说,不是因为瞬间的机制使得未来(他人)的来临成为可能,而是因为未来(他人)的到来使得瞬间发生,时间才得以构成。

这里,我们发现列维纳斯时间阐述的真正内核:时间不是客观的,时间也不存在于意识之中,不是意识构造对象的条件;时间是意识与超越的非同步的关系——意识与绝对陌生性(他人)的相遇。只有陌生性的进入,意识的暗夜(睡眠)才能被打破,时间才能展开,继而存在和世界才能开显。这是一种本源的时间,之后才有"物理"和"再现"的时间,才有客观和主观的时间。在列维纳斯时间考察的基本框架中,存在、意识、瞬间、过去、未来、复活(创造)、弥赛亚的末世等,这些概念都共同地指向那个活生生的他人(陌生人、邻人),指向任何一个我们可能遇到的面容。时间不是最后的审判,而是每个瞬间他人的到来,以及我的回应。时间是"一个同者到他者的运动,这个运动永远不会回复到同者"。但是,它又不是完全朝着一个虚无的方向的运动。② 而如同《从存在到存在者》开篇提到的,这个指向必然地回到了柏拉图的"最高的善",统一于那个绝对的外在者"上帝"。

三、 时间作为一种超越

如果没有超越与伦理的视角,就无法理解列维纳斯的时间理论。"时间究竟是什么? 没人问我,我倒清楚,有人问我,我想说明,便茫然不解了。"奥古斯

① E.Levinas, *Totality and Infinity*, Alphonso Lingis (trans.), Pittsburgh: Duquesne University Press, 1969, p.284.

② Mark C.Taylor (eds.), *Deconstruction in Context: Literature and Philosophy*, Alphonso Lingis (trans.), Chicago and London: University of Chicago Press, 1986, p.348.

丁的千古之问道出了时间问题的困境。从列维纳斯思想发展的轨迹看，时间本身不是其主旨，却是他思想运思的地基。在20世纪60年代，伦理、价值、主体性和普遍性被质疑（上帝之死与主体之死）的背景下，列维纳斯却坚持谈论伦理与主体性。这种坚持对其后法国哲学乃至欧洲哲学中伦理的恢复具有重大意义。在列维纳斯前后，许多思想家从物理时间（外时间）到心理时间（内时间），从存在到上帝等多维度探讨了时间，却较少有人将时间问题转为伦理（价值）问题讨论。在根本上，列维纳斯通过对时间的新的阐释而重新描述了人类的基本经验——人与人之间的交往经验。另外，他将时间与伦理关联，从而也拓展了时间与伦理议题的视域和内含。列维纳斯要寻求一种他者的时间，一种非同寻常的时间——"另类的时间"。① 这样一种另类的时间包含着列维纳斯对精神和生命（个体）独特的理解：人类的生存之所以是具有时间性（temporality）的，是因为它始终指向那个没有开端和结束的超越，那个我所无法预知和完全承担的他人。对于精神而言，精神的意义在于新的经验（而不在于主动地去赋予这个世界以意义），而与他人的遭遇是所有的经验中最独特与新奇的，也是最为平凡而常见的。恰恰是这种经验构成了主体性的意义、精神的意义、生命的意义。如果说生命是时间的另一种表述方式，那么生命便是"新的经验"。没有新的（陌生差异的）东西进入意识，意识是死亡的，是没有意义的——对于列维纳斯，意识主体从一开始并不是就在那儿的，而是经由他人被建立（召唤）起来的。过去、瞬间与未来正是在其不可回忆、不断的断裂以及绝对的陌生中给"我"提供了绝对不可把握（规约、划归为整体）的内容和意义。这个过程在与他人（邻人、陌生人、弱者、寡妇等）的现实遭遇中获得具体的实现和效应。

　　时间是一种超越。在列维纳斯那里，时间的绝对超越中包含着上帝因素。在关于"超越和可理解性"主题的访谈中，列维纳斯谈到时间问题时指出："我的研究是，这些反思尝试——或至少是意图——去指出：预言（prophecy）是未

① Seán Hand（eds.），*The Levinas Reader*，Oxford：Blackwell Publishers，1989，pp.80-81.

来之具体化,它与伦理无法分开,它已然是被上帝'指引(instructed)',而不是被在场指引。"①未来、他人、上帝,这三个概念是时间的核心,也是时间之超越性与历时性的核心。这根本地表明了列维纳斯时间理论的某种神学特征和上帝指向。犹如奥古斯丁,上帝是时间超越问题的最后归宿。

但是列维纳斯并没有直接指向上帝,而是经由与他人的关系去实现这种超越的指向。通过"时间—他者"的转换,凸显了时间之中绝对的异质性,由此可见,精神的内在性不能构造起时间性本身,只有当这种内在性不断被打破,时间性才获得意义。在一定意义上,意识的经验构成了意识的当下或者活着的生命(living life)的内核,这样的经验总是不断割裂和更新的,与陌生性照面的。胡塞尔及传统认识论的意识之光,由内而外的意识统摄被打破,这个打破是惊醒,甚至是惊厥,而真正能够引发这种打破与惊厥的是他人。他人作为另一个活着的生命,是不可追溯的过去,不可期待的未来;他人的时间(经验)绝对相异于我的时间(经验)。列维纳斯的时间考察充分揭示了:对于人的存在而言,时间性和伦理性是一致的,它们寓于同一个事件——与他人的照面。他人的进入是一个完全新奇的事件,同时也是一次冒险事件,如同德里达所描述的"绝对的好客"所携带的危险性。但是,对于列维纳斯,这是精神主体诞生、发展与延伸的必要条件与内含,也是生命朝向超越与神性的可能性条件。在这个(他人的)意义上,时间才构成生命(活着)与神性的桥梁。

第二节　意向性

"我开端于胡塞尔现象学所设置的意向性。"②

——列维纳斯

① E.Levinas,*Is it Righteous to be? Interviews with Emmanuel Levinas*,Jill Robbins(eds.),Stanford:Stanford University Press,2001,p.269.

② E.Levinas,*Alterity and Transcendence*,Michael B.Smith(trans.),New York:Columbia University Press,1999,p.16.

"本书(《总体与无限》)的主要论点之一就是,拒绝将意向行为—意向相关项(noèsis - noèma)的结构视为意向性的原始结构(这并不等于将意向性解释为一种逻辑关系或因果关系)。"①

——列维纳斯

法国学者居伊·珀蒂德芒热(Guy Petitdemange)曾指出,在现象学基本定义中,"精神实质是一种关系,一种开放性,只有在不断地与外界交流的过程中才能达到自身"②。可以说,现象学从精神反思开始,就在不断地寻求如何通过与世界的"关系"而重获自身,通过与他人的关系而构建主体性。这点,从胡塞尔开始就成为现象学的一个基本使命。③ 胡塞尔以意向性概念支持了意识与世界的关系,构建与被构建,在这种关系中意识获得了自身,也获得了它的自由。这是胡塞尔现象学还原的重要任务和贡献。在早期对胡塞尔现象学的考察中,列维纳斯惊喜于胡塞尔将科学奠基于意识、意向性、对象化和直观活动,他从胡塞尔那里看到回到事情本身,还原到自我是意识的现象学考察的基本前提。但是,他也看到了这并不是现象学的全部。在《胡塞尔现象学中的直观理论》的结尾部分,列维纳斯就已经指出:"还原到*自我*(an ego),自我主义的还原,只能是朝向现象学的第一步。我们还必须发现'他人'(复数的,others)和主体间性的世界。"④这意味着,从对胡塞尔的意识理论的解读

———————

① [法]列维纳斯:《总体与无限》,朱刚译,北京大学出版社 2016 年版,第 286 页。E. Levinas, *Totality and Infinity*, Alphonso Lingis(trans.), Pittsburgh: Duquesne University Press, 1969, p.294.

② [法]居伊·珀蒂德芒热:《20 世纪的哲学与哲学家》,刘成富译,江苏教育出版社 2007 年版,第 259 页。

③ 德国现象学家哲学家汉斯·莱纳·塞普(Hans Rainer Sepe, 1954—)在《现象学是如何被动机促发的?》一文中也指出:"将现象学建立在悬搁之上使现象学不再固着于某些处境。这种现象学解放了自我,为的是在面对他人的时候重获自我,也就是说,通过着眼于他人来超越自己,并最终以一种改变了的方式回到自己。"参见[德]汉斯·莱纳·塞普:《现象学是如何被动机促发的?》,余洋译,《广西大学学报(哲学社会科学版)》2014 年第 4 期。

④ E. Levinas, *The Theory of Intuition in Husserl's Phenomenology*, Andre Orianné(trans.), Evanston: Northwestern University Press, 1995, p.150.

中,列维纳斯从一开始就意识到胡塞尔意识理论的不足之处。

在一次与菲利普·奈蒙的谈话中,列维纳斯指出:"你忘了我刚才所说的胡塞尔思想中价值论意向性的重要性。价值的性质并不在于它转化为其他知识形态而依附在各种存在上。其性格在于非理论的意向性,这种意向不能从特殊形态一举还原成认识。胡塞尔曾经研究过伦理问题,并曾就停留于表象的、与他人的关系展开研究(梅洛-庞蒂曾尝试用另一种形式来解释这种关系)。在这里存在一种胡塞尔式的可能性,即超越胡塞尔的研究来展开研究。"①列维纳斯看到胡塞尔那里的价值论意向性——在伦理学问题上的意向性讨论,这条路可能是展开并超越胡塞尔自身研究的一种重要可能性,但他认为胡塞尔没有往下走。作为胡塞尔的学生,列维纳斯最初为胡塞尔意识考察和意向性理论而欣喜。但后来逐渐意识到胡塞尔所揭示的联系中存在一种同一性暴力。这种同一性的关系如何被打破? 同样沿着现象学反思的思路,列维纳斯把目光聚集到了前反思的经验阶段:精神最初对世界的投身以及内在性的超越。这两个阶段都与胡塞尔意识的"意向行为—意向相关项"基本结构不同。

在《胡塞尔现象学中的直观理论》中,列维纳斯考察了胡塞尔现象学的贡献,胡塞尔使得科学从自然主义认识论中摆脱出来,使得科学的基础回到意识自身,回到了对象在意识中的显现——这是认识世界的基础,也是科学的基础。这项工作的核心支撑是意向性理论。在该书中,列维纳斯阐释了胡塞尔现象学的贡献,但更重要地,他提出了几点主要的批评:胡塞尔现象学在注重自我和反思的时候,忽视了历史性和社会性的维度,无法很好地处理他人和主体间性的问题。这些批评最终都根本地指向对胡塞尔的意识意向性理论的批评。

按照列维纳斯的说法,"胡塞尔的概念(意向性概念)很有意思的地方是,

---

① 转引自[日]港道隆:《列维纳斯——法外的思想》,张杰、李勇华译,河北教育出版社2002年版,第27页。

将与世界的关系放置在了意识的核心位置"①。胡塞尔意向性的重要特征是"作为与对象的关系"②。在结论中,列维纳斯指出:"在最后的分析中,直观理论基于意识的优先性理论上——它主张所有的存在者都被我们生命的内在的意义所决定。"③列维纳斯非常不满意胡塞尔意识理论所包含的这种内在主义和唯我论。可以说,从《胡塞尔现象学中的直观理论》开始,列维纳斯对胡塞尔现象学意识理论最直接和最根本的批判主要集中在意向性理论上。

一、　感受性的意向性

　　胡塞尔的现象学是列维纳斯的重要起点,也是列维纳斯经常回顾和反思的中心。列维纳斯从胡塞尔的意识理论中找到了意识研究的真正问题与方法。在《总体与无限》中,列维纳斯将自己工作的起点归功于胡塞尔。"罗森茨威格《救赎之星》中对总体性的反抗给了我们很深的印象……,但是这里所使用的一些概念的提出和发展归功于现象学的方法。"④然而在列维纳斯对胡塞尔现象学的阐释中,他逐渐凸显了对胡塞尔现象学的一个基本原则——意识的意向性理论——的批评。在胡塞尔那里,"现象学的科学的真正对象是纯粹的现象学反思下意识的活动,伴随着那个活动的本质结构"⑤。而"意向性"作为现象学的"不可或缺的起点概念和基本概念,标志

---

①　E.Levinas,*The Theory of Intuition in Husserl's Phenomenology*,Andre Orianné(trans.),Evanston:Northwestern University Press,1995,p.43

②　E.Levinas,*The Theory of Intuition in Husserl's Phenomenology*,Andre Orianné(trans.),Evanston:Northwestern University Press,1995,p.43

③　E.Levinas,*The Theory of Intuition in Husserl's Phenomenology*,Andre Orianné(trans.),Evanston:Northwestern University Press,1995,p.154.

④　E.Levinas,*Totality and Infinity*,Alphonso Lingis (trans.),Pittsburgh:Duquesne University Press,1969,p.28.

⑤　Rudolf Bernet,Iso Kern,Eduard Marbach,Lester E.Embree,*An Introduction to Husserlian Phenomenology*,Evanston:Northwestern University Press,1993,p.88.

着所有意识的本己特征,即所有意识都是关于某物的意识并且作为这样一种意识而可以得到直接的指明和描述"①。"这个核心思想实际上可以回溯到布伦塔诺与胡塞尔的意向性学说上,即:每个意识都是意向性的,都是关于某物的意识,都朝向一个对象,无论这对象是何种类型。"②在《笛卡尔沉思》中,胡塞尔阐释了意识过程总是意向性的,它总是关于某物的意识。③ 任何一个意识活动,一个活的经验(lived experience)或体验(erlebnis)都具有两个向度:主体的和客体的。主体的一面对应于意向行为,客体的一面对应于意向相关项。这二者分别作为意识活动、体验的实项组成部分(a real phase of the experience)和意向行为的非实项组成部分(a non-real phase within the noetic)。④ 在意向行为和意向相关项这两者的共时性中,赋义过程才得以展开。而赋义过程实际上是胡塞尔意向行为的另一个代名词,或者说,赋义过程等同于意向行为过程。意向相关项是对象一极与意向行为相关的对象。意向行为及其相关项并不是分别属于意识活动的两个阶段,相反,它们是同步交互的,共同属于一个意识活动。

在一定程度上,对意识意向性的批评构成了列维纳斯解读胡塞尔现象学的关键所在。列维纳斯的第一本著作非常清晰地表示了:对于胡塞尔而言,再现(意向性的形式)在意识生活中扮演着主导性的角色。"在胡塞尔的哲学中(这可能是我们将必须要远离的出发点),知识和再现不和生活的其他模式处于同一层面上,它们不是次级的模式。理论和再现作为整个意识生活的基础

① 倪梁康:《胡塞尔现象学概念通释》,生活·读书·新知三联书店2007年版,第251页。

② 倪梁康:《意向性理论的现象学视角与心理学视角——对胡塞尔与迈农之间关系的思想史重审》,《广西大学学报(哲学社会科学版)》2014年第2期。

③ E.Husserl, *Cartesian Meditations*, Dorian Cairns(trans.), La Haye, Martinus Nijhoff, 1973, p.33.另见列维纳斯的解读:E. Levinas, *The Theory of Intuition in Husserl's Phenomenology*, Andre Orianné(trans.), Evanston: Northwestern University Press, 1995, p.54。

④ E.Husserl, *Ideas*, W.R.Boyce Gibson(trans.), New York: Collier Books, 1973, pp.97, 101.另见倪梁康:《胡塞尔现象学概念通释》,生活·读书·新知三联书店2007年版,第316页。

在生活中扮演着决定性的角色;它们是意向性的形式,这些形式为其他形式奠基。"①而在列维纳斯中期的著作《总体与无限》中则明确提出:"这本书的一个基本原则是:'意向行为—意向相关项'不是意向性的根本的结构。"②《总体与无限》的一个重要命题就是通过对"绝对经验(absolute experience)"的考察,以察前反思中精神与外在性的关系,通过身体感性(体验)与精神超验性来否定意向性的基本结构。

列维纳斯早期就注意到胡塞尔意向性概念的认识论局限性,在《胡塞尔现象学中的直观理论》中,他指出胡塞尔的意向性概念的兴趣在于:在意识存在的深处,表明意识与世界的联系。这种联系通过对象化行为实现。列维纳斯说:"我们必须首先注意到,对于胡塞尔,存在是与理论化的知性生活关联的,是与对象性行为之证明相关联的。"③在胡塞尔那里,"存在者的概念与理论和知识紧紧地关联"。"因为我们理论性地知道一个对象,所以我们将之作为存在而进入它。"列维纳斯说:"在一定意义上,胡塞尔现象学没有摆脱知识论。""所有的意识都是'对象性行为',所有的意识行为都构建存在。"胡塞尔的现象学属于"知识现象学"。④ 也就是说,按照列维纳斯的解读,胡塞尔将存在与理论和知识联系起来,与对象性行为联系起来。我们是通过知道一个对象而进入该对象的存在之中,我们是通过知识论而与对象建立关联的。这种联系始终是知识论的现象学,但是对于列维纳斯而言,这种知识性的关联并不是全部。

区别于对象化的意向性,列维纳斯在对原初经验的分析中,发现了一种

---

①　E.Levinas,*The Theory of Intuition in Husserl's Phenomenology*,Andre Orianné(trans.),Evanston:Northwestern University Press,1995,p.53.

②　E.Levinas, *Totality and Infinity*, Alphonso Lingis(trans.), Pittsburgh:Duquesne University Press,1969,p.294.

③　E.Levinas,*The Theory of Intuition in Husserl's Phenomenology*,Andre Orianné(trans.),Evanston:Northwestern University Press,1995,p.94.

④　E.Levinas,*The Theory of Intuition in Husserl's Phenomenology*,Andre Orianné(trans.),Evanston:Northwestern University Press,1995,p.134.

"完全不同的意向性"——享受的意向性,它是对象化的意向性的基础。比
"理性地知道"更为根本的是感受性地沉浸于世。"思(thought)有一个出发
点。不仅存在着关于位置的意识,而且存在着意识之定位,这种意识之定位不
会反过来被吸收进意识和认知。有一些东西在知识之外,并与之对立,那就是
知的条件。知的知(knowing of knowing)也是在这里;它发起于物质性的密度,
隆起和开端。"①感性投身于世比它对世界的把握要早,它作为对象化之前
的意识活动,更为原始地与世界发生着关联。在《总体与无限》"享受和再
现"一节里,列维纳斯表示:对于再现中的对象化的意向性,外部世界的外
在性是被构建为外在性的;但是对于感性,世界的外在性是不能被悬置的。
外在性先于意识的"呈现",它作为"自我"的先在条件:"我所构建的世界滋
养和沐浴着我。""身体一直对意识的赋义特权——这个特权被归属于意
识——提出质疑。"②身体对事物的赋义要比意识更为根本与古老。身体的
"活于"(vivre de…,living from…)先于对象性行为,先于"关于……的意识"。
再现的意向性是在享受的基础上生发的。正是在自我满足的感受性中,主体
获得了最初的确定性与同一性。也就是说,没有先于身体投身于世界状态之
前的主体。

在意识深处列维纳斯提出了一种不同的意向性类型(不同的意识与对象
的关系类型),在其中,"意向行为—意向相关项"不再构成意识活动的最后结
构,即不是所有的意识经验都包含着意向行为和意向相关项的充实关系。对
于列维纳斯,胡塞尔现象学是一种再现哲学,这种再现等同于构建。意识通过
意向性构建了对象(世界)。"胡塞尔关于对象化的优先性的主题……导向去
确定意识的对象——虽然它区别于意识——似乎是意识的产物,成为一个意

---

① E.Levinas, *Existence and Existents*, Alphonso Lingis(trans.), The Hague: Martinus Nijhoff,
1978, p.68.

② E.Levinas, *Totality and Infinity*, Alphonso Lingis(trans.), Pittsburgh: Duquesne University
Press, 1969, p.129.

识所赋予的'意义'，成为赋义的结果。"①相反，列维纳斯辩护了一种更为基础性的意识经验状态，一种不充实的经验结构。这种经验结构内置于感受性（sensibility）之中。在《总体与无限》中，列维纳斯集中讨论了感受性，身体的投身（dwelling）世界，享受世界，这种投身不能被还原为对对象的把握和领会。"享受的意向性（intentionality of enjoyment）与再现的意向性相反；它在于把握外在性（exteriority），这种外在性是再现中所提到的超越的方法所搁置的。"②在享受的意向性中，对象以滋养和充实感受性的感觉素材来满足需要。"身体…… 存在、栖居和占有着元素。"③这种非认知的"充实"是满足（contentment）。我满足于我所生活其中的世界，满足于我所享受的事物，我接纳它们而不用去"思考"它们。世界是为我的，但是它并不意味着我把世界再现为"它是为我的"。

胡塞尔意义上的意识对象化行为的优先性完成了对一种先验主体的构建。在胡塞尔关于意向性功能的论述中，再现的充实区别于再现的行为。对象化行为承认了意识的对象与意识活动之间的区别。再现将对象看成它是经由思所构建的意向性的对象。再现把世界还原为了思的构建的结果。在这个意义上，享受的意向性是一种相反的意向运动。"'活自（living from…）'——恰当地说是享受——的意向性不是构建，……它是一个反向的构建运动。"④在享受中，非对象化的感受性质疑了再现的优先性，逃离了思的意义捕捉。"我所生活其中的不是我生命中作为再现的东西，不是在永恒的同一性或者

---

① 列维纳斯这里所使用的意向性概念已经超出了认知和表征的范围，它同样指涉一种"关联"，但是这种关联是非对象化和非再现的。参见 E.Levinas, *Totality and Infinity*, Alphonso Lingis（trans.）, Pittsburgh：Duquesne University Press, 1969, p.123。

② E.Levinas , *Totality and Infinity*, Alphonso Lingis（trans.）, Pittsburgh：Duquesne University Press, 1969, p.127.

③ E.Levinas , *Totality and Infinity*, Alphonso Lingis（trans.）, Pittsburgh：Duquesne University Press, 1969, p.137.

④ E.Levinas , *Totality and Infinity*, Alphonso Lingis（trans.）, Pittsburgh：Duquesne University Press, 1969, p.129.

思的无条件的在场。"①在《超越意向性》中，列维纳斯提出："是否思只有通过对世界的知识——通过世界的在场呈现和我们在世界的在场——才有意义？"②这个问题事实上一直纠缠在列维纳斯对胡塞尔的反思中，活自（living from...）的意向性直接地对这个问题进行了否定性的回答。"对意义的超越能通过营养供给（alimentation）这个术语而得到确定。"③营养供给指涉感性与世界最为基础的联系，它不是超越，但是它在对象化之外对再现关系进行一种质疑。

二、 欲望——关于他者的意向性

立足于外在性而对经验进行考察，列维纳斯表现出了一种与胡塞尔的基本逆转：由内在性转向外在性，由主动转向被动，由自由转向受造。胡塞尔哲学以意识对世界的构造（意向性）实现了意识的自由，而列维纳斯试图以意向性的被动性维度对这种自由进行限制。对于列维纳斯而言，如果现象学的还原最后仅仅是回到一个纯粹的自我上，那么这种还原还是不够的，它必须回到纯粹自我之前与外在性那种无法剥离的关系，回到"自我"生发前的那种"事实本身"。这种还原将打破意识对象化的优先性。

列维纳斯试图描述意识与世界之间比再现（认知）更为源初与基础性的联系。在《总体与无限》这本以处理"与他者的关系"为主的著作中，呈现出列维纳斯文本中两种意义上的"他者"。第一种是在纯感受性维度中的基本"元素（elements）"。这个维度上的他者，可以被享受、占有和吸收，因此这是一种"假他者"。即使如此，这种享受也先于对对象的再现与认知。第二种是超越

---

① E.Levinas, *Totality and Infinity*, Alphonso Lingis（trans.）, Pittsburgh：Duquesne University Press, 1969, p.128.

② E.Levinas, "Beyond IntenTionality", in *Philosophy in France Today*, Alan Montefiore（eds.）, Cambridge：Cambridge University Press, 1983, p.107.

③ E.Levinas, *Totality and Infinity*, Alphonso Lingis（trans.）, Pittsburgh：Duquesne University Press, 1969, p.128.

维度的形而上的他者，即作为真正异质性的他人，以及关联的绝对他者（上帝）。关于第一种他者，我所生活其中的世界，这个世界仅仅是我的自我确定性得到认同的第一个他者，通过占有或者搁置这种"他者"的他者性，最初的同一性得到实现。① 第二种他者，从不可被还原和占有的意义上说，意味着绝对的外在性。我所居住和享受的外部世界基本元素，它们通过滋养而成为同者的一部分，因而它不是一个不可还原的外在性。但是绝对外在性（他人与上帝）则是绝对的不可还原的，不能被同者占有和认知的。

列维纳斯力图表明：在对世界的对象化关系之外，我们至少还存在两种不同的"关系"。就感受性而言，世界不是意识对象化了的世界，世界是自我生存的条件，是生存本身。这样，自我与世界形成了最初的同一性——而不是对象化，这层与世界的非对象化关系奠基了自我最初的隔离与内在性。而在原初意识经验深处，存在另一种特殊的思，一种面向绝对外在性（他者、上帝）的"欲望"（désir）。在《论来到观念的上帝》中，列维纳斯指出一种"超越于所思内容的思（a thinking thinking more than it thinks），这种思就是欲望（désir）"②。欲望与认知相反，认知朝向外部世界以建构一个对象化的世界；欲望作为意识与他者之间特殊的意向运动，是一个被他者触发的过程。欲望面对绝对外在性，这种"面对"无法把对方作为认知和理解的对象而容纳进来，外在性始终溢出于意识。欲望的意向关系是一种超越的意向关系。欲望"对象"，但"对象"又不会充实这种欲望，它总是外在于欲望所能抵达的地方。欲望的发端并不是意识自身，而是他者。列维纳斯用触发性（affectivité）来描述这种完全被动性的主体（a passive subjectivity）。这就是笛卡尔描述的我思和无限者的关系：无限者进入意识却没有成为被把握的对象，没有成为意识理解的内容。

---

① E.Levinas, *Totality and Infinity*, Alphonso Lingis（trans.）, Pittsburgh：Duquesne University Press, 1969, p.38.

② E.Levinas, *Of God Who Comes to Mind*, Bettina Bergo（trans.）, Stanford：Stanford University Press, 1998, p.70.

从笛卡尔的无限观念那里，列维纳斯开拓了意识和"对象"之间一种形而上的超越关系——超越的触发关系。虽然在列维纳斯那里，绝对外在性有时指他人，有时指上帝（"绝对他者"与"上帝"两个概念常被交互使用），但是这不影响这种关系的超越性。因此，仅从超越性的维度上解读意向性结构——意识与对象的关系，我们可以发现列维纳斯对意识考察所指向的一个核心议题：真正的形而上学。在列维纳斯那里，这个真正的形而上学本质就是作为第一哲学的伦理学，也是祛魅化的神学。由此，意向性问题必然进入自我与他人、与上帝之间的关系中，作为核心，承担着列维纳斯的形而上学、伦理学和神学。

在一定意义上，列维纳斯对胡塞尔意向性理论批判的核心在于：指出意向性通过意识和对象之间的把握关系而导致意识的封闭性和同一性，导致异质性的世界的"失去"。也就是说，胡塞尔意向性（关于……的意识）并没有涵盖意识与世界、外在性的全部关系。进一步讲，意向性不是所有意义的来源。对于列维纳斯，再现并不是完全的，对象向意识的呈现并不是对象的全部内容——它可以以一种非透明的方式在场。列维纳斯通过他者以及意识与他者之间的非相即关系指出了意识与对象之间的另一种关系模式，在这种关系中，对象不是以被对象化的方式进入意识，并没有被构建为认知性主体的一部分。

列维纳斯用"感受性"从身体与基本元素的需求（need）关系中质疑了意识构建的优先性，而"欲望"概念不仅同样质疑了意识构建的优先性，而且以一种无法把握的意向关系说明了意识真正的超越。这种超越不同于意识将自身之外的对象纳入自身这样的超越。列维纳斯没有将知识和再现作为经验的全部甚至于基本特征。如果说胡塞尔的意向性概念最后可能导向一个封闭的唯我论，那么对于列维纳斯，意识的统一性与自我认同不是基于绝对的内在性，也不在回归自我（反思）的运动中完成，而是基于绝对外在性。

三、 朝向他人与上帝：列维纳斯意向性概念的伦理与神学指向

列维纳斯并没有完全否定胡塞尔的意向性；反思胡塞尔也不是反理性，而是反对理性对他者的暴力、对超越性的遮蔽。同样的是回到意识自身，列维纳斯回到意识在对象化之外的与超越者的关系上。超越关系克服了思的总体性暴力，最后把我们的目光引向了自我与他人、上帝的关系上。在列维纳斯那里，伦理学与神学具有内在的一致性，二者都致力于探求意识与外在性的真正的超越关系。在经验深处，意识的破裂奠定了形而上学伦理学与神学。

（一）伦理指向

正如列维纳斯所阐释的，胡塞尔意义上的思的内含集中表现为主题化（thematization），这种思无法真正将他人纳入"我"之中。他人的他者性不能被简单地还原为一种不同的"内容"。列维纳斯指出，与他人的关系并不是再现和综合化，"（人与人）的相遇完全不同于综合，它是亲密性，是面对面和社会。"①虽然对于胡塞尔来说，在认知的层面上，关于他人，我们依然可以形成另一个"他我"，但这种"他我"只能通过知识构建来形成，而伦理维度的异质性很难在这种知识的构建中被保持。在胡塞尔的"共现"（appresentation）中，我通过感知他人身体性的行为（与我相似的行为）来构建起他人。可是，这种关于"他我"的"知识"缺少任何直接地进入他人生活、他人内在生命和人格认同中的模式，缺少关于他人不可知的东西的知识。列维纳斯强调，他人的他者性不能被还原到把一个特殊性和不同特征移植到一个更为根本的认同上。在胡塞尔那里，他人的多样性是建立在同一性基础上的多样性，在这个同一性基

---

① E.Levinas，"Beyond IntenTionality"，in *Philosophy in France Today*，Alan Montefiore(eds.)，Cambridge：Cambridge University Press，1983，p.107.

础之上他人将失去他彻底的和不可见的他者性,被带到物的世界。①

有必要指出,关于胡塞尔现象学中的他者困境,保罗·利科在《论现象学流派》中讨论"现象学和第二人称的伦理"与"令人失望的现象学"时指出了"现象学方法的困境":对现象学的某种失望,这种失望伴随着"现象学试图通过对他者出现的模式作简单的总结而解释他者存在的各种尝试"。因为"他者的存在的绝对地位是他者的显现得以被描述的先决条件"。② 这段话也集中表达了列维纳斯所指出的胡塞尔困境。胡塞尔意向性理论导致将他人看作意向相关项,作为知识的一个对象。通过将他人对象化,把绝对外在性还原到同一性中。这个过程体现了主体和智力的秩序对他者施加的一种力量(暴力)。通过意识的赋义把外在性纳入内在性的意义中,因此把他人编入建构性主体的同一性中。列维纳斯认为,把他人当作认知的一个对象,这放弃了他的独一无二性和无限性特征。"在再现的可理解性中,我和物体的区分、内在性和外在性的区分被取消了。"③这种取消事实上是将人看作一种对象化的物体。因此,在再现的意向性中,对他人的任何描述都是失败的,因为他人超越于意识的认知与把握。

基于对认知同一性暴力的批评,列维纳斯将意识的考察引入主体性之前的更为古老的经验,这种远古的经验就是与他人的伦理关系。在《超越意向性》一文中,列维纳斯指出:

"世界自身潜在的多余部分,多于和超越于所呈现出来的,在一
个古老的过去中被找到的——即,不可被还原为一个昔日的在场
的——在过去所留下的踪迹中找到的,或许过去把它作为创造的一

---

① E.Levinas,"Beyond IntenTionality",in *Philosophy in France Today*,Alan Montefiore(eds.),Cambridge:Cambridge University Press,1983,p.108.

② [法]保罗·利科:《论现象学流派》,蒋海燕译,南京大学出版社 2010 年版,第 252—253 页。

③ E.Levinas,*Totality and Infinity*,Alphonso Lingis(trans.),Pittsburgh:Duquesne University Press,1969,p.124.

部分标记出来，这个标记我们不能急切地将之还原为一个因果性影响的条件，并且在任何情况下，它都预示这一个他者性，这个他者性既不能以知识的相互关系再现，也不能通过再—现的同时性而可呈现。确切地，它是进入我这个课题所要研究的他者性的一个可能的途径——通过揭示存在，高于和超越其存在论的可能性，它的'伦理探寻'及其对正义的召唤，这个研究将把它介入他者性的伦理密谋中。"①

意识（再现）意向性关系不再是最为基础性的，比这种关系更为古老的是意识和不在场者的关系，与他人的关系。这显示了列维纳斯对认知意向性关系的批评背后所蕴含的伦理主题。在列维纳斯的语境中，他人的在场不是通过再现或揭示而实现的，"对他人的面容的欢迎……不能通过揭示（disclosure）这个术语来阐释"②。面对面所包含的亲密关系要先于认知对象化。这样一种关系超越并且抵抗着对象化行为。在《超越意向性》一文中，列维纳斯集中通过面容的溢出来指出意向性行为的不充分。

　　"在'面对面'中向我显示的面容，它并不是被经验地加在自我、心理或内在性的多样性之上、以便形成一个整体的材料。它是这样一种面容：它召唤一种靠近——或一种亲密性——完全不同于把现象统一到一个世界中的综合。它召唤一种思，这种思比知识或经验更加古老和具有意识。毫无疑问，我能有一种关于他人的经验，但是确切地，我无法认识到他的不可见的差异。对他人面容的警觉是对一种不可还原的差异的思，这种差异不是一种主题化，它打破了知的冷漠之灵魂的平静。这种警觉不应该被直接地解释为意向性，解释

　　① E.Levinas,"Beyond IntenTionality",in *Philosophy in France Today*, Alan Montefiore(eds.), Cambridge：Cambridge University Press,1983,p.107.

　　② E.Levinas, *Totality and Infinity*, Alphonso Lingis（trans.）, Pittsburgh：Duquesne University Press,1969,pp.27-28.

为一种与意向对象相即和同步的意向性行为——无论那意向行为是被满足或是保持虚空。一种不可还原的他者性(otherness)足够'抵制'意向行为—意向相关项(noetico-noematic)的交互关系之综合化,足够显示什么是不可回忆的和无限的,避开在场和再现,避开内在性(在其中,他者性将会消失),即使'再—现'被限制于乡愁或象征主义。正如我们刚说的:毫无疑问,我能经验到他人,并且'注意'到他的面容,然而通过这种方式获得的知识——如果确实没有被误导的话——将会被缩减,如同与他人的关系在知识中丢失了,在这里,它只能通过'共现'和'移情'(用胡塞尔的表达)而发生。对于胡塞尔,确实,他人的感觉在知识中依旧是有意义的,但在这种知识之前什么都没有。被裁剪的知识。确实,在'共现'中,基于对与我的身体类似的身体行为的知觉,我构建了他人。但是,这种对'他我'的'知识'缺少任何进入他人生命的直接模式,缺少关于未知的永远间接的知识"①。

面容并不是感性材料,它无法被定义,无法被概念化。列维纳斯通过"我"与面容的关系指出了另一种非对象化的关系。这种关系是面容对意识的惊醒和请求,是单方面的。也就是说,在意识的另一种关系模式中,意识不再能够主动地"去意指"对象;相反,在这种关系中,意识总是保持着虚空,总是表现为滞后与被动。列维纳斯将这种新型的"意识关系"放在了我和他人(面容)的关系中。在这里,能看到,基于对胡塞尔意向性概念的不满,列维纳斯将目光指向了人与人关系中所包含的另类的意识关系,这种关系实质上是意识和超越者的关系。由此自然地,对胡塞尔意向性的批判进入伦理的问题中。因此,一方面,从胡塞尔的意向性概念到列维纳斯的意向性概念,列维纳斯试图解决胡塞尔意向性中赋义的优先性问题,指出身体对世界的赋义要古

---

① E.Levinas, "Beyond IntenTionality", in *Philosophy in France Today*, Alan Montefiore(eds.), Cambridge:Cambridge University Press,1983,pp.107-108.

老于对象化的赋义形式;另一方面,列维纳斯试图用"面对面"的超越意向性来解决胡塞尔意向性理论中伦理的缺失问题。

一旦引入意识和超越者的超越关系,问题将不再停止于此。不论是他人还是面容,在列维纳斯那里实际上都可能仅仅是一个"隐喻",他们不是具体的,而是超越者的踪迹,是不在场者的在场方式。问题将指向他人和面容背后所承载的"绝对他者"——上帝。这才可能是意识关系最为神秘与根本的关系。这也体现了在列维纳斯那里,对意识的考察所包含的伦理学与神学的内在融通性。

(二)神学指向

沿意识的超越方向往上走,必然遭遇"上帝"。"现象学、伦理学、神学"三者在列维纳斯的思想中具有内在的统一性:统一于对"同一与差异"问题的思索,对真正的形而上学的理解和恢复。列维纳斯认为,胡塞尔的意向性再现"既是意识的聚集——通过它,意识的内容成为某种同一化了的东西——又是意识的清醒,它不让任何东西逃脱"①。列维纳斯努力在意识的深处区分一种有别于同一性经验的异质性经验,即超验。"在作为意识的情感之下,始终存在着本体论,填满的欲望(les désirs)是含有同一性的欲望。但是,在种种倾向达到一种界限之外的地方,可能会爆发一种情感性,它并不符合意识的这一描绘,它把我们从经验中拉出来;换句话说,它并不能简单归结为经验:它是超验性(transcendance)。"②这种超验性蕴藏在意识内在性之中,同时也意味着意识自身的破裂。

在列维纳斯对超越的探讨中,笛卡尔是个重要资源。"笛卡尔的贡献在

---

① [法]勒维纳斯:《上帝·死亡和时间》,余中先译,生活·读书·新知三联书店1997年版,第261页。

② [法]勒维纳斯:《上帝·死亡和时间》,余中先译,生活·读书·新知三联书店1997年版,第262页。"超验性"或译为"超越"。

于意识的破裂中,这破裂不是无意识中的抑制,而是一种清醒或者醒悟。如果愿意,不妨可以说它是'独断论的沉睡'的醒悟。"①这种破裂的深渊就是上帝。朝向上帝是朝向意识自身之外的谜一样的运动。无限者(the infinite)这个概念意味着自我之中的内在性倾向(可能性),同时也意味着内在性的不可能。这种可能性与不可能性体现了列维纳斯与胡塞尔、海德格尔之间对精神探求的某种共同的模糊性。"无限的概念在于思想之中,但这一'在……之中'同时表明了内在性以及内在性之不可能。"②在上帝的超越性问题上,德国神学家奥托(Rudof Otto)在谈论上帝的圣洁时已经明确指出它不可能是理性视域内的,不能用意识把握的方式与之发生关联,它是一个神秘者(numinous)③。可以说,列维纳斯在上帝这个无限者的神性的超越维度上接近奥托的理路④,但是他没有从上而下去论证神学主题,而是按照现象学意识反思的方法,从同一与差异的视角下去探求意识深处的本源性断裂。⑤

通过对笛卡尔的分析,列维纳斯提出了两种时间:

"1.上帝是我思(cogitatio)的所思对象(cogitatum);有关于上帝的观

念;2.上帝是显现那最卓越的无法被包含者,他超越了所有的能力。"⑥

---

① [法]勒维纳斯:《上帝·死亡和时间》,余中先译,生活·读书·新知三联书店1997年版,第264页。

② [法]勒维纳斯:《上帝·死亡和时间》,余中先译,生活·读书·新知三联书店1997年版,第170页。

③ [德]鲁道夫·奥托:《论"神圣"》,成穷、周宪邦译,四川人民出版社2003年版,第8页。Numinous这个词是奥托自己杜撰的词,国内学者有的译为"神秘/神秘者"(成穷、周宪邦),有的译为"努秘"(朱东华)。它指"神圣"中超出善的含义之外的那层独特的因素。

④ 对此,雅克·罗朗指出,列维纳斯在神性问题上与奥托观点一致,见[法]勒维纳斯:《上帝·死亡和时间》,余中先译,生活·读书·新知三联书店1997年版,第267页注释1。

⑤ 关于奥托《论"神圣"》一书的现象学关联,朱东华教授在《从"神圣"到"努秘"——鲁道夫·奥托的宗教现象学抉微》一书中进行了解读。但是如作者提道的:奥托把神圣作为先天范畴。其现象学只有间接归结的理性,而没有直接本质直观的理性。这与现象学对意识经验的本质直观过程不同。也因而在某种程度上与列维纳斯的思路不同。参见朱东华:《从"神圣"到"努秘"——鲁道夫·奥托的宗教现象学抉微》,宗教文化出版社2007年版,第61页。

⑥ [法]勒维纳斯:《上帝·死亡和时间》,余中先译,生活·读书·新知三联书店1997年版,第264页。译文有改动。

首先,我们具有关于上帝的观念,上帝是观念的对象;其次,上帝这个观念,它显现了不能被包含的卓越者,逾越了所有的思的能力。这两者是冲突的。在列维纳斯看来,这不仅是关于上帝和意识的关系问题,更核心地,它也是时间问题。在这里,借用笛卡尔的上帝观念,列维纳斯将时间问题和意向性问题统一起来。上帝这种悖论式的存在方式本身体现了上帝的时间,作为超越的时间模式。历时性是绝对不同于共时性、顺时性、总体性的时间。上帝打破了我思对它的对象化,这推翻了意向性的普遍有效性和原始特征。也就是说,无限观念(关于无限的意识)所包含的特殊的意向性模式不同于我思和所思的对象性意向模式。这是列维纳斯试图解释的在意识深处的谜,与胡塞尔所揭示的谜不一样的谜——"历时的时间与再现的时间"的区别。这包含着意识之谜,也是主体性之谜。它构成了在意识问题上,胡塞尔与列维纳斯之间根本的鸿沟。[1]"上帝摆脱了我思所思(cogito cogitatum)的结构,显现着那不可被包含的东西。正是在此意义上,上帝之观念爆破了思——这种始终保持着概况或综合,爆破了思——这种思总是自闭于在场或再现。"[2]

上帝是"作为关系的超验性"[3]。面向超验性的开放,这种超验性的高度是人所无法企及的,同时,它却像一种不可追忆的过去触动着我们。朝向超验是一种这样的运动:它总是缺失,并总是已经缺失。与再现不同的途径是"启示"(revelation)。它描述了意识在上帝面前的"空乏"(无法自身充实)与完全

---

① 关于列维纳斯从意向性的被动维度对主体的描述,王恒教授在《解读列维纳斯的〈意向性与感性〉》一文中进行了详细而深入的解读,指出时间是胡塞尔与列维纳斯在主体性问题上的根本差异所在。他在时间的视域下,从感性层面上,以自身差异以及非意向性的原初印象对意向性进行了解析。王恒:《解读列维纳斯的〈意向性与感性〉》,《哲学研究》2005年第10期。

② [法]勒维纳斯:《上帝·死亡和时间》,余中先译,生活·读书·新知三联书店1997年版,第264页。

③ [法]勒维纳斯:《上帝·死亡和时间》,余中先译,生活·读书·新知三联书店1997年版,第269页。

的被动性。启示意味着"完全的改变"。"绝对经验不是揭示而是启示：通过具有优先权的他者的显现，陈述与陈述者相互重合，实现了形式之外的面容的显现。"①从这个意义上，"启示"这个神学概念才能进入现象学的视域中讨论，也成为伦理学与神学的共同交汇概念。

从"意向性行为—意向性对象"的意向性转向超越的意向性，列维纳斯将对意识的考察导向了意识与绝对的外在性（他者）之间的形而上关系。这是一种绝对的超越关系，它在情感的触发性和被动性中实现与绝对他者的关系。犹如亚伯拉罕与尤利西斯的差异，亚伯拉罕总是离开（认识论和存在论），去接近和探索一个永远未知的世界。在这个意义上，列维纳斯的意识考察进入了形而上的伦理学与神学语境中。虽然到今天为止，意识意向性已经是个广泛讨论的话题，从传统的欧陆哲学到分析哲学、心灵哲学，在很多领域，但凡讨论意识，意向性多是绕不开的话题。但是，意向性大多都是在理性（可见、可说）的视域内谈论。列维纳斯通过描述一种超越的、被动性的、触发性的意向关系，指出了意识具有的与"不可见者"的"异于存在或本质之外"的关系，从而将意向性问题延伸到超越的形而上语境中，这种延伸不是神秘主义的自言自语，而是对最为深邃的意识运动（理性之前的意识运动）的现象学考察与还原——虽然超越意义上的意向性已经完全不同于"意向行为—意向对象"的结构关系。通过列维纳斯，可以看到，同样作为一种意识关系，意向可以是一种被意向，欲望可以是被触发的、无法满足的"聆听"。它使得人类真正的超越成为可能。

正如美国学者 Neal Deroo 指出的："通过将意向性重新界定为构建与被构建的双向体，列维纳斯重新塑造——或者在最低限度内——了现象学这个定义。"②

---

① E.Levinas, *Totality and Infinity*, Alphonso Lingis（trans.）, Pittsburgh：Duquesne University Press, 1969, pp.65-66.

② Neal Deroo, "Re-Constituting Phenomenology：Continuity in Levinas's Account of Time and Ethics", *Dialogue*, Vol.49,（2010）, p.234.

在意向性问题上，要从与再现和构建相对的方向进入去解读列维纳斯，由被动性与超验性的视角进入。对超越性的强烈立场和诉求，构成了列维纳斯走出理性主义和存在论传统的重要动力和"武器"，而"伦理"与"认识论"、"启示"与"理性"等一系列的断裂则是这种"走出"的具体体现。虽然最后在意识与超越者、所说和说之间，列维纳斯并没有将这种关系清晰化，但是在意识的基本结构和功能上，他无疑指出了另外一种完全被动的（受造的）方向。

而这一切都得益于列维纳斯对哲学形而上学的恢复——真正的形而上学是超越性的。现象学不是寻求为科学奠基的普遍意识结构，而是探求科学之外的精神更为宽阔与深邃的本质。正如列维纳斯所说："做现象学不仅仅是在它的抽象或者隔离孤立中保卫语言的含义，……而是去研究人或者人与人之间的空地，作为最终的智慧的结构。"[①]对经验的还原恰恰不是还原到自我，而是还原到人与人之间的经验。这是列维纳斯说的绝对经验，也是关于上帝的经验。

第三节　物质性

> "物质性的维度伴随着——在一些方面奠定着——列维纳斯的伦理。当更深入地看待列维纳斯的计划——而不仅仅是伦理——的时候，物质性的维度展现了列维纳斯完全不同的一面。"[②]
>
> ——汤姆·斯派洛

著名的列维纳斯研究学者 John E.Drabinski 曾指出：在列维纳斯那里，感

---

① E.Levinas, *Entre Nous*: *Thinking of the Other*, Michael B.Smith and Barbara Harshav(trans.), New York: Columbia University Press, 1998, p.221.

② Tom Sparrow, *Levinas Unhinged*, Hants: Zero Books, 2013, preface, p.1.

觉、踪迹和谜"这三个要素交织在物质性(materiality)这个问题里,伴随着时间和关系的问题"①。这句话精要地概括了列维纳斯思想中几个核心概念的内在关联,也勾勒了列维纳斯思想的内在思路和脉络。当然,其中,非常重要的是,他指出了"物质性"这个概念对于列维纳斯思想的极端重要性。另一个列维纳斯研究学者 Ira F.Stone 也曾准确地评价道:"列维纳斯指出'物质性和独处(solitude)在一起'。我们只有通过肉身化才能存在和作为自身——关乎我们的身体的自身。对于列维纳斯,意识只能在一个物质的存在者中发生,他称之为实存者。因此,我们活在世界中,日常生活的真实世界,作为独立和物质性的存在者。"②

可以说,物质性这个概念从一开始就伴随着并且奠定着列维纳斯的思想。这个物质性是个与肉身性、感性、人的实存、世界等相关联的概念,它作为一个奠基性的要素铺垫着列维纳斯的整个思想大厦。也正是从这个概念中,可以看到列维纳斯的现象学与胡塞尔、海德格尔不同的重要维度,同时,也可以看到列维纳斯的思想与当代法国哲学相重叠的维度。

在考察列维纳斯的过程中,不能忽视他身处的 20 世纪法国哲学的背景。对物质性(matérialité)和感受性(sensibilité)③的重视是当代法国哲学尤其是法国现象学的重要特征。这两个概念是法国现象学讨论意识和超越问题的基本出发点。对于 20 世纪法国哲学,尤其是 20 世纪后半叶的法国哲学,物质性和感受性是两个关联性的基本概念和重要议题。而这也是法国哲学不同于德国哲学的重要特征之一。按照杨大春的梳理,20 世纪法国现象学存在"从概念哲学到物质现象学""从实存哲学到物质现象学"的趋向,二者共同的落脚

---

① John E.Drabinski, *Sensibility and Singularity*, New York: State University of New York, 2001, p.167.

② Ira F. Stone, *Reading Levinas/Reading Talmud: An Introduction*, Philadelphia: Jewish Publication Society of America, 1998, p.10.

③ 在当代法国哲学语境中,物质性和感受性概念比较难以界定。二者是相关性概念。物质性不同于客观性,而是与感受性相关的但又不属于概念和表象化的内容。

点都是对物质性的回归与重视。按照杨大春的研究梳理，他引用亨利的话对物质现象学进行了基本介绍："把现象学问题彻底化，并不仅仅以纯粹现象性为目标，而是要考问现象性据以原初地自我现象化的模式，它借之而得以形成的现象学实质、质地、材料——纯粹现象学物质性。这乃是物质现象学的任务。"①杨大春将物质现象学大体归纳为："物质现象学不是与形式现象学相对应的质料现象学，它就是现象学本身。这种现象学所说的物质是形式与质料的结合体，而所谓的现象学物质性指的生命现象的自身物质性，它排除超越性、外在性或'向外而在'，它绝对地自己显示自己，它就是一种原初显示。"②从这个基本理解出发，现象学"物质性"概念并不是我们通俗意义上理解的客观物质世界的物质属性，也不是抽象的物质性，而主要指生命现象自身的物质性。

作为 20 世纪法国重要的思想家之一，列维纳斯的思想以"超越和形而上学"显著，但这种超越与形而上学非常不同于传统的先验论。通过深刻地反思西方精神传统，列维纳斯提出：西方精神传统具有总体性暴力，它通过知识论和存在论抑制了真正的异质性和超越；要克服这种暴力必须恢复真正的超越与形而上学。人们大多注意到并重视列维纳斯思想的这个维度，将"形而上学""超越"作为列维纳斯思想的基本特征和方向；却容易忽略其思想的重要出发点，那就是对感受性和物质性的重视与考察。实际上，在其核心作品《总体与无限》开篇，列维纳斯就已点明其超越道路的基本路径：

"形而上学……表现为一场从我们熟悉的世界出发的运动……，从我们的'家'（chez soi）出发的运动，朝向一个我们之外的异乡、那里。这个运动的术语（Le terme），别处或他者，被称为卓越意

---

① Henry, *Phénoménologie Matérielle*, PUF, 1990.p.6.转引自杨大春：《20 世纪法国哲学的现象学之旅》，社会科学文献出版社 2014 年版，第 556 页。
② 杨大春：《20 世纪法国哲学的现象学之旅》，社会科学文献出版社 2014 年版，第 556 页。

　　义上的他者(*autre*)。"①

　　列维纳斯虽致力于恢复真正的形而上学,但其出发点却是物质性与感受性。通过对元素、身体、感受性的描述,列维纳斯揭示了基于感性物质性之上的与超越的他者的关系。彼岸的出发点是此处;欢迎他人的前提是居家占有。列维纳斯从感性物质性出发指向超越的他者,这并非意味着有两个世界(物质的和超越的),而是指出了一个包含着物质性和超越性的世界。列维纳斯的思想一方面呈现了当代法国哲学对感性物质性的重视,另一方面,他又为"捍卫主体性"这个议题提供了新的超越论(外在性)的视角,为恢复真正的超越作出了独特的贡献——从感性物质性出发去论证超越。

　　本节将主要分析列维纳斯在《总体与无限》中对感性物质性与超越的论述,指出列维纳斯思想的出发点及其超越论建构的基础是物质性与感性,由此展现列维纳斯对超越论和形而上学的恢复所作的贡献,以及他与当代法国哲学在物质主义和超越论问题上的某种契合;同时也将指出列维纳斯的这条进路所遭遇的问题和批评。

一、 物质性元素与感性生命

　　一般而言,海德格尔在胡塞尔之后使得现象学发生了存在论转向,海德格尔通过将目光转向存在本身以及著名的"存在者和存在者的存在的区分(差异)"而使得"回到事实本身"这个口号具有了存在论的色彩。海德格尔借用"此在"表达那个使得存在得以存在起来的"特殊的存在者"。而到了列维纳斯和法国现象学,这个特殊的存在者成为了人类生命的实存。在列维纳斯看来,海德格尔否定了胡塞尔意识现象学赋予意识的优先性,而使得具体的人类生命被放置在了意识的认知行为之前。对于列维纳斯,生命不仅是在时间和历史之中的,而且是感性物质性的。按照柯林·戴维斯的基本解读:"列维纳

---

　　① E.Levinas,*Totalité et Infini:Essai sur l'extériorité*,La Haye:Martinus Nijhoff,1971,p.21.

斯在海德格尔那里发现的是一种完全沉浸(尽管它有着令人不快的语言)在世界、经验、事实性(人类主体扎根于偶然的物理现实中)和欲望中的哲学。"①列维纳斯逃离了海德格尔哲学的"气候"转而进入一种更加深刻的物质性和感性之中,这是一种让人淹没和窒息的物质性感性,一种没有区分的匿名的混沌状态。然而也正是从这种深刻而让人淹没的物质性之中使人产生逃离的欲望,从而走向另一个方向,与他者遭遇。

按照列维纳斯的观点,海德格尔"把存在的悲剧置于这种有限性、这种虚无之中,并认为人类存在的历史就是一个逐渐投入这种虚无的过程。……对他而言,恶永远意味着缺陷,即缺失,存在的匮乏,也就是虚无"。列维纳斯与海德格尔的基本背离在于:"我们将试图向恶即缺陷这一观点提出质疑。难道存在除了其局限和虚无之外就别无缺陷了吗?……在海德格尔哲学中,存在和虚无不论是等价的还是相互配合的,它们难道不都是一种更普遍的存在状态的诸阶段吗?这种存在事实再也不靠虚无来构建,我们称为 il y a 之事实,在其中作为生存哲学出发点的主体存在和旧式实在论中的客观存在相交融,不分彼此。"②按照列维纳斯的理解,il y a 是比海德格尔的存在论差异更早的阶段,"正是由于 il y a 牢牢地掌握着我们,我们才不能对虚无和死亡淡然处之,并且面对它们不寒而栗。对虚无的畏惧所衡量的只是我们介入存在的程度。存在蕴藏着一个死亡也无法消解的悲剧,这悲剧来自存在本身,而不是源于它的有限性"③。因此,死亡并不等同于生命的有限性,它恰恰是一种生命之外无法消解的虚无,它牢牢把握着我们。

通过围绕 il y a 这个重要概念,列维纳斯在早期描述了一种没有意识表象活动介入的原初状态,一种匿名的纯粹混沌的质态,它是在存在尚未被界定的

①　[英]柯林·戴维斯:《列维纳斯》,李瑞华译,江苏人民出版社 2006 年版,第 17 页。
②　[法]列维纳斯:《从存在到存在者》,吴蕙仪译,王恒校,江苏教育出版社 2006 年版,第 5 页。
③　[法]列维纳斯:《从存在到存在者》,吴蕙仪译,王恒校,江苏教育出版社 2006 年版,第 5 页。

基本事件,没有存在与存在者之分的阶段。在这个阶段中,是纯感性的直观,但同时也正是这种纯混沌的匿名状态带来了一种压迫和逃离。因此,对列维纳斯前期的工作可以进行这样的概括:"列维纳斯描述了这样一种发展,即从'il y a'的匿名性走向意识的原质,并最终走向主体与某种完全相异的、不可吸收的事物的遭遇。这种解释使列维纳斯走出了现象学和存在论,因为他拒绝本我的知识或把存在理解为哲学探询的目标。"①沿着这个方向,列维纳斯就走向了一个没有被"照亮"的世界,一种物质性与感性交错的世界。同时,这种交错也是列维纳斯导向超越的基本起点。而这也是法国物质现象学的基本脉络和内容。

无论是早期还是中后期,列维纳斯的思想都非常重视物质性和感受性,甚至说,这是他思想的基本出发点之一。在列维纳斯的讨论中,物质性始终与感受性以及生命相交融,它是生命在世的一种基本的质性状态。列维纳斯有一个基本概念:元素(L'élément)。这个元素是物质性的,但它是感性直接关联者;它不是意识对象,却是意识内在性的基础与条件。② 列维纳斯将我们与元素之间的关系界定为享受(jouissance;enjoyment)。享受并不是将元素作为事物(leschoses;things),元素无法通过享受而被我们纳入和包含,它始终保留着其自身的元素性和不确定性。我们可以支配这些元素,但无法将之作为"对象","元素没有能够容纳它的形式。(它是)没有形式的内容"③。这样的元素可以被理解为事物的质,或者说事物在空间中的延展,"元素的深度将之拉伸至天地之中,同时弥散于天地之间。'没有开始,也没有结束'"④。

元素是《总体与无限》的重要概念之一。它虽然是物质性的,但具有非常强的抽象性,"元素完全没有表面(de face)。人们无法通达它"⑤。人们内在

---

① [英]柯林·戴维斯:《列维纳斯》,李瑞华译,江苏人民出版社 2006 年版,第 25 页。

② E.Levinas,*Totalité et Infini*:*Essai sur l'extériorité*,La Haye:Martinus Nijhoff,1971,p.137.

③ E.Levinas,*Totalité et Infini*:*Essai sur l'extériorité*,La Haye:Martinus Nijhoff,1971,p.138.

④ E.Levinas,*Totalité et Infini*:*Essai sur l'extériorité*,La Haye:Martinus Nijhoff,1971,p.138.

⑤ E.Levinas,*Totalité et Infini*:*Essai sur l'extériorité*,La Haye:Martinus Nijhoff,1971,p.138.

并沐浴在元素之中,但是无法将之作为对象或事物进行把握。我们只有通过居所(居住)来融入各种元素之中。比如,我所耕作的土地,我在其中捕捞的海洋,我伐木的森林,等等。人从居住出发沉浸于元素之中。我和元素融合在一起,这种融合构成了一种内在性和封闭性。通过元素,可以看到列维纳斯对"物质性"的某种特殊理解:物质性实际是一种质性,原始的混沌、不定性,"它先于有限和无限(fini et del'infini)的区分"①。物质性在享受之中,在感性与质性的交融之中。这样一种物质性,"它不是某物(quelque chose)的问题,它没有将自身显示为去抵制某种质的规定性的存在者。质(la qualité)在元素中表现为不确定任何东西"②。

元素不是客观物体,也不是纯然外在于感性的对象。它是内外划分之前的纯然的质。"思(la pensée)并不是把元素固定为对象。作为纯粹的质(pure qualité),元素摆脱了有限和无限之区分。"③在我们与元素所维持的关系中,元素并没有本质和现象之分,它只有一维,"天空、大地、海洋和风,它们是自足的"④。我们在元素之中,享受元素,就是在自身之中,"元素将我们与无限隔离开来"⑤。在列维纳斯那里,物质性通过元素得以阐释,而这种元素区别于传统的"元素"——不论是古希腊朴素的原子论或中国的金木水火土等。列维纳斯没有将元素作为外在于感受性自身的一种独立的物质对象;它是一种不可定义的与"感性"黏连的混沌、纯粹的无规定的质。"对任何工具性的用品的使用,……都在享受(la jouissance)中完成。……享受包含着与事物的所有关系(lesrelations avec les choses)。"⑥这种关系不仅是使用,而且包含着从中获得享受或痛苦、愉悦。按照 John E.Drabinski 的理解,"享受的感受生

① E.Levinas,*Totalité et Infini:Essai sur l'extériorité*,La Haye:Martinus Nijhoff,1971,p.139.
② E.Levinas,*Totalité et Infini:Essai sur l'extériorité*,La Haye:Martinus Nijhoff,1971,p.139.
③ E.Levinas,*Totalité et Infini:Essai sur l'extériorité*,La Haye:Martinus Nijhoff,1971,p.139.
④ E.Levinas,*Totalité et Infini:Essai sur l'extériorité*,La Haye:Martinus Nijhoff,1971,p.140.
⑤ E.Levinas,*Totalité et Infini:Essai sur l'extériorité*,La Haye:Martinus Nijhoff,1971,p.140.
⑥ E.Levinas,*Totalité et Infini:Essai sur l'extériorité*,La Haye:Martinus Nijhoff,1971,*p*.140.

命——它产生主体——是这样一种生命，它自身与外在发生关联。这就是感性身体和它所享受的对象之间的关系。……处于这种关系形态中的感性身体是对理念论的意义赋意概念的质疑"①。

与元素的关系是人的自然状态，或者说前表象的状态。在这个状态中，人内在于元素同时也内在于自身。不同于海德格尔，列维纳斯认为这种享受是对实存的不操心。"这种不操心（insouciance）有一种积极的意义。它包含着投入世界的滋养（nourritures）中，将世界作为财富，释放其元素本质。在享受中，事物回归其元素性。"②享受作为感性的形式（感性的本质在享受中展现），是通过忽视饥饿以至于忽视自我保存，而被作为一种存在的可能性而产生的。也就是说，享受和感性本身超越于饥饿和自我保存，它没有以对象为目的，也没有将对象作为（表象为）一个对象。我们不需要在需求的满足背后寻求一种更好的秩序，不在愉悦之外寻求意义和更高的目的。这是一种单纯的享受，一种单纯的感性与质性的关系。这种关系不是将元素世界理解为对象，也不是工具。列维纳斯指出："作为工具之整体的世界，被解释为存在—论。"但是，海德格尔没有把享受关系纳入考虑范围，这让人感到奇怪。③ 从这里可以看到，列维纳斯对元素和享受的分析，是对海德格尔工具上手性等存在论系统的某种反思。

元素是没有实体的纯粹的质。这是列维纳斯的重要论断。通过摆脱实体而使得元素恢复其基础性，这种基础性体现在它对感性的依赖、同时又在任何区分之前。"在元素内部（etre-dans-l'élément）……这种处境不能被还原为再现，甚至于无法被还原为一种无法表达（balbutiante）的再现。这涉及作为享受的形式的感受性（sensibilité）。"④享受元素并不属于思的范围，而是属于情

① John E.Drabinski, *Sensibility and Singularity*, New York: State University of New York, 2001, p.114.

② E.Levinas, *Totalité et Infini: Essai sur l' extériorité*, La Haye: Martinus Nijhoff, 1971, p.141.

③ E.Levinas, *Totalité et Infini: Essai sur l' extériorité*, La Haye: Martinus Nijhoff, 1971, p.142.

④ E.Levinas, *Totalité et Infini: Essai sur l' extériorité*, La Haye: Martinus Nijhoff, 1971, pp.142-143.

感的范围,亦即自我的自我主义颤动于其中的感受性的范围。我们并不是认识,而是体验感性的质:比如叶子的翠绿,落日的殷红。在列维纳斯对纯粹的质与感觉的关系描述中,可以看到这样一种区别:物体和物体的质;表象性内容和感受性内容。后者直接关联的是感性(或者可以认为是将后者作为直接的感性材料),比如叶子和翠绿,落日和殷红,绿和红作为纯粹的质可以从对象那里剥离。在"感受性与面容"一节中,列维纳斯指出:"意向性的概念通过从所谓的纯粹的质和主观状态中剥除具体数据的特征来破坏感觉的概念,这对于所有的客观化都是陌生的。"①"感受性(sensibilité)不是寻求自身的对象化。享受,本质上是满足,代表了所有感觉——这些感觉所有的表象性内容在他们的情感内容中消失。表象性内容与触发性内容(contenureprésentatif et affectif)的区别相当于承认享受具有除感知之外的动力。"②按照列维纳斯的观点,我们不在特定的对象中把握质,而是通过感性生活—享受这个层面去与质融为一体。这是一种满足关系,不是构造关系。满足对应的是单纯的质性,它不同于对无限的欲望(désir)。作为满足的有限是感受性,感受性并不构造世界,感受性的世界并不以构造一个表象为己任,而是构造实存的满足状态本身;感受性并不构造世界,世界带给我的享受并没有凸显任何的理性的不充分——只有理性意识与对象才有不充分(不充适)的问题。"本质上素朴的感受性,在一个对于思想来说是不充足的世界中保持着自足。"③列维纳斯将质性与感性从理性知性那里隔离出来,"隔离"在根本上指向了与理性知性的隔离,一种不可介入和穿透的状态。"感受性与没有根基的纯粹的质(qualité)相关,与元素相关。感受性是享受。"④感性不是表象的一个环节,而是享受(这一事件)。从这里,我们看到列维纳斯也没有将感性和物质性作为走向理性

---

① E.Levinas, *Totalité et Infini：Essai sur l' extériorité*, La Haye：Martinus Nijhoff, 1971, p.203.

② E.Levinas, *Totalité et Infini：Essai sur l' extériorité*, La Haye：Martinus Nijhoff, 1971, p.204.

③ E.Levinas, *Totalité et Infini：Essai sur l' extériorité*, La Haye：Martinus Nijhoff, 1971, p.143.

④ E.Levinas, *Totalité et Infini：Essai sur l' extériorité*, La Haye：Martinus Nijhoff, 1971, p.144.

表象的基础,或者说其中一个环节(步骤)。"感受性不是一种低等的(inférieure)理论知识,它与触发性状态密切相关:它是享受,是满足于所予之物(donné),它是自我满足。"①在这种自足的意义上,感受性的我构成列维纳斯所说的自身性(ipseity)。

通过这种分析,可以看到列维纳斯在《总体与无限》中所描述的"隔离"实际上是一种不能被意识表象和穿透的感性物质性融贯的自身性状态。由此,我们就能将元素、感性、自身性、隔离等概念贯穿起来,这些概念共同构成列维纳斯所要描述的个体之感性单一性(singularity)与异质性。将元素与感性相结合起来,形成同构性和共时性的东西是身体。"身体是具有这样一种模式的实存,它既与它的终点(需要)相分离,又已经朝向那个终点,而不必知道实现这个终点所需要的工具……但是身体不仅仅是沐浴在元素中的东西,而是剩下的东西;也就是说,是生命和占有。"②正是通过这种沐浴、居住与占有,身体才能够获得内在性和隔离。

隔离保卫了人的感性差异性——这是列维纳斯的重要逻辑。沿着这样的思路,才能进一步理解列维纳斯整个儿从物质性到超越,从内在性到外在性,从自我走向他人,这个路径的内在逻辑。这个逻辑的核心是:绝对的内在性恰恰是绝对的外在性,绝对的内在性保护了绝对的异质性。只有如此,每个人对于他人,才能构成绝对的外在性、绝对的他者。也就是说,每个个体的在感性下的隔离和不可穿透性,对于他人构成了绝对的外在性和不可知。这种外在性和不可知即异质性。这种异质性实际上是列维纳斯所说的个体性的存在、内生活(或者说,内在生命)。它最初是感受性与物质性融合的结果。

---

① E.Levinas, *Totalité et Infini: Essai sur l'extériorité*, La Haye: Martinus Nijhoff, 1971, p.144.

② E.Levinas, *Totalité et Infini: Essai sur l'extériorité*, La Haye: Martinus Nijhoff, 1971, pp.144-145.

二、　无神论（athéisme）与隔离

进一步地，物质性、元素、感受性、享受等概念共同描述了人的存在的无神论（athéisme）状态。这种无神论有别于一般意义上的无神论：它既不否定也不肯定神的存在，它先于有神与无神的断定，先于意识和对象的区分，先于存在的显现。这是一种独特的"无神论"概念：

> "我们能称无神论（athéisme）为这种彻底的隔离，以至于隔离的存在者保持自身的实存（l'existence）而不用参与到它被从中分离出来的那种存在（l'etre）中，尽管结果它能够通过信仰参与其中。与存在的决裂（不参与到存在之中）意味着这种能力。我们在上帝之外，我们在家里，我们是自我，是自我主义。灵魂，隔离的心灵成就的维度，自然是无神论的（athée）。通过无神论，我们由此理解了一种先于对神性（divin）的否定和肯定的立场，从参与（存在）中逃离出来（la rupture de la participation）——通过参与到存在之中，我将自我指定为同者和我。"①

这段话带着很强的对海德格尔存在论的批判与反思。与存在的决裂是"存在者"回归的重要的一环，也是其早期作品《从存在到存在者》的重要任务。这里，通过隔离与无神论，列维纳斯再次凸显了这层意思。这是"存在者还没有（l'être n'est pas encore）"②的阶段。只有从存在中逃离出来，我们才能真正隔离；或者说，只有隔离与非神论，我们在自身性之中，才能说与存在决裂。这样一种存在者是无神论——内在性的。而从意识意向性的视角看，我们对世界的判断，不论是将其判定为"物质的"还是"意识的"，这些命题都是建立在对世界的识别和表象的基础上，一般意义上的无神论也是建立在这种表象基础上的。但是，列维纳斯所说的"无神论"在指出这个世界是

---

①　E.Levinas, *Totalité et Infini：Essai sur l'extériorité*, La Haye：Martinus Nijhoff, 1971, p.52.

②　E.Levinas, *Totalité et Infini：Essai sur l'extériorité*, La Haye：Martinus Nijhoff, 1971, p.46.

物质的还是意识的之前,也就是说最初的状态是没有神介入的状态。分离,是在神(性)之外生活。这是一种非神论,或者说,是一种纯然质性—感性的状态。

但是,在列维纳斯的思想框架中,他最后走向了一种超越论、无神论的上帝。这两个阶段看似矛盾,但如前所述,有神—无神、有限—无限,这些划分之前的感受性物质性隔离状态,恰恰保护了他人的超越性。"我们的分析受这样一种形式的结构所引导:我们之中的无限观念。为了拥有无限观念,必须作为隔离而存在。"①这种隔离不能是超越之回音,而必须是真正的"没有关系的关系",否则这种隔离又会陷入总体性关系中。也就是说,只有真正与无限者隔离才能真正获得关于无限的观念;只有不谈论神,才能最后保护真正的神。这看似悖论,但始终是列维纳斯思想非常核心的逻辑。

进一步地,这样一种在绝对隔离之中的内生活如何与绝对外在性发生关联? 列维纳斯没有把这种超越放在别处,而是放在人与人之间的关系上。在这种关系中,列维纳斯用了一个基本概念"欢迎"。通过对他人(面容)之欢迎,两个绝对的隔离者的关系建立了一种超越关系。对他人的欢迎不是主动态,而是被动态;不是对称关系,而是非对称关系。不论是创伤、面容、触发性,还是踪迹与启示,这些概念看似抽象,但都建立在直接的物质性和感性隔离之上。作为无神论(内生命)与超越(绝对外在性)发生关联,就是欢迎从他者之面容所启示出的神圣性,这是一种精神性,同时也是一种不可知性。可以认为,从物质性和隔离中引发的不可知性、不可穿透性恰恰就构成了超越和神启的基础与途径。

由此,我们或许不再需要借助任何的先验预设来关联物质性与超越性。超越始于物质性—感性。绝对的隔离导致了绝对的超越——因感性之不可穿透性与不可知性,反而使超越在面容上的启示得以可能。如果能从这条线索

①　E.Levinas,*Totalité et Infini:Essai sur l'extériorité*,La Haye:Martinus Nijhoff,1971,p.78.

解读列维纳斯，将看到一条非常"物质主义"的路径。[①]

三、　身体与爱抚

对元素、感性、隔离等问题的描述，最后指向我与他人的相遇。为了摆脱意识可能存在的对他人之异质性的同化（对象化），列维纳斯必须从另一个维度去考虑这种相遇。这个维度就是身体——我和他人在身体维度上的相遇。身体不是简单的物理或生物学意义上的身体，它通过感受性获得了更多的内含。两个身体的相遇，是两个隔离者的相遇，在意识之外，却在感受性之中。问题是，两个感性隔离如何能够通达？ 身体（感受性）的边界是什么？ 在身体意义上，我和他人之间的界限是什么？

对于身体而言，边界是皮肤。[②] 列维纳斯虽然没有过多地描述皮肤，但是，在其对面容、触摸、爱抚、创伤等描述中，实际上包含了大量的皮肤话题。被动性、易感性、脆弱性、暧昧性等概念所描述的特征最后都能够落实到皮肤之上。皮肤是什么？ 皮肤是身体的边界。它是包裹和保护"内部"的"边界"，但是这个"边界"不管如何严密都有开口。这个开口具有两种可能：天然的毛孔；被伤害留下的创伤、伤口。关于皮肤与亲密性，列维纳斯在描述爱欲时主要描述了皮肤之亲密所彰显的暧昧性特征；皮肤所代表的内与外，通过抚摸表达了一种既内在又外在的暧昧性关系。爱人双方通过皮肤的表面想要通达对方，但同时又无法真正进入皮肤。触摸却无法进入"内部"，这种暧昧关系得到非常感性的表达。在列维纳斯的语境中，皮肤并不是生物组织，它只有对于他人才显示为欲望，才获得皮肤之感性特征，才具有亲密性和暧昧性特征。同

---

① 当然，如果仅从物质性和感的角度去试图完全展示列维纳斯的超越论，这是不够的。列维纳斯对本体论神学的逃离以及对犹太教神学和罗森茨威格、笛卡尔等人思想的吸取是他的超越论另一个非常重要的面相。但应该注意的是，无论如何，我们都无法将列维纳斯的无神论与唯物论的无神论等同，也无法将列维纳斯的上帝与纯宗教信仰的上帝等同。

② 关于皮肤，虽然我们可以具有很多的生物学、医学和健康学的知识，但是，现象学所要描述的是关于皮肤的另一个向度的问题。

时,在两个皮肤的触摸中,双方都失去了其存在者的身份,它指向"介于存在和非存在之间的无人地带(no man's land)"①。

身体的内部与外部,皮肤如何实现内与外的统一? 从隔离的视角出发,我与他人的相遇首先是肌肤之事。撇开意识主体的对象化行为,皮肤在意识主体之外,隔离了自我和他人,但同时没有将这种隔离者最后变成两个皮肤所包裹的"物体"。皮肤不仅是一层膜;它是活的,有自己的生命。皮肤的行为无法简单地用"外在的刺激—回应"这样的方式来解释。皮肤"回应"来自外面和里面的刺激,但是,这种回应包含着更多的是超越于可感者的意义。在列维纳斯对爱欲(爱抚)的现象学描述中,"爱抚(la caresse),如同触摸,是感受性。但是爱抚又超越于可感者(le sensible)"②。在列维纳斯那里,身体既不是生理学家的作为物体的身体,也不是具有"我能"(je peux)的活的身体,或活的表征性的身体。③

两个身体之相遇是否可能? 许多哲学家"好奇"皮肤之下所包裹的究竟是什么,两个身体是否能够交互认知或具有普遍结构? 这不仅涉及"他心"问题,而且涉及知性的界限和感性的不可理解性问题。列维纳斯通过感性皮肤之暧昧性给出了否定的答案。基于感性隔离,通过爱抚关系,可以发现,恰恰是皮肤使得个体既是可感者同时又是不可感者,是同时具有内部和外部、可见和不可见的感性存在者。从皮肤特定的结构上看,皮肤本身是内外一体,一面连着内部,一面连着外部。可以说,它是内—外的结合体,既是内部也是外部;既保护也暴露。

在《总体与无限》中,列维纳斯对爱抚的描述充分揭示了感性之矛盾性与暧昧性。在爱抚中,通过皮肤实现了一种感性的缠绕:他人触摸但同时又外在

① E.Levinas, *Totalité et Infini : Essai sur l' extériorité*, La Haye : Martinus Nijhoff, 1971, p.290.斜体是原文所有。

② E.Levinas, *Totalité et Infini : Essai sur l' extériorité*, La Haye : Martinus Nijhoff, 1971, p.288.

③ E.Levinas, *Totalité et Infini : Essai sur l' extériorité*, La Haye : Martinus Nijhoff, 1971, p.289.

于我。这种感性关系先于意向性对象化。这种情况下，人与人的关系就不是对象化的关系，而是一种缠绕关系。在列维纳斯对身体、爱抚的描述中，体现了自我与他人的关系的感性暧昧性。爱抚既表现了感性的内在性，也表现了感性的超越性。在列维纳斯那里，爱抚既是一种隐喻，也是一种身体的描述。一方面，皮肤是身体内在的边界，保护着内在；但与此同时，它完全地暴露于他人，易受伤害。这是一种双重的易感性，身体一面属于我（主动），另一面面向他人（被动）。皮肤的易感性不是单向的，它同时是自我隐藏和暴露，是主动与被动，给予与接纳。这种双重性包含着我与他人的交互性。如果说，列维纳斯通过"感性—爱欲"现象学要描述的是基于可感（见）者之上的不可感（见）者，我和他人的既封闭又开放的张力的话；那么，肌肤爱抚能够很好地展示这种关系。也就是说，皮肤的易感性不仅使得我回归自身，将他人排斥在（皮肤）之外，同时也通过接受性和被动性，创造了我与他人之间的交往。我和他人、内在与外在之缠绕与交互在皮肤之中。在列维纳斯的描述中，爱抚既包含着感性的维度，同时更多地包含的是形而上的维度。

在这个意义上，肌肤从一开始也是面向他人的。我并非完全是我自己，而是"为了他人的我"，朝向他人的我。但是，我和他人的身体之间始终存在一个矛盾性的问题，我的肌肤的经验和他人的肌肤的经验之间，是无法通达的。他人的肌肤只有从其"外面"向我展示，其内在性是无法被我体验到的。按照列维纳斯，他人无法被还原为他向我显示的内容，其"所是"并不是其"所显"。他人之皮肤之"里面"无法以同样的方式（外部）被给予我（向我显现）。这实际上是"面容""踪迹"概念非常重要的特征。他人之皮肤之"内部"既显示又不显示，它作为"无法被给予"而给予，作为一种"抵制"向我靠近。对我而言，它一方面是可见的，另一面却是绝对不可见的。

从胡塞尔开始，可见者背后的不可见始终困扰着现象学，它时刻警醒着意识意向性活动的边界，并给其后的现象学运动留下了拓展的空间。其后，对"不可见者之显现"的考察在海德格尔、梅洛-庞蒂、马里翁等人的思想中逐渐突出。列维纳斯对感性物质性的描述,指出了意识意向性的边界和有效性。从他对身体、触摸、爱抚等讨论中,可以看到,在他人的感性在场中,可见和不可见者是同时存在的,是同时被给予和不被给予的——但它们永远无法被形式化和统一。这是感性物质性之中最深刻的超越问题。他人的在场,面容的另一面作为不可见和不可进入者与我遭遇,它与被给予性之间有一道沟壑,我永远无法通过移情、刺穿、亲密靠近等方式进入它。皮肤的两面不能比拟为"手套"的两面,也无法通过翻转(内外翻转)的方式打开和进入。如同无法界定列维纳斯的他者概念,我们也无法清晰描述爱人(关系)双方在爱抚中究竟获得什么,这是最直接当下的感性,但也是最模糊的感性。这种双重与暧昧无疑构成列维纳斯超越思想的一个重要特征。

第二章 思想来源：笛卡尔、罗森茨威格和让·华尔

"在努力推动超越形而上学的当代哲学家中，勒维纳斯无疑是走得最远的一个"。①

——基阿尼·瓦蒂莫(Gianni Vattimo)

在后期重要作品《论来到观念的上帝》的结尾部分，列维纳斯说道：

"无限并不会向着一种会达到目的(terme)的思示意，向—上帝(unto-God; l'à-Dieu)也不是一种目的性。或许，荣耀这一超出存在的词所指的就是这一不可还原性：向—上帝或对上帝的畏不可被还原为末世论，因为通过末世论，在人这里被中断的、存在论地坚执在存在里的意识依然是走向存在的，因为这意识依然是走向被它当成最终极之思的死亡的。存在和虚无这个交替的对子并不是最终极的。向—上帝并不是个存在的过程：在呼唤中，我被导向这一呼唤所由之示意的他人、我被导向我须为其而畏的邻人。"②

① ［意］基阿尼·瓦蒂莫：《踪迹的踪迹》，载［法］德里达、［意］基阿尼·瓦蒂莫主编：《宗教》，杜小真译，商务印书馆2006年版，第104页。
② ［法］列维纳斯：《论来到观念的上帝》，王恒、王士盛译，商务印书馆2019年版，第276页。

《论来到观念的上帝》结尾的这段话,在方向上表明了列维纳斯的无限概念和理论对胡塞尔意向性和海德格尔存在论的超越。无限所指向的上帝之超越关系,这种关系并非意向性关系,也不在存在论之中,它是一种异于存在的超越意向,这是一种被呼唤之意向。这种呼唤指向他人、邻人。可以说,这整个地勾勒了列维纳斯思想的基本轮廓——无限观念,对胡塞尔意识理论、海德格尔存在论的超越,上帝——他人之伦理归向。可以说,"超越"一词界定了列维纳斯思想的基本特征,但这并非他首创。在这个问题上,列维纳斯有几位重要的思想导师。

如果说科学的发展是一次次站在巨人肩上的过程,那么哲学也是一样。列维纳斯有着深远的哲学抱负:反思整个希腊精神传统,打破总体性暴力,恢复作为第一哲学的伦理学等。在这些哲学抱负和努力的背后,可以看到许多先行者和"巨人",这些先行者的名字可以列出长长的一串:笛卡尔、克尔凯郭尔、柏格森、胡塞尔、海德格尔、华尔、罗森茨威格、布伯、寿沙尼……。列维纳斯在不同的场合和文本中提到并承认自己的思想得益于这些伟大的思想家。居伊·珀蒂德芒热甚至认为列维纳斯严重地依赖、获益于前人。"列维纳斯过于谨慎,过于受前人的影响,并且在这些大师的微妙区别中迷失方向。"①暂且不论列维纳斯是否在这些大师之中迷失了方向,但首先不可否认的是:列维纳斯的思想从不同的广度和深度吸收了这些思想家的思想。

从列维纳斯的文本中,在"超越"这个问题上,能够看到几个显著的思想导师:笛卡尔、罗森茨威格和华尔。可以说,如果不梳理列维纳斯与这三位思想家的关联,就无法理解其思想的高度和创造性,也无法理解其思想的来龙去脉。

---

① [法]居伊·珀蒂德芒热:《20世纪的哲学与哲学家》,刘成富译,江苏教育出版社2007年版,第330页。

第一节 笛卡尔:无限观念与真正的现象学

"笛卡尔所思考的作为悖论之无限观念,一种非平行的思……
将我引向真正的'现象学'。"①

——列维纳斯

"笛卡尔的无限概念是被安置在一个无法容纳它的思之中的,
它表达了荣耀和在场之间的不平衡,这就是启示本身。"②

——列维纳斯

列维纳斯与胡塞尔一样,同样都非常受益于笛卡尔;甚至在一定程度上
说,他们的思想的出发点之一都是笛卡尔,但却各自采纳了笛卡尔思想的不同
方面,并由此走向了不同(甚至相反)的方向。利科在评述胡塞尔及现象学运
动时指出:

"现象学将不确定的自明性——不言而喻——还原为'真实的
现象',再到'本来的显现',这样的处理正是和笛卡尔的怀疑思路
是一致的。'我思'成为区别于基本真理的东西,在一系列的推理
中,别的真理接着出现。'我思'是现象学真理的唯一领域,在这
一领域中,各种观念意图都会受到构成世界现象的存在的
检验。"③

毫无疑问,如同利科所述,胡塞尔现象学受到笛卡尔"我思"理论的启发。

① E.Levinas, *Entre Nous: Thinking of the Other*, Michael B.Smith and Barbara Harshav(trans.),
New York:Columbia University Press,1998,p.152.

② E.Levinas, *Otherwise than Being*, *or*, *Beyond Essence*, Alphonso Lingis(trans.), Pittsburgh:Du-
quesne University Press,1998,p.146.

③ [法]保罗·利科:《论现象学流派》,蒋海燕译,南京大学出版社 2010 年版,第 2 页。

作为胡塞尔的学生,与胡塞尔对笛卡尔的接受不同,列维纳斯更多地接受了笛卡尔的另一个重要理论"关于无限的观念"。有意思的是,列维纳斯对笛卡尔的这样一种吸收,恰恰同样用于打破胡塞尔所强调的"我思"的现象学真理。列维纳斯关于他者、上帝、超越、伦理主题的论述离不开笛卡尔的无限观念。在一些重要文本中,诸如《异质性与超越》《论来到观念的上帝》《上帝·死亡和时间》《总体与无限》《异于存在,或本质之外》等,列维纳斯都讨论了笛卡尔的上帝和无限观念的问题。毫无疑问,笛卡尔是列维纳斯的思想构建没办法绕过去的人物。

一、 从他者到上帝

"他者"是列维纳斯的核心概念之一。在列维纳斯的文本中,有四个相关概念:Autre,autre,Autrui,autrui。一般情况下,大概可以用"大写的他者""小写的他者""大写的他人"和"他人"来理解这四个词。但一般中文只翻译为他者和他人两个概念,英文也一般用 the Other 来翻译 Autrui 和 autrui,the other来翻译 Autre 和 autre,都无法对这四个概念进行进一步细分翻译(有学者用the Other,the other;the human Other,the human other 来对应这四个概念)。由于列维纳斯的法语表达在很多时候显出复杂多义性,这四个词在列维纳斯那里往往容易引起混淆,无论是在英语翻译中还是中文翻译中,都很难找到对应的词语去翻译和表达。许多时候,如果仅看中英文译文而不回到法语原文,很难知道列维纳斯到底使用的是哪个词。但是,情况也不仅仅是翻译的问题,因为列维纳斯自身在使用这四个概念时也存在意义的交错与重叠,甚至模糊的地方。例如,当列维纳斯使用 Autre 这个词时,他指大写的他者(上帝),但有的时候也指他人。

然而,不论列维纳斯的"他者"指向他人或他者,这两个概念背后都有一层"大写"的含义——绝对的、大写的"他性"。这个大写的他性是一种绝对的异质性和超越,它最终根本地指向上帝。这在基本思路方向上是清晰的。上帝是最大的他者。列维纳斯主张这个作为上帝的他者不一定是传统神学的讨论对象,他可以是哲学讨论的对象。这是列维纳斯对他者和上帝论述的基本立场,也是他借用和引述笛卡尔的思想资源的基本前提。在《哲学与无限观念》一文中,列维纳斯主张关于他者的讨论的传统"不一定必须是宗教的,它是哲学的"。例如"柏拉图将善至于存在之上"①,他认为这是哲学传统中讨论他者的重要例子。列维纳斯的思想则紧紧跟着柏拉图和笛卡尔的路线——哲学地讨论他者和上帝。实际上,列维纳斯将对柏拉图和笛卡尔的思想引用作为自己思想的核心,这为自己讨论他者、上帝、超越、善,以及无限观念定了基本的调子,他力图以此表明自己仍然是在哲学范围内讨论,而且这种讨论也是可行的。

但是,尽管仍然在哲学范围内讨论上帝、他者和超越,他还是强调一种区别于传统哲学,尤其是胡塞尔哲学的讨论方式。他毫不含糊地指出,他这种"哲学地"讨论上帝的方式要摆脱传统哲学对上帝和他者的总体化暴力。不同于胡塞尔,他从笛卡尔的无限观念中找到了"逃离"总体性的钥匙。这集中表现为他从笛卡尔那里获得了对上帝和意向性的新的讨论方式和理解,这种重新讨论方式和理解直接地关联于列维纳斯对"超越关系"的论述。1995年出版的文集《异质性与超越》收录了列维纳斯1967年到1989年的一些文章,这些文章集中阐述这样的主张:"超越存在于(活在)与他人的关系之中"②。可以说,这是列维纳斯思想的落脚点,而这个落脚点之出发点在于他对笛卡尔的"无限观念"思想的阐发。

不管是在《总体与无限》《论来到观念的上帝》《上帝·死亡和时间》,还是在《哲学与无限观念》等文本中,列维纳斯都用较大的篇幅引述和阐发笛卡

---

① E. Levinas. *Collected Philosophical Papers*, Alphonso Lingis (trans.), Dordrecht: Martinus Nijhoff Publishers, 1987, p.53.

② E.Levinas, *Alterity and Transcendence*, Michael B.Smith(trans.), New York: Columbia University Press, 1999, p.ix.

尔的一个基本提法：关于无限的观念。对于列维纳斯，无限的前提是隔离（有限）："为了拥有无限观念，需要作为隔离而存在。"①在某种意义上，这种隔离意味着感性自身性，意味着朝向内在性自身——与"无限"相反的方向。但是，可以看到，无限观念并不自发于"隔离"之中。这里，要区分"基础"和"发生"这两个概念。内在性隔离是超越能够发生的条件，但无限观念并不是从隔离和内在性之中发生的。在内在性（隔离）与外在性超越之间，还有个非常重要的概念，那就是"形而上的欲望（metaphysical desire）"，它关联起内在性与上帝。

在传统神学中，上帝是最后的神秘者、最高存在者。从列维纳斯对本体论神学（或说存在论神学）的批判中，可以看到他试图寻求一种去神秘化、非神论（非存在者）的、真正超越的上帝，这个上帝区别于传统神学的作为实体存在的上帝。列维纳斯认为，基督教神学中的上帝一直是思所囊括和主题化的，不论是把上帝当作一种符号还是思所指向的实体性存在，都是对上帝真正意义（超越性）的抹杀。因此，列维纳斯并没有去论证上帝的存在，而是去寻求"上帝"的神启及其意义。列维纳斯的基本立场是"哲学地思考上帝"，但是要想哲学地思考上帝而又不杀死上帝，只能通过无限观念的途径。列维纳斯不是在传统神学的意义上去讨论上帝和上帝的启示，而是站在哲学现象学的角度去讨论上帝。哲学如何讨论上帝，并且所谈之上帝不是对象化的上帝？按照列维纳斯，这个谈论的方式只能是通过"无限的观念"。列维纳斯回到了笛卡尔"第三沉思：论上帝及其存在"中的无限性观念的经验，这不是因为它提供了上帝存在的证明，而是因为它指出了我思的缺口及其与外在性之间特殊的意向关系。

列维纳斯没有沿着笛卡尔的思路去论证上帝的存在问题，他不关心传统的上帝存在的论证，而是关心笛卡尔在无限观念中提出的"意识和无限者的

---

① E.Levinas, *Totality and Infinity*, Alphonso Lingis（trans.）, Pittsburgh：Duquesne University Press,1969,p.79.无限观念的条件是隔离，这种隔离不能仅仅是超越之回响。

关系"问题,他由此出发展开意识的被动性和外在性之间的超越关系,而上帝的进入意识正是在这个"关系"中发生的。首先,与无限的关系在列维纳斯那里获得了更多的意义和内容。列维纳斯基于"无限观念"探讨了另一种关系:

　　"与无限的关系是一个无法忍受的、不可再现的问题,在时间上
　　没有准头,以至于不能被指定,不包括在连续性得到共时化的领会范
　　围之中。然而,无限并不排斥研究,也就是说,它的不在场并非纯粹
　　的不在场。研究不会是与有差别者的非关系,而会是与独特者的关
　　系,在非—漠不关心中的差别的关系,它排斥了任何的共同标准,哪
　　怕是最后者、集体、共同在场。然而,一种关系会保留下来,它会是历
　　时性本身。研究或者疑问并不是某种拥有的功能衰退,而是与拥有
　　之外者、与无法捕捉者(思想在其中被撕碎)的一揽子关系。"①

　　不能领会、不可再现、无法确定、超出连续性的时间,等等。这是这种关系的基本特征,也是列维纳斯所描述的"我与他人"关系的基本特征。这种关系并非完全不可捉摸和谈论,因为它通过某种类似于"中间者"的方式具体化:上帝通过其不在场的在场呈现,在这种呈现中与"我"产生关系。列维纳斯这里也强调声明了他关于无限的研究的基本立场:不是否定意识的认知和把握能力,而是肯定了在这种关系之外,还有一种与无法被把握者(无限)的关系。这种关系是笛卡尔所谈论的,也是列维纳斯考察的核心。

　　"无限"是什么? 笛卡尔在"第三沉思:论上帝及其存在"中并没有明确定义。他提出了作为至上完满的上帝,这个完满无法来自有限者自身。上帝不可能来自我。"因为我是一个有限的实体,只有上帝这个无限实体才是观念的真正来源。""在我心里,首先有无限的观念,即上帝,他比我这个有限的实体具有更多的实在性和完满性,他使我知道自己本性的缺陷。"②笛卡尔并没

---

　　① ［法］勒维纳斯:《上帝·死亡和时间》,余中先译,生活·读书·新知三联书店1997年版,第125页。

　　② ［法］笛卡尔:《第一哲学沉思录》,宫维明编译,北京出版社2008年版,第18页。

有对无限或者上帝进行解释，我与无限的关系不是从我到上帝，而是从上帝到我。也就是说，"我认识到上帝是万物的来源，这一点却是我的能力所不能取得的"①。列维纳斯从笛卡儿那里，接着往下讨论无限观念本身——而非上帝的存在问题。这是一个重要的区别。无限作为在场的不在场，相对于意识内在性，它是绝对的"外部"，这种"内与外"不是一种共时性关系，而是历时性关系。也就是说，上帝与"我思"在时间上是非同步的，是绝对异质性的。列维纳斯从现象学的视角讨论了笛卡尔的基本话题，在笛卡尔那里的意识的"完满性"转换为了意向性的"充适性"，同样的，不管是完满性还是充适性，都是意识的内在性，都无法"承担"与无限的关系，无法包含上帝。

虽然我们也能从最后的论证中看到笛卡尔与列维纳斯对上帝作为超越者的某种捍卫，但是，朝向上帝的路径却显示出了基本的方法论上的差异。笛卡尔通过我思的不完备性和上帝的完备性，以因果逻辑来逆向推理，提出上帝存在的主张：

> "经过以上考察，我可以得出结论，即从我存在和我心里有关于上帝的观念，可以证明上帝的存在。当然这个观念不是通过感官获得的，也不是由我的精神虚构出来的，它是与我一起产生的。我们对此应该不会觉得奇怪，因为这个观念就像一个标记，是上帝在创造我的时候放在我心里的。"②

列维纳斯延续了笛卡尔关于无限者的核心思想，但他由此进一步挖掘了意识意向性的缺乏与被动性。列维纳斯并不关心上帝存在的论证问题，而是通过"关于无限的观念"指出意识内在性的有限以及这种有限性在与外在性的过程中所彰显出的另类的意识意向性关系。对于列维纳斯，上帝问题转变为"我们关于上帝的意识经验"问题，列维纳斯将这个作为其现象学意识考察的重要任务。对上帝的描述最后归为"描述神性存在者所赋予的意义，而不

---

① ［法］笛卡尔：《第一哲学沉思录》，宫维明编译，北京出版社 2008 年版，第 19 页。
② ［法］笛卡尔：《第一哲学沉思录》，宫维明编译，北京出版社 2008 年版，第 20 页。

是中介的感知材料或者认知的对象,不是一个在世之中的存在者的在场,也不是一个自我证实的存在者"①。对于本体论神学而言,列维纳斯的这个转换无疑是对上帝存在的打击,因为他弱化了上帝的"存在"向度,而仅仅将上帝抽象(虚化)为某种"意义",或某种"观念"。这种向意识对象关系和意义的转向,也使得上帝问题转向了现象学的领域——被给予性、意识对象的显现和意义的赋予(现象学的基本问题)。

笛卡尔虽然也通过"上帝将无限观念放入我"这个论述指出了上帝在我之中的显现以及意识基本的被动性,但是这种"放入"没有指出清晰的现象学问题域,而是依旧局限于通过怀疑寻求一种科学和理性知识的普遍根基——我思的界限。笛卡尔作为哲学家、数学家、科学家,他努力寻求一个普遍的真理基础,通过他所建立的"普遍怀疑的原则",怀疑一切,悬搁关于一切的判断,最后找到了那个无法怀疑的"怀疑"本身。这个怀疑的行为最后在"我思"——作为怀疑者的"我"或者怀疑的行为本身——那里结束;上帝则在这一系列的理性(怀疑)环节之外,作为绝对的开端。

胡塞尔从笛卡尔那里获得了基本的启发。按照胡塞尔对笛卡尔的解读,"每一个真想成为哲学家的人,都必须在生命中一度返回到自己本身,通过自身尝试摧毁所有现存科学并加以重建。……笛卡尔沉思并不想成为哲学家笛卡尔私人的事情,而是想成为任何一个新开始的哲学家都必然要做的沉思典范"②。与胡塞尔一样,列维纳斯的现象学追问也从笛卡尔那里获得巨大的启迪。但是,列维纳斯在笛卡尔那里找到了不同的方向。如果说胡塞尔从笛卡尔那里寻找的是一条经由怀疑而抵达确定性的道路,那么列维纳斯则试图探求这个确定性的破裂。胡塞尔看到笛卡尔那里:"通过排除一切尚有疑惑的东西,寻求一种来自绝对明证东西的生成。当人们遵循这种方法时,那种感觉

---

① E.Levinas, *Entre Nous:Thinking of the Other*, Michael B.Smith and Barbara Harshav(trans.), New York:Columbia University Press,1998,p.220.

② [德]胡塞尔:《笛卡尔沉思与巴黎演讲》,张宪译,人民出版社2008年版,第2页。

经验的确定性,即世界依靠它才在自然生活中被给予的确实性,就不可能抵御这种批判。""他寻找一条客观的外在性能够从他自己的纯粹的内在性中推演出来的确然的途径。"①笛卡尔的我思与胡塞尔最终要寻求的那个客观性的基础具有高度一致性。按照列维纳斯对笛卡尔与胡塞尔的理解,他认为笛卡尔与胡塞尔对灵魂的功能的看法是一致的,在两人那里,灵魂都具有对世界的表征和统一的功能。列维纳斯认为,在笛卡尔那里,与身体相比,灵魂具有理性的再现功能,"他将灵魂理解为一个主题化的思(a thematizing thought)"②。在这个问题上,列维纳斯与笛卡尔和胡塞尔,有着根本的差异。列维纳斯认为,笛卡尔的无限观念恰恰表明了上帝对灵魂(我思)的主题化的思的打破。

"上帝的观念导致了思的打破。"③这是一个来自笛卡尔的基本判断。上帝是思所不能思、不能包含的东西,他的进入表明了意识的纯粹被动性和不完满性。但事实上,这个过程有许多疑问:如果意识与上帝是绝对的分离与不可抵达,意识无法把握上帝,那么上帝是如何进入"我"而形成上帝观念? 如果意识是个封闭的空间,上帝作为一种外物如何能够被放置进来? 进而言之,如何能够既拥有一种关于无限者的观念,又无法把握那个无限者? 这些在笛卡尔那里似乎不构成问题,因为它们根本上是造物主与受造物之间的关系问题。但是对于列维纳斯,这是他的哲学思考的基本出发点和首要问题。

对于列维纳斯,"拥有"是一种关系,但它并非包含、也非不包含的关系,而是"没有关系的关系"。"我"拥有关于上帝的观念,这句话不等于说"上帝"在我的意识对象化表象之中,而是说上帝通过非被把握的方式在我之中启示他自身。在这里值得注意的是,不论是启示还是神显,在列维纳斯那里,都关联于触发(affection)这个概念。这个概念本身就有情感、感性的意思。

---

① [德]胡塞尔:《笛卡尔沉思与巴黎演讲》,张宪译,人民出版社 2008 年版,第 40 页。

② E.Levinas, *Otherwise than Being*, *or*, *Beyond Essence*, Alphonso Lingis(trans.), Pittsburgh:Duquesne University Press,1998,p.142.

③ E.Levinas, *Of God Who Comes to Mind*, Bettina Bergo(trans.), Stanford:Stanford University Press,1998,p.63.

在这个意义上,上帝与意识的关系,上帝观念的获得,根本地是一种情感关系,而非理智关系。上帝是通过情感的方式进入我,从而打破"我思"的。

上帝观念不能被还原为意识之中的内容,拥有上帝的观念不等于知道上帝。上帝启示自身,而不是我去揭示上帝。启示关系不等于表象关系。这是列维纳斯经典的表述"没有关系的关系"的根本意味,也就是上帝的"不在场的在场"。但是,在列维纳斯那里,这种关系却又是能够被讨论和描述的。通过其"不在场的在场"和"踪迹"去追溯和描述这种关系。

笛卡尔的无限观念问题转换为了意识的被动性和其意向性表征的边界问题。按照笛卡尔的思路,关于无限的观念只能是被放入我的意识的;并不是我创造或者主动去思考一个无限者,而是被动地获得了这个观念。上帝观念不是如洛克所说的由许多观念组合而成的复杂观念,而是单一的优先性的观念,是一个基本的无法再分析的观念。实际上,只能从造物主和受造物的层面上理解"我"和"上帝"的关系,这种关系服从于创造与被创造的关系。不同于笛卡尔,列维纳斯在描述我和上帝的关系时走出了这种因果关系模式,而是从意识自身所具有的某种超越性指向——形而上的欲望——这个角度去描述这种关系的发生。这样一种欲望是特殊的意向性关系。

> "时间之永远将会由欲望和欲望的对象之间的这一比例悬殊所孕育——而这欲望本身,将是有意的意识在其'意向性行为—意向性对象'平等关系中的断裂。"①

关于上帝的观念,也是一种"有意的意识",但是这种"有意"之意向并不表现为"意向性行为—意向性对象"结构。在列维纳斯的描述中,形而上之欲望指向的是一种不对等的超越关系。在意识和上帝的非对称性中,列维纳斯承袭了笛卡尔的基本前提:我关于无限的观念不是我自己主动设想的,而是被动地被上帝安置进来的。而这个前提随即也就预设了意识的一种绝对的消极

---

① [法]勒维纳斯:《上帝·死亡和时间》,余中先译,生活·读书·新知三联书店1997年版,第125—126页。翻译有所修改。

性——只有消极性才可能被"植入",才可能显示出我思能动性的极限。一切的内在对象都可以被"我"构思而获得外在性,一切对象都可以成为内在对象,但唯有上帝不可能被我构思,不能成为意识内在的对象,其外在性永远不是通过我的内在性这个途径而构建起来的。相对于笛卡尔的上帝思路,列维纳斯从意识意向性的角度描述了意识和上帝的超越关系。它携带着情感的模糊性和被动性特征,同时又指向超越。

不同于笛卡尔,列维纳斯对上帝的讨论有着明确的"超越"指向和诉求。而这个指向与诉求具体地指向了他对两个问题的现象学考察:意识和伦理关系。无限观念的获得揭示了意识原初的被动性和超越意向性。按照列维纳斯的说法,这样"一种被动性,不像其他的被动性,因为它不能被设想和假定"①。然而,这种不是被设想和假定出来的被动性究竟是什么样的被动性呢? 按照列维纳斯对意识主动性的理解,主动性是一种将显现对象化的特征,一种同一化的特征,在这种主动性之中作出的任何的设想和假定的内容,即使是他者,也只能是同一性之中的另一面。设想出来的被动性只能是主动性的另外一面。列维纳斯所要揭示的被动性,不是主动性的对立面,而是绝对地超出主动性。从意识意向性与对象的关系上看,不论是胡塞尔的内在感知和超越感知,对内在对象和超越对象的感知,都始终显现为世间绵延之中的构造。② 对于胡塞尔,意向性所把握的只是对象已经被给予的内容,而无法把握被给予之前和未被给予的内容。但是,上帝恰恰正是无法被把握的给予性,他无法被作为内在的"素材",也无法被以任何方式表象。意识与上帝(作为一种溢出现象)的关系,因而必定是不相即的关系。在这个意义上,上帝的在场本身就已经超出了意识的(能力)范围。

因此,追问"上帝是什么?"这个问题本身已经超出了哲学沉思。能提的

① E.Levinas, *Of God Who Comes to Mind*, Bettina Bergo(trans.), Stanford: Stanford University Press, 1998, pp.63-64.

② [德]胡塞尔:《被动综合分析》,李云飞译,商务印书馆 2017 年版,第 28—29 页。

问题只能是:上帝以什么样的方式在场? 如何进入我们的观念? 上帝一词的意义是什么? 从列维纳斯对本体论神学的反思以及对真正的超越的恢复这个立场上,能够清晰地看到,谈论"上帝不是什么"比谈论"上帝是什么"这个话题更加谨慎。"不是什么"意味着上帝能够容纳的范围要远远超过"是(being)"和"所说(said)"。虽然本体论神学也没有将上帝界定为"什么",但是,它依旧将上帝限制在了"存在"这个视域之中——最高的存在者。对于列维纳斯,这已经是将上帝列入了"是"的范围,正是这种"是/存在(being)"作为一种限制,本身就成为了有限者,一种边界。因此,按照这个思路,要恢复上帝的真正超越,不仅不能表象上帝,而且也不能在存在这个范围内说它不是什么。必须完全地超出存在,超出任何的所说。由此,列维纳斯指出:"上帝是存在之外","存在之外就意味着一种超验,而不是一种最高级状态——除非人们能够提取出一种高度的最高级,它原本就如此,而不受存在的启迪"①。无论多高,上帝都超过任何的高度;这种高度是一种绝对异质性的超越,而非存在的高度,最高的存在者。"非存在"不是不存在,也不是对存在的否定,只是与存在毫无关系的"外"。这体现了列维纳斯的基本出发点——"将上帝从本体论中分离开来"②。上帝作为他者,它不是同者之中的他者,也不是简单的同者之外。列维纳斯指出,同者与他者的关系不是意识关系,也不是存在总体的关系,而是"敬意"③关系。可以看出,列维纳斯将笛卡尔的无限观念作为了他讨论意识和伦理问题的基本出发点。

二、 从笛卡尔出发的现象学与神学

笛卡尔的无限观念具有深刻的神学背景和考虑,同样的,列维纳斯也是如

---

① [法]勒维纳斯:《上帝·死亡和时间》,余中先译,生活·读书·新知三联书店 1997 年版,第 143 页。

② [法]勒维纳斯:《上帝·死亡和时间》,余中先译,生活·读书·新知三联书店 1997 年版,第 144 页。

③ [法]勒维纳斯:《上帝·死亡和时间》,余中先译,生活·读书·新知三联书店 1997 年版,第 144 页。

此。列维纳斯哲学思想的神学关联从他对笛卡尔的无限观念的讨论可以看出。对于列维纳斯而言,笛卡尔连接着哲学与神学。笛卡尔的思想包含了两个重要的问题:意识与上帝。一方面,笛卡尔的"怀疑"构成了意识返回自身的重要方法,这是现象学的基本面;另一方面,意识之中的无限观念构成了人与上帝的关系讨论的基本路径,这是神学绕不开的问题。笛卡尔的思想为列维纳斯重新思考现象学主题、挖掘现象学新的深度提供了重要的启发。列维纳斯曾指出:

> "笛卡尔所思考的作为悖论之无限观念,一种非平行的思,思其所不能思,我已经试图去表达,作为对命令的服从的具体的智慧,(这无限的观念和具体的智慧)通过他人的面容中,将我引向他人——在其中我们拥有超越于来临之意图的未来,引向真正的'现象学'。"①

这样的"真正的现象学"是列维纳斯讨论和反思胡塞尔现象学的基本走向。在这里列维纳斯非常明确地指出了笛卡尔的无限观念的思想给予的引导。无限观念涉及纯粹的被给予性与意识表象之间的关系,同时意味着意识自身的某种更深的奠基。从现象学的基本问题看,列维纳斯并不是完全将目光放在无限身上,而是注意到意识自身。终归而言,讨论上帝和无限并不是讨论它们自身——因为实际上不论是上帝还是无限,都是根本无法讨论的——而是讨论它们进入意识所发生的效应以及对意识自身的另一种揭示。

"笛卡尔"和"无限观念"反复地出现在列维纳斯的文本中,出现在他严格的现象学讨论文本中。在《上帝·死亡和时间》中的《经验之外:笛卡尔的无限之概念》一文中,列维纳斯专门讨论了笛卡尔的无限概念。这个讨论是从对意识意向性和本体论优先性的批评开始的。一开始,列维纳斯就指出了胡塞尔意识意向性与存在论的某种"一致性",二者都秉持了存在论的优先。通

---

① E.Levinas, *Entre Nous: Thinking of the Other*, Michael B.Smith and Barbara Harshav(trans.), New York: Columbia University Press, 1998, p.152.

过"存在—意识"的结合——这个结合在意向性中实现——而实现了意识在存在中的持存。

> "意识是在存在之延续中的持久,是它的内在本身。存在的在场在再现中肯定自己,证实自己,就好像再现是在场的夸张,是在场的重复。在此意义上,意识便是再现,它的结构并不为带情感者与意愿者的意向性的发现所震撼。"①

在《经验之外:笛卡尔的无限之概念》一文中,从一开始,列维纳斯就提出了一种情感性的意向性,这种意向性虽然没有取消再现的意向性的优先权,但实际上对心理现象的考察带来了新的要素。这样一种情感,列维纳斯借用了神学家奥拓的一个表述:"正是以这样一种方式,恐惧与战栗构成对圣物之感情的一种接近。"②这里可以看出列维纳斯对情感性的意向性,这种独特的心理现象的描述带着神学的成分。感性触发性最后是指向上帝这个高度的。如此一来,列维纳斯在后面进入笛卡尔的上帝,但是又不完全与笛卡尔同步。因为列维纳斯始终带着对"意向性"问题的独特的理解和讨论。尽管胡塞尔现象学最后也指向了情感和意志的意向性,在被动综合中指出了意识在源头上的某种"外部",但是,这并没有使得情感在意向性的概念中逃出本体论。也就是说,没有逃出"同一性"。

> "现象学带来了对心理现象之领会的新因素——但是,再现的优先权并不因此而被提出质疑,因为人们继续谈论着那些作为情感经验的情感状态。……本体论的优先并不遭到意向性的质疑。"③

---

① [法]勒维纳斯:《上帝·死亡和时间》,余中先译,生活·读书·新知三联书店1997年版,第261页。

② [法]勒维纳斯:《上帝·死亡和时间》,余中先译,生活·读书·新知三联书店1997年版,第261页。在这句话后面,雅克·罗朗注释指出:这是奥托在他关于《圣物》的著名论文中的观点,见第267页注释1。

③ [法]勒维纳斯:《上帝·死亡和时间》,余中先译,生活·读书·新知三联书店1997年版,第261页。

　　为了引出笛卡尔的无限概念之意义,必须先从意识自身的另一个维度开始讨论,这个维度就是指向"不可还原的意向性"。"与他者的关系能够被作为一种不可还原的意向性,即使有人认为它结果会打破意向性。"①这是一种特殊的意向性,如同在《总体与无限》中提到的"享受的意向性"概念,"享受的意向性与再现的意向性相反;它在于把握外在性(exteriority),这种外在性是再现中所提到的超越的方法所搁置的"②。不论是列维纳斯使用的"不可还原的意向性"还是"享受的意向性",意向性在列维纳斯的语境中都与笛卡尔的启发密切相关,它通过与无限者的关系而揭示了一种意识更深和更本源的处境:与外在性之间不可被意识的自识自身照亮的空间。这是他从笛卡尔那里获得的直接启发,但同时也是他后面的法国哲学家(尤其是梅洛-庞蒂和马里翁)所经常利用和展开的思路:意识与超越,还原与世界的纯粹被给予性之间的关系,而这种关系打破了"有限者"的视域,这个视域作为可见的衬托始终在"别处"。

　　从严格意义上讲,意识(consciousness)这个概念在列维纳斯那里显得非常模糊。我们无法用当下流行的意识科学、心灵哲学的一些标准来严格澄清这个词,甚至这个词也已经不再是胡塞尔意义上的。按照胡塞尔的基本思想脉络:从符号、意义理论进而到意识之意向性构造问题,意识的主要或者说基本特征是意向性构造,也就是对对象的构建。这种构建性的结构正是胡塞尔试图寻求的为科学奠基的明晰性基础。而到了列维纳斯这里,意识的界限变得非常模糊,或者说意识和感觉、感受性基本上混合起来。这种模糊主要是通过列维纳斯使用的意向性概念。列维纳斯对意识之基本功能和内容的界定比胡塞尔要模糊很多,意识行为和意识对象之间不再只是表象意向性的问题,或

---

　　① E.Levinas, *Ethics and Infinity*, *Conversations with Philippe Nemo*, Richard A.Cohen(trans.), Pittsburgh: Duquesne University Press, 1985.p.32.

　　② E.Levinas, *Totality and Infinity*, Alphonso Lingis(trans.), Pittsburgh: Duquesne University Press, 1969, p.127.

者不再只是构建和被构建的关系,它被糅进了更多的感性和模糊性。如前所述,列维纳斯也使用意向性概念,但是这个意向性更多地指向了意识的超越和感性的混合。列维纳斯更多地将感受性(sensibility)作为了意识的基本元素之一,而这个感受性是始终被异质性所触发的,它无法在自身之中获得清晰和确证。这部分内容就构成了意识之中潜藏着的更古老和被动的内容。也正如此,"被意识所建立的当下在场总是发现自身已经处于与过去的关系之中"①。因为某种与异质性他者的关系总是无法被当下所再现,它不是胡塞尔内时间意识之中的可以被当下化的过去,它是绝对无法被"回忆"起来的过去,古老的过去;它也不是可以被前摄的未来,而是绝对不可把握的异质性的未来。笛卡儿的资源(无限观念)正是在这样的绝对异质性的语境下被列维纳斯使用和挖掘的。列维纳斯将笛卡尔的意识与无限者的关系,糅合到了关于时间、他者和主体等问题之中,并且作为了这些问题的基石。

列维纳斯试图打破胡塞尔那里"意识通过自身回归而获得自身性和明晰性"这种立场,列维纳斯通过将他者安放在意识之中,作为一种彻底的无端,使得意识不再是一体化的,意识也无法通过怀疑和反思而获得确定的基础。因为在意识之前,总有一个更早的时刻,触发性;意识表象之前,总有一个基础性的(不能被我控制的、被动的)关系,与他者(无限者)的关系。首先,他者的介入,时间不再是顺时性和完整性的,而是历时性与碎片化的,意识不再能够通过时间对象的构建而获得自身的确证和统一(同一)性。这对于意识而言是一种断裂和破坏。这个他者的视域,不论列维纳斯用"无限者""他人""异质性",还是"上帝",它在本质上都是意识所无法穿透的经验,用列维纳斯的一个表述:"一个看不见的国王,他的王国"②。

---

① E. Levinas, *Otherwise than Being, or, Beyond Essence*, Alphonso Lingis(trans.), Pittsburgh: Duquesne University Press, 1998, p.xxv.

② E. Levinas, *Otherwise than Being, or, Beyond Essence*, Alphonso Lingis(trans.), Pittsburgh: Duquesne University Press, 1998, p.52.

"在意识中,它是无政府(混乱、无端)。圣经中的上帝之国的概念——一个非主题化的上帝的国家,一种非—共时性的,亦即,非再现的上帝——必须不能被设想为'存在的历史'的某个特定的阶段的存在论图像,不能被设想为本质的某种样式。"①

通过与无限者——上帝的关联。列维纳斯那里的意识—情感本身就是一种超验性,它是无法被"对象"填充的。只有这样,才能走出同一性。列维纳斯说:

"在作为意识的情感之下,始终存在着本体论,填满的欲望是含有同一性的欲望。但是,在种种倾向达到一种界限之外的地方,可能会爆发一种情感性,它并不符合意识的这一描绘,它把我们从经验中拉出来;换句话说,它并不能简单地归结为经验:它是超验性。"②

作为意识的情感,这样的表述带着很强的模糊性。很明显,这不是理性意识,不是逻辑和概念意识;这是一种特殊的情感性。列维纳斯在这里并没有具体指出这种情感性发端于何处,是什么? 但是,他指出了这种情感性的朝向是"边界之外"。也就是说,它作为特殊的情感性,并没有能够完全填充的内容。这种情感性是将我们视野从意识经验中抽出来的重要因素。情感指向超越。

然而当列维纳斯将意识意向性"情感化",试图走出概念和理性表象的维度时,难免面临一个问题,那就是任何的经验都通过语言表述出来,这种表述往往容易将"上帝的哲学变成一种本体论",虽然"一种话语当然可以谈论别的东西,而不用来说那些被看到、被听到的东西,那些在外或者在内被看到、被

---

① E.Levinas, *Otherwise than Being*, *or*, *Beyond Essence*, Alphonso Lingis(trans.), Pittsburgh: Duquesne University Press, 1998, p.52.

② [法]勒维纳斯:《上帝·死亡和时间》,余中先译,生活·读书·新知三联书店 1997 年版,第 262 页。"超验性"或译为"超越"。

听到的东西,这里头有着与存在之出现完全不同的意义",但是传统宗教哲学的语言将这些经历解释为经验,结果陷入了"以存在的名义解释上帝"①。因此,是否存在一种方式,它可以言说某种显现,而不将其主题化? 是否可能讨论上帝而不从本体论和对象化的经验层面上去展开? 这是列维纳斯对宗教和上帝问题的讨论的基本出发点,也是他想要寻求的一个途径:打破宗教经验对于上帝的主题化。这个打破依赖于冲破我思之整体的无限。这只能依赖于对上帝的另一种理解,异于存在的理解。

> "在对上帝之概念作沉思冥想的时候,笛卡尔以无与伦比的严肃状态描述了一种一直走向我思之破裂的思想的这一进程(分为两种时间)。笛卡尔首先把上帝想成存在,想成卓越的存在,想成卓越地存在着的存在物。"②

但是,列维纳斯指出,这种卓越是对存在的溢出,或者说是存在的溢出本身——尽管笛卡尔这里使用的是本体论的语言。这是列维纳斯所看到的笛卡尔的存在论的语言所包含的卓越。如前文提到的,要超越本体论神学必须首先超越本体论对上帝的设定,这个超越回到意识自身。因此,列维纳斯始终聚焦于笛卡尔无限观念的效应——"意识的破裂"。"这破裂不是无意识中的抑制,而是一种清醒或者醒悟。"③可是,这种破裂究竟意味着什么?

上帝之概念"推翻了意向性的普遍有效性和原始特性",它摆脱了我思之思的结构,意味着那不可被包容的东西。这是列维纳斯所说的"'独断论的沉睡'的醒悟"④。上帝的概念打破了思想的概况和综合,打破了思想对世界的

---

① [法]勒维纳斯:《上帝·死亡和时间》,余中先译,生活·读书·新知三联书店1997年版,第262—263页。

② [法]勒维纳斯:《上帝·死亡和时间》,余中先译,生活·读书·新知三联书店1997年版,第263页。

③ [法]勒维纳斯:《上帝·死亡和时间》,余中先译,生活·读书·新知三联书店1997年版,第264页。

④ [法]勒维纳斯:《上帝·死亡和时间》,余中先译,生活·读书·新知三联书店1997年版,第264页。

再现。通过这种思的破裂的方式,上帝进入我们。这种进入是意识无法承担的过程;在这个过程中,思显现出一种独一无二的被动性。在这种超出我们承受能力的被动性之中,看到意识的警醒或者说"失眠"。① 到这里,一直缠绕着列维纳斯的问题是意识自身之中的无限——是什么因素使得自我发生破裂?无限之于意识而言,意味着否定,但是这个否定并不是意识的对立,而是无限本身。"自我之中的无限"②。这里已经是非常模糊的意识地带了。无限的观念本身即为否定,但是这种否定是内在于我之中的,"无限"之"无""应该同时被理解为一种'非'和一种'在……之中'"③。这种否定,源于无限之观念,或者作为无限之观念的主观性。只有在个意义上,无限之观念才是真正的真实的观念,而不仅仅是我通过对有限的否定而设想出来的(无限)。④ 在这里,列维纳斯进一步揭示了无限和意识的关系,无限在意识之中,而不是设想出来的。这是一个非常吊诡的矛盾逻辑,自身包含着对自身的否定(同一之中的另一个),这个否定和另一个不是通过"我思"构想出来的,而恰恰是我思(cogito)内在之中因被动性而导致的断裂。

在这部分论述中,列维纳斯引用了笛卡尔的一段话:

> "相反,我清楚地看到,在无限的物质中比在有限的物质中有更多的现实相遇,因此,从某种方式上说,我首先在我自身中有了无限的观念,其次才有有限的观念,也就是说,先有上帝的观念,才有我自己的观念。"⑤

① "失眠"是列维纳斯在讨论上帝和意识的关系时的重要概念。在《上帝·死亡和时间》中,列维纳斯单独有一篇文章为《失眠之礼赞》。

② [法]勒维纳斯:《上帝·死亡和时间》,余中先译,生活·读书·新知三联书店1997年版,第265页。

③ [法]勒维纳斯:《上帝·死亡和时间》,余中先译,生活·读书·新知三联书店1997年版,第265页。

④ [法]勒维纳斯:《上帝·死亡和时间》,余中先译,生活·读书·新知三联书店1997年版,第265页。译文有所修改。

⑤ [法]勒维纳斯:《上帝·死亡和时间》,余中先译,生活·读书·新知三联书店1997年版,第265—266页。译文有所修改。

到这里,列维纳斯也无法再往下去阐释"为何先有上帝的观念?"这个问题。笛卡尔将这个问题交给了上帝本身,上帝在创造我们时将这个观念放入我们;而列维纳斯似乎将这个问题交给了意识本身,意识的绝对的被动性——这是一种被动性的被动性,绝对的无前提的被动性。这种被动性如同"天生的"精神创伤,精神自身的裸露。如果再往前(向上)走的话,无限观念如何进入我的观念,这就是神学问题了——上帝的启示本身。

"笛卡尔的无限概念是被安置在一个无法容纳它的思之中的,它表达了荣耀和在场之间的不平衡,这就是启示本身。"①

按照列维纳斯的基本逻辑出发,这个过程无法理智地把握,似乎只能倒推——从我之中的无限观念倒推到上帝的启示事件。不同于笛卡尔对上帝存在的预设,列维纳斯弱化了上帝的本体论存在,转而通过无限之观念,去刻画一种消极性,这种消极性"是一种意外,无法承担的敏感,比任何的开放还更公开"②。在上帝的荣耀与在场之间,"我"的消极性承担了二者之间的非对称。可以说,笛卡尔将上帝作为存在者,列维纳斯将上帝作为一个"谜"。

对于这个本身是谜一样的东西,我们还能说些什么? 除了那超出理性的触发(情感)之外,关于上帝的经验,剩下能谈论的也就只有这种经验的"意义"了。正是出于这点,谈论上帝观念的"意义"的发生——而非经由上帝经验推导去证明上帝的存在——将列维纳斯的上帝思想最终与传统神学(也与笛卡尔)区分开来,走向了他所说的"笛卡尔引导的真正的现象学"。列维纳斯通过笛卡尔的无限观念,经过意识与无限的超越意向关系,寻求这种超越关系的具身化,最终指向了上帝的意义问题。"我之中的无限观念"所传达的我和上帝的关系在"我和他人"的关系中得到呈现(在场)。

---

① E.Levinas, *Otherwise than Being*, *or*, *Beyond Essence*, Alphonso Lingis(trans.) , Pittsburgh: Duquesne University Press, 1998, p.146.

② [法]勒维纳斯:《上帝·死亡和时间》,余中先译,生活·读书·新知三联书店 1997 年版,第 266 页。

"因此,去接纳超出我的能力之外的他者,这确切地意味着:去拥有无限的观念。但是,这也意味着:被训导。……训导(teaching)无法被还原为助产术;它来自于外部并且给我带来了我所不能包含的东西。"①

无限观念就是启示自身;拥有无限观念意味着被训导。这两个命题放在一起,也表明了列维纳斯对笛卡尔"无限观念"的解读的犹太神学背景。从中可以看到笛卡尔在哲学现象学上对列维纳斯的启发,但是,从最后的"启示"和"训导"中,可以看到列维纳斯更深的思想源头和背景,那就是犹太教神学。在这个更深的思想源头上,可以看到另一个重要的身影,那就是罗森茨威格。

第二节　罗森茨威格:反抗总体

"在罗森茨威格的哲学中——他的哲学根本地是对黑格尔哲学的讨论——我第一次遇到了对总体的激进的批判。"②

——列维纳斯

除胡塞尔、海德格尔、笛卡尔、华尔、柏格森、布伯等思想家之外,另一个对列维纳斯的思想有重大启发且与列维纳斯有较大重叠的思想家应该是罗森茨威格。列维纳斯多次在其著作和访谈中谈及并向罗森茨威格致谢。除了在著作中的重要环节引述罗森茨威格的思想,他还有三篇文章解读评述罗森茨威格的思想,这些解读与评述揭示了两人思想高度的共鸣。无论是在神学还是哲学问题上,罗森茨威格都给予了列维纳斯重大的启发和影响。本

---

①　E.Levinas, *Totality and Infinity*, Alphonso Lingis (trans.), Pittsburgh: Duquesne University Press, 1969, p.51.斜体原文所有。

②　E.Levinas, *Ethics and Infinity*, *Conversations with Philippe Nemo*, Richard A.Cohen (trans.), Pittsburgh: Duquesne University Press, 1985, p.76.

节将通过梳理两人的思想主题以及列维纳斯对罗森茨威格的解读,集中考察罗森茨威格对列维纳斯的两点重要启发:对总体的批判;对上帝与人的超越关系的理解。以期,一方面展现列维纳斯与罗森茨威格的思想史关联,凸显罗森茨威格对列维纳斯的重要性;另一方面更为深入地理解和评价列维纳斯的思想。

一、 罗森茨威格对列维纳斯的广泛影响

罗森茨威格(1886—1929)与列维纳斯(1905—1995)是现代犹太神学和哲学的两个重要人物。作为新康德主义犹太哲学家赫尔曼·科恩(Hermann Cohen)的学生,罗森茨威格深受科恩的影响。罗森茨威格参加了第一次世界大战,在战争中,完成了其最重要的作品《救赎之星》的大部分。1920年,创建了法兰克福自由犹太学院(一所成人教育中心)。许多著名的犹太学者都曾是该学校的学生或教师,包括马丁·布伯(Martin Bubber)、列奥·斯特劳斯(Leo Strauss)等。在他生前最后阶段,与布伯一起将《圣经》翻译为德语。作为犹太人,罗森茨威格一生对基督教抱有好感。他儿时最好的朋友,还有他的一些堂兄弟都改宗了基督教。他曾想以犹太人的身份改宗基督教,但最后还是坚定了犹太信仰。按照列维纳斯的说法,罗森茨威格"处在朝向基督教然后犹太教这个双重的运动中"[1]。"探索普世的人的命运与救赎,远离所有的殊神论,这引导罗森茨威格回到失落的犹太教。"[2]

与罗森茨威格相比,列维纳斯有着更为丰富的哲学史背景,他兼具希腊哲学和希伯来文化的熏陶,经历过奥斯维辛事件,对整个西方精神传统有着深刻的反思和批判。大体上,罗森茨威格与列维纳斯两人的思想背景、生平、作品

---

[1] E.Levinas,*Difficult Freedom:Essays on Judaismtrans*,S.Hand(trans.),London:The Athlone Press,1997,p.182.

[2] E.Levinas,*Outside the Subject*,Michael B.Smith(trans.),London:The Athlone Press,1993,p.51.

和写作风格有较大差异：罗森茨威格处于德国新康德主义之后、早期存在主义思想阶段；列维纳斯处于胡塞尔开启的现象学的阶段，他是法国最早的现象学引入者之一，也是将罗森茨威格引入法国的人。① 两人生活的犹太教历史处境不同；他们与犹太教和基督教的关系也明显不同。但是，在哲学与神学思想中，两人共享着许多重要的主题：批判总体（totality），强调个体生命经验；强调对上帝与人的关系的伦理化解读；主张犹太教思想作为哲学的重要调校；批判德国观念论等。在其中许多主题上，罗森茨威格对列维纳斯产生了广泛的影响。

在列维纳斯许多重要的著作中可以看到他所说的这位"伟大的同时代者"②的思想印记和影响。在1981年接受Philippe Nemo的访谈中，列维纳斯被问及："1961年的《总体与无限》是您最重要的哲学著作之一，它的题目自身包含着一个问题或疑惑。在什么意义上，'总体'与'无限'相对立？"他回答道：

> "这涉及哲学史。这个哲学史能够被解释为一种普遍系统化的企图，将所有的经验、所有的可理解的还原到一个总体（totality）之中，在其中意识囊括了整个世界，把自身（意识）之外的一切都囊括进自身，由此成为绝对的思。这种关于自身的意识同时也是关于大全（the whole）的意识。在哲学史上，很少有对这种总体化（totalization）的反抗。我关注的是，在罗森茨威格的哲学中——他的哲学根本地是对黑格尔哲学的讨论——我第一次遇到了对总体的激进的批判。"③

这表明了《总体与无限》在思想主题上与罗森茨威格之间的共鸣——反抗总体。列维纳斯所反对的"总体（totality）"与罗森茨威格所批判的"大全

---

① ［法］勒维纳斯：《上帝·死亡和时间》，余中先译，生活·读书·新知三联书店1997年版，第280页。

② E.Levinas, *Outside the Subject*, Michael B.Smith（trans.）, London：The Athlone Press, 1993, p.53.

③ E.Levinas, *Ethics and Infinity*, *Conversations with Philippe Nemo*, Richard A.Cohen（trans.）, Pittsburgh：Duquesne University Press, 1985, pp.75-76.

(the whole)"概念具有高度一致性。① 他将罗森茨威格作为反抗总体性暴力的思想先驱。在 1982 年 10 月 3 日和 8 日接受 R.Fornet 和 A.Gomex 的访谈中,列维纳斯被直接问及:"罗森茨威格对您的思想的影响是什么?"他进一步地肯定了在这个问题上罗森茨威格给予的启示:

> "是他对总体的批判、对黑格尔的批判,这对我影响最大;我非常感谢他提出的原初的可理解性(initial intelligibility)是创世、启示和救赎这三者的接合点这个观点——这是罗森茨威格伟大的观点。"②

这进一步表明罗森茨威格对列维纳斯的关键影响:不仅是对总体的批判;更重要地,罗森茨威格提出了这种批判的重要出发点:原初的可理解性——创世、启示和救赎这三者的接合点。这个"可理解性"可以理解为意识通过非表象化的方式对这三者关系的进入,这种"关系"是可以进入的,但不是理性意义上的"把握"。也就是说,创世、启示、救赎和上帝、世界、人这六个要素的关系是最初的关系,人(意识)居于这种关系之中,但无法用反思性的理性"理解"它。这实际上是一种超越关系。这种原初关系先于我们对世界和上帝的存在论把握,也先于我们的对象化行为。这个"罗森茨威格伟大的观点"事实上构成列维纳斯反抗总体的基本路径。

除此之外,在犹太—基督教的关系、道成肉身、时间和死亡等问题上,列维纳斯都声明自己受罗森茨威格的启发。在 1987 年的一次以"罗森茨威格之后的犹太教和基督教"为题的访谈中,列维纳斯开宗明义指出:"通过阅读罗森茨威格改变了我与基督教的关系。"③列维纳斯从罗森茨威格那里看到了从犹

---

① 在《救赎之星》(孙增霖、傅有德译,山东大学出版社 2013 年版)中,罗森茨威格从一开始就明确将传统哲学看作"'全'的哲学",并用自己的"新哲学"向它开战。

② E.Levinas,*Entre Nous:Thinking of the Other*,Michael B.Smith and Barbara Harshav(trans.),New York:Columbia University Press,1998,p.118.

③ E.Levinas,*Is it Righteous to be? Interviews with Emmanuel Levinas*,Jill Robbins(eds.),Stanford:Stanford University Press,2001,pp.255-257.

太教通向基督教的道路,这不仅是在理论上,而且是在实践上。列维纳斯说:"在战争之前,我已经阅读罗森茨威格,并且已经阅读在犹太教和基督教这两种形式中寻求真理的哲学的可能性。这种可能性是非同寻常的。"①列维纳斯并没有完全接过罗森茨威格的整个"犹太—基督教"的思想体系,但他从中看到了"通过以基督教和基督教的仁慈(miséricordia)以及犹太教的方式去思考"的可能性,看到了"犹太—基督教"作为一种积极的关系的可能性。② 同样地,在《多民族时代》一书的序言中,列维纳斯也明确指出:"无论如何,罗森茨威格的工作已经使得犹太—基督教(Judeo-Christian)共存、共生和对话成为可能,并且在西方国家的社会中,在希特勒的恐怖之后,保持着对正义之城和仁慈的正义的渴望成为一个现实。"③

从罗森茨威格那里,列维纳斯看到了基督教和犹太教共同的道路——人。"真理自身在人之中被表达和被撕裂;它无法从人身上被抽象地提离出来。"④这种道路不仅是犹太教和基督教的,而且是作为一切普遍之"宗教"所内在的。这是列维纳斯所理解的犹太—基督教之道成肉身和神性放弃的根本所在。列维纳斯说:"在神性放弃(kenosis)问题上,我接受在两个宗教之间的平行的描绘:在所有人之中的普遍的共同的成分,这种普遍性是*利他*。这是我如何理解基督教的:为他人而活和为他人而死。""对我来说,神性放弃的根本要素是:耶稣在圣爱(agape)中,在慈爱(caritas)中的道成肉身,在上帝的爱和仁慈中道成肉身,他召唤我去爱、去效仿。……对我来说,这是上帝之根本的神性放弃。"⑤从上帝

---

① E.Levinas, *Is it Righteous to be? Interviews with Emmanuel Levinas*, Jill Robbins(eds.), Stanford: Stanford University Press, 2001, p.257.

② E.Levinas, *Is it Righteous to be? Interviews with Emmanuel Levinas*, Jill Robbins(eds.), Stanford: Stanford University Press, 2001, p.257.

③ E.Levinas, *In the Time of the Nations*, Michael B.Smith(trans.), New York: Continuum, 2007, p.8.

④ E.Levinas, *Outside of the Subject*, Michael B. Smith(trans.), Stanford: Stanford University Press, 1987, p.62.

⑤ E.Levinas, *Is it Righteous to be? Interviews with Emmanuel Levinas*, Jill Robbins(eds.), Stanford: Stanford University Press, 2001, pp.257, 258.

到人,从爱上帝到爱他人,这是列维纳斯所理解的犹太—基督教的核心思想。列维纳斯坦诚,正是从罗森茨威格那里,他获得了这样一条理论道路:

> "主要是便捷地通过罗森茨威格的关于弥赛亚的知识理论,我才能够打开一条道路——不信者通达信仰的道路。……引导罗森茨威格进入犹太教的东西让我理解了基督圣餐(Eucharistic Christ):耶稣的爱是伴随着心、血液和骨头的。"①

什么是罗森茨威格的"弥赛亚的知识理论"?列维纳斯说:"正是为了人,基督徒才走进世界,犹太人才保持对自身的忠诚。罗森茨维格称这种真理理论为:弥赛亚的'知识理论'。"②人作为基督教和犹太教的共同焦点,贯穿在整个列维纳斯的上帝理论中。在《论来到观念中的上帝》《哲学与上帝》等文本中,列维纳斯展开了关于上帝"道成肉身"的论述。按照列维纳斯对罗森茨威格的评述,罗森茨威格的弥赛亚的知识理论已超出了犹太教传统,同时包含着基督教的道成肉身、时间性、上帝和人的关系问题。列维纳斯毫不隐瞒罗森茨威格在这些问题上对他的贡献:

> "正是在三位一体的奥秘中——这对犹太人来说是完全陌生的——他的作品使我得以深入理解我自身的处境——基于他对关系性(relationality)、时间性,以及时间和与他人的关系的不可替代性的探索。我要向罗森茨威格致谢,他使得我有能力去理解和解答我的基督教。我希望经由他的思想,一种深刻的团结能够从(我们)共有的痛苦中产生。通过他,一条知识的道路向我敞开。在这条道路上,邻人那里所发生的事情的恐怖唤起我的感性和责任。"③

---

① E.Levinas,*Is it Righteous to be? Interviews with Emmanuel Levinas*,Jill Robbins(eds.),Stanford:Stanford University Press,2001,p.259.

② E.Levinas,*Outside the Subject*,Michael B.Smith(trans.),London:The Athlone Press,1993,p.63.

③ E.Levinas,*Is it Righteous to be? Interviews with Emmanuel Levinas*,Jill Robbins(eds.),Stanford:Stanford University Press,2001,p.259.

列维纳斯坦言,他的思想一直非常接近整个基督教的"神性放弃"主题。他由此重新将犹太教和基督教之间的历史理解为:上帝的彻底的神性放弃(kenosis of God)。① 这种彻底的神性放弃意味着对传统本体论神学的反思以及对真正的超越的上帝的恢复。这是整个列维纳斯形而上伦理学的核心基础。列维纳斯说:"我一直认为罗森茨威格教导爱的优先性,爱优先于理论的主宰……我常被罗森茨威格的体系所纠缠。"②爱的优先性意味着颠覆知的优先性传统。人与上帝的关系是爱的关系,这种关系是意义的发生地和真理的原发域。可以说,罗森茨威格的这个教导也是列维纳斯整个神学和伦理学的核心"教导"。

总之,从以上列维纳斯的论述中可以看到,罗森茨威格在许多主题和观点上对列维纳斯影响很大。著名哲学史家莫兰甚至认为列维纳斯的"无限性"概念"此词取自罗森茨威格"③。在关于死亡的主题上,居伊·珀蒂德芒热也指出:"罗森茨威格的《救赎之星》中有关死亡的最后一部分明显地启发了列维纳斯。"④吉布斯认为:"列维纳斯……重新打开了《救赎之星》,对之进行了一种哲学的借用。罗森茨威格转向活着的人类和话语,这种转向对列维纳斯而言,并不意味着罗森茨威格在哲学的领域之外。对于列维纳斯,这样一种转向恰恰正是构建哲学的东西。"⑤可以说,从这些角度来看,列维纳斯站在现象学哲学的背景和立场上做着罗森茨威格所要做的事情。

列维纳斯本人的"承认"和这些评论家的评论表明了罗森茨威格对列维

---

① E.Levinas, *Is it Righteous to be? Interviews with Emmanuel Levinas*, Jill Robbins(eds.) ,Stanford: Stanford University Press, 2001, p.259.

② E.Levinas, *Is it Righteous to be? Interviews with Emmanuel Levinas*, Jill Robbins(eds.) ,Stanford: Stanford University Press, 2001, p.263.

③ [爱尔兰]德尔默·莫兰:《现象学:一部历史的和批评的导论》,李幼蒸译,中国人民大学出版社 2017 年版,第 375 页。

④ [法]居伊·珀蒂德芒热:《20 世纪的哲学与哲学家》,刘成富译,江苏教育出版社 2007 年版,第 263 页脚注 1。

⑤ Robert Gibbs, *Correlation in Rosenzweig and Levinas*, New Jersey: Princeton University Press, 1992, pp.21-22.

纳斯广泛深入的影响。在这些影响中，最为重要且关键的是对总体的批判以及关于上帝与人的超越关系的论述。以下，将具体进入罗森茨威格的文本以及列维纳斯的三篇解读文章，重点考察列维纳斯对罗森茨威格这个思想的解读与共鸣。

二、 反抗总体——上帝与人的超越关系

在其对总体的批判的代表作《总体与无限》前言中，列维纳斯指出了罗森茨威格的关键地位："罗森茨威格《救赎之星》（由于该书频繁出现于本书之中，以致我们无法标明对他的引用），一书中提出的那种对总体观念的反对，已经给我们烙下了强烈印象。"①人们常注意到他对胡塞尔现象学方法的致谢，对海德格尔或笛卡尔的频繁引用，却忽略了罗森茨威格在其思想主题上的贡献——对总体的批判。

除了在一些文本中引用和致谢罗森茨威格，列维纳斯有三篇文章介绍和解读罗森茨威格：《"在两个世界之间"（罗森茨威格的道路）》（1959 年），收录在《困难的自由》中；《罗森茨威格：一个当代犹太思想家》（1965），收录在《主体之外》中；《罗森茨威格的哲学》（1982），收录在《多民族时刻》中。在这三篇文章中列维纳斯交叠地介绍解读了罗森茨威格的生平和丰富的思想主题，从中可以看出在许多问题上他对罗森茨威格思想的理解与吸收。其中突出的一个问题是对总体的批判以及关于上帝与人的超越（伦理）关系的思考。以下将围绕这三篇文章对这个问题进行考察。

很明确地，列维纳斯将罗森茨威格的思想定位为对总体的反抗。这与列维纳斯自身的思想定位是一致的。这种反抗的开端是"分离（separation）"。在对罗森茨威格的解读中，列维纳斯强调了罗森茨威格的"新精神"中关于上

---

① ［法］列维纳斯：《总体与无限》，朱刚译，北京大学出版社 2016 年版，前言第 9 页。

帝、世界和人的分离思想。他指出:"分离……是罗森茨威格思想的第二次运动。"①按照罗森茨威格,上帝、世界和人三者绝对分离,它们无法被理性同一起来。但是,在人类的具体的活着的经验中,上帝、人和世界是关联的。虽然总体化的思无法弥合三者的分离,但生命打开了这些元素自身的向外打开的运动——时间。② 通过生命的向外的运动,这三个分离的要素关联起来,这是最初的时间经验。"这种关系的进入,不是通过哲学家总体的审视,而是通过这些要素之生命去超越自身的本质,构成时间。"③每个具体的生命实现着与上帝的关系。列维纳斯解读道:

> "这种被生命实现的关系,不是一种形式的关联或抽象的综合。它是在每个具体的特殊的事件中完成的。上帝与世界,其连接是受造者。上帝与人,其连接是启示。人与世界的关联是救赎。受造者、启示和救赎因此进入哲学。上帝与人,是在人之中的上帝,在上帝之中的人。"④

这是列维纳斯所解读的《救赎之星》中"关系"问题的核心,包含着列维纳斯对上帝与人的关系的基本理解。在这种解读中,列维纳斯指出了"上帝—人"关系中非常重要的议题——时间。列维纳斯将时间的历时性作为自己思想的奠基,这也同样适用于罗森茨威格的思想。人与上帝的关系是超越的,其根源在于创世与受造者的分离,这是时间之历时性。在列维纳斯的解读中,可以看到他将"时间—他者"理论与对罗森茨威格的解读结合了起来。列维纳斯指出,上帝与世界的关系被作为过去而完成,创世打开和维

---

① E.Levinas, *Outside the Subject*, Michael B.Smith(trans.), London:The Athlone Press, 1993, p.56.

② E.Levinas, *Outside the Subject*, Michael B.Smith(trans.), London:The Athlone Press, 1993, p.56.

③ E.Levinas, *Outside the Subject*, Michael B.Smith(trans.), London:The Athlone Press, 1993, p.56.

④ E.Levinas, *Outside the Subject*, Michael B.Smith(trans.), London:The Athlone Press, 1993, p.56.

持了过去的维度;这是一个无法被再现的过去,如同时间之绝对的远古。启示也一样,启示从一开始就是爱,只有爱才能命令爱。① 创造是过去,上帝来到人之中是过去,而爱与救赎是将来,是与他人的关系。这种关系构成了最初的时间性。"原初的时间性:创世,作为卓越的过去;启示,在场的在场性;救赎,朝向将来的张力。"②这种解读的思路与列维纳斯的时间理论形成了高度的一致。

关于上帝与人的关系的理解展示了两人根本的"宗教"观。列维纳斯和罗森茨威格都反对传统的宗教观。在《救赎之星》中罗森茨威格并没有使用宗教这个概念,他非常小心地只在一两处用到"宗教哲学"这一表述。列维纳斯指出:"没有人比罗森茨威格更加反对这样一种宗教概念:矫揉造作的、神秘的、虔诚的、说教的、牧师的宗教概念。"③罗森茨威格力图将宗教从存在和知识范畴中抽出来,回到生命经验本身。这是《救赎之星》所展示的根本的宗教观。列维纳斯说:我们亏欠罗森茨威格,他提醒了我们一种非常不同于世俗主义所提出的宗教概念。"生命——它超越概念的僵化和限制——在此精确意义上,生命是鲜活的——是宗教。"④"生命,奇迹的奇迹,是宗教之原初事实!"⑤在罗森茨威格那里,宗教是活生生的生命本身,是关于"上帝进入与人和世界的关系之中"⑥的生命经验。按照罗森茨威格,启示内在于生命经验,

---

① E.Levinas, *Outside the Subject*, Michael B.Smith(trans.), London:The Athlone Press, 1993, p.57.

② E.Levinas, *In the Time of the Nations*, Michael B.Smith(trans.), New York:Continuum, 2007, p.152.

③ E.Levinas, *Difficult Freedom:Essays on Judaismtrans*, S.Hand(trans.), London:The Athlone Press, 1997, p.187.

④ E.Levinas, *Outside the Subjet*, Michael B.Smith(trans.), Stanford:Stanford University Press, 1993, p.54.

⑤ E.Levinas, *Outside the Subjet*, Michael B.Smith(trans.), Stanford:Stanford University Press, 1993, p.56.

⑥ E.Levinas, *Outside the Subjet*, Michael B.Smith(trans.), Stanford:Stanford University Press, 1993, p.56.

它打破了内和外的边界,关联起绝对的超越者。罗森茨威格将目光放在了生命经验上,正是在生命经验层面上,启示与救赎,是所有人都能够进入的。这样的宗教是普世的,它既不是特殊的神秘体验,也不是纯粹理性的产物。在这个意义上,列维纳斯高度评价罗森茨威格的宗教观:"一个关于宗教的新观念形成了:既非信仰亦非教条,而是事件,激情和热诚"。①

如同罗森茨威格,列维纳斯拒绝将上帝本体化和对象化,不谈论"上帝是什么、是否存在",而是描述上帝是如何向我们(意识)显现的,这种显现的意义。列维纳斯指出,罗森茨威格"其努力不在于将经验中的上帝还原为本质之他(He),而在于去描述他是如何显现的,在概念的背后,其非常之虔诚已经解构和背叛了他"②。这与列维纳斯自身的上帝思考有着基本相似的路向,如同他在《论来到观念的上帝》开篇所指明的:"本书试图找到上帝来临于观念、降临到我们的唇以及铭写在我们的书里的痕迹。""(本书)研究的是将上帝这个词理解为一个有意义的词之可能,甚或理解为一个有意义的词之事实。该研究无关上帝存在或不存在这个两难,无关乎面临此两难时可能会做的决断,无关乎对此两难本身是否有意义所做的决断。"③所不同的是,列维纳斯更为明确地将上帝的显现和意义放在现象学研究的视域中。

在《罗森茨威格的哲学》一文中,列维纳斯高度赞扬了罗森茨威格的《救赎之星》:"那个哲学家、那本书、那个哲学中的一切都是引人注目的。""它提供了新的哲学的洞见。"④在这些洞见中,包含着宗教对传统哲学之反抗。列维纳斯指出:

① E.Levinas, *Outside the Subjet*, Michael B.Smith(trans.), Stanford: Stanford University Press, 1993, p.61.

② E.Levinas, *Difficult Freedom: Essays on Judaismtrans*, S.Hand(trans.), London: The Athlone Press, 1997, p.188.

③ [法]列维纳斯:《论来到观念的上帝》,王恒、王士盛译,商务印书馆 2019 年版,序言第 1 页、前言第 3 页。

④ E.Levinas, *In the Time of the Nations*, Michael B.Smith(trans.), New York: Continuum, 2007, p.150.

"它的深刻的新颖来自它对某种类型的理性之原始的本质的拒绝——即对'从伊奥尼亚到耶拿'、从前苏格拉底到黑格尔的各类传统哲学的拒绝。它(传统哲学)将自然的和社会的经验总体化,将各种经验的种类建成一个体系,这个体系囊括了宗教秩序自身。相反,新哲学试图将宗教——创世、启示和救赎,它们指向了宗教的灵性——作为所有意义(包括世界和历史的经验的意义)的原发视域。但,它(新哲学)是配得上哲学这个名字的哲学,因为它指向了宗教的秘密从而打开了所有意义的原发视域——基于对世界的可理解性(智性)的批判之宗教反思,亦即,基于对总体和黑格尔体系的批判。"①

对罗森茨威格的这段阐述高度地概况了列维纳斯自身思想的指向和理路。其中非常重要地指出了"宗教"对总体的超越。这个指向与理路与他对胡塞尔和海德格尔的批判是共通的。他反对将原初经验(意识与他者的相遇)纳入"表象意识"和"存在"之总体中,反对胡塞尔和海德格尔的意义理论。他指出,意义不是来自意向性行为对意向性对象的赋义,也不是来自存在的绽出;所有的意义的原发视域是上帝和人的超越经验。

列维纳斯指出:罗森茨威格的《救赎之星》所提供的哲学意义,已经超出了当代神学和宗教哲学,当我们说上帝死了——这是犹太教—基督教传统的上帝死了,而不是真正的上帝死了。② 列维纳斯主张一种无神论的上帝。这不是说上帝不存在,而是说,人类的理性无法认知上帝。在这个意义上,"上帝死了"是指上帝从总体之中退出,回到了原初的超越。但是罗森茨威格并没有断绝人与超越的关系,而是从人与人的直接关系中打开了通向自身之外的道路。"《救赎之星》——它在虚无的痛苦中粉碎了总体——并没有将人类返回到只关注人类

---

① E.Levinas, *In the Time of the Nations*, Michael B.Smith(trans.), New York:Continuum, 2007, p.151.

② E.Levinas, *In the Time of the Nations*, Michael B.Smith(trans.), New York:Continuum, 2007, p.155.

自身;相反,它将人类引向与他人的直接的关系中。"①他指出:"在意义的源头,在上帝、世界和人之间原初地形成的一种联系,它要比存在论的冒险要古老得多。"②这种古老的联系不能被解密,因为"解密"实际上将超越的对话概括起来,将其转换到存在论,在这种存在论中,所说(the said)统治着言说(the saying)。③

与罗森茨威格一样,列维纳斯主张上帝与人在绝对的分离中走向更高的对话,这种对话关系是一种绝对的超越。如果从列维纳斯自身的思想论述上看,他在胡塞尔的意向性视域中谈论笛卡尔的无限观念(他在讨论意向性和无限观念时几乎没有引用罗森茨威格);但实际上,在其背后,可以看到更为深刻的罗森茨威格的思想痕迹。在1982年解读罗森茨威格的文章中,列维纳斯指出:

> "理念论的反思所主张的思维活动—思维对象、意向性行为—意向性对象之间的相互关系,不再是精神的根本结构。……关系和运动,并非原始地是意向性,而是启示,是对那绝对的间隙的穿越;心灵最根本的纽带不是那个保证主体的统一性的东西,而是关联着的隔离(the binding separation),也就是说,是社会的隔离之关联,是对话的对(dia of the dialogue);是历—时性(dia-chrony)的隔离之关联,是罗森茨威格'严肃对待'的时间之关联着的隔离,是我们常说的爱之隔离的关联。"④

这段对罗森茨威格的评述很好地综合呈现了列维纳斯在现象学的语境中讨论人与上帝的超越意向性关系,这种超越的意向性是精神的根本结构,它是

---

① E.Levinas,*In the Time of the Nations*,Michael B.Smith(trans.),New York:Continuum,2007,p.159.

② E.Levinas,*In the Time of the Nations*,Michael B.Smith(trans.),New York:Continuum,2007,p.159.

③ E.Levinas,*In the Time of the Nations*,Michael B.Smith(trans.),New York:Continuum,2007,p.159.

④ E.Levinas,*In the Time of the Nations*,Michael B.Smith(trans.),New York:Continuum,2007,p.160.

上帝与人的启示关系。同时,这种启示关系内在于社会、人与人。最初的意识关系和运动,并不是意向性,而是启示,是超越与爱;心灵的根本纽带也不是保证主体的同一性,而是将分离的个体、对话者关联起来。这是"超越"之根本含义,也是人与上帝的关系之根本。

从列维纳斯对罗森茨威格的解读中,能看到两人高度的思想共鸣。他将意向性、时间、对话、上帝的意义等议题引入对罗森茨威格的解读中,在这个过程中,到底是列维纳斯用罗森茨威格的思想注解自己的思想,还是用自己的思想去注解罗森茨威格的思想? 可以看到,在现象学、伦理学和神学几个不同视域的糅合中,列维纳斯解读着罗森茨威格,也同时阐发着自己的思想。在这种交叠之中,列维纳斯的思想和罗森茨威格之间有着深刻的共鸣。

三、 继承与发展

基于对总体的批评,对个体生命经验的重视,对上帝、世界与人的关系的思考,对犹太—基督教关系的探索,使得罗森茨威格成为现代犹太思想史上一个重要人物,对列维纳斯和布伯等人产生了重大影响。居伊·珀蒂德芒热曾指出:"列维纳斯有一位杰出的先驱弗兰兹·罗森茨威格作指引。在当时,罗森茨威格的著作犹如旭日初生,震惊了整个世界。列维纳斯从不吝啬对罗森茨威格的感激,同时这也提升了罗森茨威格的名誉和地位。"①雅克·罗朗(Jacques Rolland)则认为:"罗森茨威格与布伯的影响是不可同日而语的,列维纳斯从来不避讳罗森茨威格对他思想的起源所起到的决定性作用。"②罗朗认为罗森茨威格对列维纳斯的重要性要远远超过布伯。虽然列维纳斯强调布伯的"我—你"理论对他的启发,但从思想主题,尤其是从基督—犹太教神学

---

① [法]居伊·珀蒂德芒热:《20世纪的哲学与哲学家》,刘成富译,江苏教育出版社2007年版,第354页。

② [法]勒维纳斯:《上帝·死亡和时间》,余中先译,生活·读书·新知三联书店1997年版,第280页。

哲学的背景上看,罗森茨威格的影响要深刻于布伯。

列维纳斯的思想以激进著称,这种激进的重要思想来源之一是罗森茨威格。列维纳斯最早将罗森茨威格引入法国,无论是在哲学还是神学议题上,他毫不避讳称自己的思想主题受益于罗森茨威格。从思想史上看,不能绕开罗森茨威格而谈论列维纳斯对总体性暴力的批判,不能绕开罗森茨威格而谈论列维纳斯在上帝与人的超越关系等问题上的理论贡献。如西恩·汉德所言:"列维纳斯深受罗森茨威格的影响。罗森茨威格的《救赎之星》是 20 世纪早期犹太神学写作复兴时期的关键著作。"①

从罗森茨威格的《救赎之星》中,列维纳斯继承了对总体激进的批判,对上帝与人的超越关系的思考,对犹太—基督教乃至于一般的"宗教"之本质的理解。这些继承紧紧贯穿在列维纳斯自身的思想历程中。诚如柯林·戴维斯所言:"列维纳斯哲学计划的核心方面,尤其是他对总体和系统哲学的攻击,被归功于犹太思想家弗兰茨·罗森茨威格的影响,也就是《救赎之星》的作者。事实上,尽管列维纳斯以他的哲学著作最知名,他的大部分教学生涯和发表的多数作品却奉献给了犹太教主题。"②

但即便如此,列维纳斯并非完全继承罗森茨威格。在更为宽阔的视角下,列维纳斯有着清晰的哲学路径和现象学问题意识,他坚称自己做的是现象学哲学,而不是神学。他的问题和方法更多地是从胡塞尔、海德格尔那里接过来和展开的,比如对意向性关系的深入阐释,对原初经验、感性物质性等的描述,对无限(上帝)观念的现象学讨论等。这些都体现了列维纳斯的思想不同于罗森茨威格的"现象学"维度。如列维纳斯所述:"罗森茨威格的思想,它没有共享任何现象学的预设,但它标志着某种观念论的终结。"③这句简短的判断,

① [英]西恩·汉德:《导读列维纳斯》,王嘉军译,重庆大学出版社 2014 年版,第 82 页。

② [英]柯林·戴维斯:《列维纳斯》,李瑞华译,江苏人民出版社 2006 年版,第 109 页。

③ E.Levinas, *In the Time of the Nations*, Michael B.Smith(trans.), New York:Continuum,2007, pp.155–156.

道出了列维纳斯和罗森茨威格思想任务的一个基本异同。

在雅克·罗朗为列维纳斯的《上帝·死亡和时间》写的后记中,关于列维纳斯的上帝理论及其意义,罗朗有一句很精练的评述:"上帝一词突然来到人类语言之中就是差异的最初标记。"在这句话的后面,罗朗注释道:"(列维纳斯的)这门课程会告诉我们,这一差异就是非—漠不关心。"①上帝(通过他人的面容)的到来,召唤(请求)我们走出(打破)自身,走向上帝(他人)。这就是非—漠不关系,就是无私,是最原初的关系——时间。在此,可以看到罗森茨威格《救赎之星》的基本关系——人与上帝的超越关系;同时,也看到列维纳斯对罗森茨威格的发展,他进一步指出了上帝的到来、总体性的破裂,其根本的核心是人与人之间的无私。对上帝之伦理意义的进一步揭示与落实是列维纳斯的思想相对于罗森茨威格的重要发展。

第三节　让·华尔:从内在性到超越

"罗森茨威格对《总体与无限》的影响几乎每个人都能看到,然而在这同一本书中对华尔的尊崇却一直在沉默中被忽略。但是,没有华尔,列维纳斯计划的构建几乎是不可能的。"②

——塞缪尔·莫恩

超越是列维纳斯思想重要的特征和指向。在超越的问题上,列维纳斯深受笛卡尔、罗森茨威格、马丁·布伯、让·华尔等人的影响,他从他们那里汲取了很多资源。其中,前三位是列维纳斯研究中比较熟悉的人物,但华尔往往被

---

① ［法］勒维纳斯:《上帝·死亡和时间》,余中先译,生活·读书·新知三联书店1997年版,第294、299页。

② Samuel Moyn, *Origins of the Other: Emmanuel Levinas Between Revelation and Ethics*, Ithaca:Cornell University Press,2005,p.177.

忽视。例如,人们大多注意到列维纳斯在其核心作品《总体与无限》中对胡塞尔、海德格尔、罗森茨威格、笛卡尔等人的引述和致谢,却容易忽视这本书前的题词"献给马塞勒(Marcelle)和让·华尔(Jean Wahl)"(华尔夫妇)。本节拟考察列维纳斯与华尔的思想交集以及列维纳斯对他的解读,聚焦感性内在性和超越主题来探讨华尔对列维纳斯的影响。

一、 列维纳斯与让·华尔

近些年对列维纳斯的研究已非常广泛,却较少有人关注他思想发展中的一位重要人物让·华尔。让·华尔(1888—1974),法国犹太哲学家。1920年,在伯格森的指导下,华尔完成其博士论文《英美多元主义哲学》及辅助论文《瞬间观念在笛卡尔哲学中的地位》①,1946年创办了哲学学院(Collège philosophique),后任法国哲学学会主席、法国哲学重要刊物《形而上学和道德杂志》(Revue de Métaphysique et de Morale)主编。华尔是20世纪30—60年代法国思想界的领导性人物之一,他的圈子聚集着当时法国许多重要的思想家。② 按照穆尔(Ian Alexander Moore)和施瑞夫特(Alan D.Schrift):让·华尔曾与20世纪最为著名的哲学家思想家进行交流,包括巴塔耶、伯格森、波伏娃(Simone de Beauvoir)、米歇尔·布托(Michel Butor),德勒兹、德里达、福柯(Michel Foucault)、爱多尔德·格列森特(Edouard Glissant)、让·伊波利特

---

① Ian Alexander Moore and Alan D.Schrift, "Existence, Experience, and Transcendence: An Introduction to Jean Wahl", in Jean Wahl, *Transcendence and the Concrete: Selected Writings*, Ed. Alan D. Schrift, Ian Alexander Moore, New York: Fordham University Press, 2017, p.3.

② 20世纪30—60年代是法国哲学的蓬勃时期。华尔创办的哲学学院(论坛)是大学之外的组织,每周聚会三次,为大学系统外的思想家提供交流场所和受众。华尔主持这个学院长达20年,其间参加者有当时主要的思想家阿隆(Raymond Aron)、巴塔耶(Georges Bataille)、马丁·布伯、德勒兹(Gilles Deleuze)、德里达、科耶夫(Alexandre Kojève)、亚历山大·夸黑(Alexandre Koyré)、拉康(Jacques Lacan)、列维纳斯、马塞尔(Gabriel Marcel)、梅洛-庞蒂、保罗·利科、萨特等。参见 Ian Alexander Moore and Alan D.Schrift, "Existence, Experience, and Transcendence: An Introduction to Jean Wahl", in *Transcendence and the Concrete: Selected Writings*, Alan D.Schrift, Ian Alexander Moore(eds.), New York: Fordham University Press, 2017, pp.9—10。

(Jean Hyppolite)、列维·斯特劳斯、马塞尔、雅克·马里坦(Jacques Maritain)、拉康、列维纳斯、萨特和西蒙·薇依(Simone Weil)等,华尔对其中许多人产生了重大影响。华尔对现象学、存在主义和美国实用主义在法国的介绍传播起到重要作用,他曾被巴塔耶、德勒兹、列维纳斯、马塞尔等认为是法国最伟大的哲学家之一,但在今天已经被许多人遗忘了。他对法国思想的影响几乎一直被低估。①

　　华尔与列维纳斯有着 40 多年的交往,他是列维纳斯的导师,也是好友。列维纳斯和华尔很可能是在 1928—1929 年的冬季学期在弗莱堡学习现象学的过程中相遇的。② "1930 年,列维纳斯回法国,这次是去巴黎,在华尔的指导下完成了博士论文《胡塞尔现象学中的直观理论》。"③完成博士论文后,列维纳斯跟随了华尔 20 世纪 30 年代在索邦大学开设的课程并参与了华尔著名的讲座以及随后的争论。④ 1946 年,华尔在哲学学院主持了一个关于祈克果(Soren Aabye Kierkegaard)、雅斯贝尔斯(Karl Theodor Jaspers)、海德格尔、萨特哲学的讨论,列维纳斯参加并发表了讲话。该讨论后来被编成一本小书《存在主义简史》(1947)。1946—1947 年列维纳斯受邀在该学院作了四次讲座,讲座内容收录于华尔主编的《选择、世界和实存》(1947)一书中——1979

---

① Ian Alexander Moore and Alan D.Schrift, "Existence, Experience, and Transcendence: An Introduction to Jean Wahl", in *Transcendence and the Concrete: Selected Writings*, Alan D.Schrift(eds.), Ian Alexander Moore, New York: Fordham University Press, 2017, pp.1-2.

② Samuel Moyn, *Origins of the Other: Emmanuel Levinas between Revelation and Ethics*, Ithaca: Cornell University Press, 2005, p.177.

③ Oona Ajzenstat, *Driven Back to the Text*, *The Premodern Sources of Levinas's Postmodernism*, Pittsburgh: Duquesne University Press, 2001, p.2; Richard A.Cohen, *Elevations: The Height of the Good in Rosenzweig and Levinas*, Chicago: University of Chicago Press, 1994, p.118.虽然列维纳斯在斯特拉斯堡大学取得博士学位,但按照 Richard A.Cohen 和 Oona Ajzenstat 的考察,列维纳斯从弗莱堡回到法国后去了巴黎,在华尔的指导下完成其博士学位论文。此外,Samuel Moyn 也指出华尔是列维纳斯的论文导师。参见 Samuel Moyn, *Origins of the Other: Emmanuel Levinas between Revelation and Ethics*, Ithaca: Cornell University Press, 2005, p.49 注释 79。

④ Ian Alexander Moore and Alan D.Schrift, "Existence, Experience, and Transcendence: An Introduction to Jean Wahl", in *Transcendence and the Concrete: Selected Writings*, Alan D.Schrift(eds.), Ian Alexander Moore, New York: Fordham University Press, 2017, p.11.

年列维纳斯作序以《时间与他者》为名单独出版。1961 年,在华尔的鼓励和支持下,列维纳斯将《总体与无限》这本书提交作为其国家博士学位(Doctorat d'état)的主要论文。① 华尔是列维纳斯当时最亲密和影响最深的朋友(之一),以至于他将《总体与无限》题献给华尔夫妇。1962 年,《总体与无限》出版后不久,列维纳斯受华尔邀请到法国哲学学会作了一次讲座,发表了《超越和高度》。该文被认为是从认识论的视角对《总体与无限》的概括②。在 20 世纪四五十年代,列维纳斯处于华尔引领的学术圈中并逐渐成长起来。诚如 Michael L.Morgan 所说,列维纳斯的哲学教学和写作是在法国和德国哲学,特别是胡塞尔、海德格尔和其他人诸如华尔的现象学传统中产生的。③

人们没有理由忽略华尔在列维纳斯思想形成中的作用。列维纳斯明确地说:"在长达 40 多年的友谊中,我从他的慷慨中获得了很多。"④"华尔是我无法忘记的朋友。"⑤此外,在 1984 年的一次访谈中,列维纳斯提到了寿沙尼:"我将我今天在塔木德上发表的一切归功于他。我将他,一个外表看起来像乞丐的人,放在胡塞尔和海德格尔身边。"但他同时提到另一个和寿沙尼同等重要的人,那就是华尔。"他(寿沙尼)——与华尔,以及我最想念的朋友尼尔森博士一道——是我的首要的对话者之一。"⑥虽然笛卡尔、罗森茨威格、布伯

---

① Simon Critchley, "Emmanuel Levinas: a disparate inventory", in *The Cambridge Companion to Levinas*, Simon Critchley(eds.), Robert Bernasconi, Cambridge: Cambridge University Press, 2006, pp.xxiii-xxiv.在当时的法国学位体系中,有大学博士学位和国家博士学位,后者是申请国家教职的博士学位。

② Simon Critchley, "Emmanuel Levinas: A Disparate Inventory", in *The Cambridge Companion to Levinas*, Simon Critchley(eds.), Robert Bernasconi, Cambridge: Cambridge University Press, 2006, p.xxiv.

③ Michael L.Morgan, *The Cambridge Introduction to Emmanuel Levinas*, Cambridge: Cambridge University Press, 2011, p.i.

④ E.Levinas, "Jean Wahl: Neither Having nor Being", in *Outside the Subject*, Michael B.Smith(trans.), Stanford: Stanford University Press, 1993, p.68.

⑤ E.Levinas, "Jean Wahl: Neither Having nor Being", in *Outside the Subject*, trans. Michael B. Smith(trans.), Stanford: Stanford University Press, 1993, p.85.

⑥ Emmanuel Levinas, *Is It Rightous to Be? Interviews with Emmanuel Levinas*, Jill Robbins(eds.), California: Stanford University Press, 2001, p.160.

等人对列维纳斯的思想形成非常重要,但按这个说法,华尔是能与胡塞尔、海德格尔、寿沙尼并列的人物。

列维纳斯在其著作多处重要环节引述了华尔。例如在后期核心作品《异于存在,或本质之外》开篇就引用了华尔 1953 年重要作品《论形而上学》中的一段话:"关于被动性,有些东西可以说。……是否更低的就比更高的低?"①此外,列维纳斯有四篇文章是直接与华尔相关的。两篇短文:第一篇是 1937年在华尔的"主体性和超越"讲座上,列维纳斯对华尔的回应;另一篇是 1946年在华尔主持的关于存在主义的讨论中的谈话。这两篇短文最初分别发表于《法国哲学学会简报》(1937)和华尔的《存在主义简史》(1947),后被收入《不可见的历史》(*Les imprévus de l'histoire*,1994)中。另外两篇是专门解读和纪念华尔的:《让·华尔和感觉》,发表于 *Cahiers du Sud* 杂志(1955),后收入《专名》(*Noms Propres*,1976);《让·华尔:既非有也非存在》,最早见于《让·华尔与加布里埃尔·马塞尔》(*Jean Wahl et Gabriel Marcel*,1976),后收入《主体之外》(*Hors Sujet*,1987)。值得一提的是:1937 年 11 月 4 日晚,华尔在法国哲学学会上的"主体性与超越"讲座,有 20 多位思想家包括马塞尔、海德格尔、列维纳斯、雅斯贝尔、阿隆等参与了这场讨论。② 这是当时法国知识界的重大事件。列维纳斯称之为"华尔著名的交流"③。该演讲构成了华尔的核心作品

① E.Levinas,*Otherwise than Being or Beyond Essence*,Alphonso Lingis(trans.),Pittsburgh:Duquesne University Press,1998,p.3.

② 这 20 多人中部分是现场参与讨论,部分是通过来信参与讲座。这些来信后来都附在了《人的实存与超越》一书后面。参见 Jean Wahl,*Human Existence and Transcendence*,William C. Hackett with Jeffrey Hanson(trans. and eds.),Indiana:University of Notre Dame Press,2016,pp. 93-143。华尔邀请了海德格尔,海德格尔表示因手头的学期工作无法参加,给讨论会回信参与了华尔的主题。1937 年 12 月 12 日,华尔给海德格尔回了一封信,感谢海德格尔的参与,同时也对海德格尔的观点提出自己的看法。该信参见 Jean Wahl,*Transcendence and the Concrete:Selected Writings*,Alan D.Schrift(eds.),Ian Alexander Moore,New York:Fordham University Press,2017,pp. 213-215。

③ E.Levinas,"Jean Wahl:Neither Having nor Being",in *Outside the Subject*,Michael B.Smith (trans.),Stanford:Stanford University Press,1993,p.81.

《人的实存与超越》(1944)的主体。该演讲的主题"主体性和超越"成为其后很长时间法国思想界的重要主题。

在许多关键环节,华尔的思想给列维纳斯提供了重要启发——尤其是华尔关于内在性和超越的论述。塞缪尔·莫恩(Samuel Moyn)曾指出,华尔1937年的关于主体性和超越的讲座在列维纳斯他者哲学的发展中扮演着关键角色,却较少被人注意。"罗森茨威格对《总体与无限》的影响几乎每个人都能看到,然而在这同一本书中对华尔的尊崇却一直在沉默中被忽略。但是,没有华尔,列维纳斯计划的构建几乎是不可能的。"①对此,华尔的《人的实存与超越》一书英译者威廉·哈克特(William C. Hackett)也提出:"在其后的几年里,列维纳斯非常乐意地向华尔学习:如果没有他人的升越(transascendence),《总体与无限》(1961)将可能无法被构思出来,列维纳斯的大部分焦虑可能都包含在沉降(transdescendence)的思想中。"②哈克特甚至主张华尔的《人的实存与超越》代表了从1945年到1968年的哲学时代;更重要地,他认为华尔是后来法国"现象学神学转向"的先锋,"华尔已为法国现象学的神学转向预备了基本特征"。③ 这个"现象学的神学转向"运动中非常重要的成员就包括列维纳斯。

从已有文献看,一些学者提到了两人的思想关联,但是探讨不够。例如,在超越问题上,迈克尔·珀塞尔(Michael Purcell)在《列维纳斯与神学》一书中注意到,升越与沉降这两个术语最早来自华尔,并指出华尔与列维纳斯之间

---

① Samuel Moyn, *Origins of the Other: Emmanuel Levinas Between Revelation and Ethics*, Ithaca: Cornell University Press, 2005, p.177.

② William C. Hackett, "Introduction: Jean Wahl, A Human Existence and Transcendence, translated and edited by William C. Hackett with Jeffrey Hanson, Notre Dame: University of Notre Dame Press, 2016(s)", in *Human Existence and Transcendence*, William C. Hackett with Jeffrey Hanson(trans. and eds.), Notre Dame: University of Notre Dame Press, 2016, p.x.

③ William C. Hackett, "Introduction: Jean Wahl, A Human Existence and Transcendence, translated and edited by William C. Hackett with Jeffrey Hanson, Notre Dame: University of Notre Dame Press, 2016(s)", in *Human Existence and Transcendence*, William C. Hackett with Jeffrey Hanson(trans. and eds.), Notre Dame: University of Notre Dame Press, 2016, pp.xvii, xxxix.

在超越问题上的差异。"他(华尔)想要对比超越的两个指向——升越(transascendence)之向上朝向一个超越的存在者,或下沉(transdescendence)朝向一些魔力般的力量,这种力量既可以是基本的元素,也可以是存在的深层力量。然而,对于列维纳斯,超越总具有积极的含义,向上朝向一个外在者的召唤。"①珀塞尔看到了华尔在超越问题上的重要贡献以及他对沉降(感性内在性)的重视,但忽略了列维纳斯在下沉(内在性)问题上与华尔的共鸣,也没有对华尔与列维纳斯进行具体考察。莫兰在《现象学:一部历史的和批判的导论》中也提到了华尔在超越性问题上对列维纳斯的重要贡献,并给予很高的评价。"瓦尔对莱维纳斯的影响非常显著。瓦尔为他提供了有关绝对的一种真正的概念,此绝对超出了和逃脱了整体性。""此书(《总体与无限》)是为博士学位而作,迅速成为他的最重要著作。献于瓦尔的这本书相当地依赖瓦尔的超越性概念。"②但莫兰只是提出这个观点,而没有任何具体的文本论证。此外,前文引述的《剑桥列维纳斯导读》一书介绍了华尔与列维纳斯的交往,也指出了华尔对列维纳斯的贡献:"列维纳斯对笛卡尔和华尔的道路的延续,超过了他对祈克果和海德格尔的跟随。"③但这本书作为介绍性文本并没有深入分析两人在具体议题上的关联。

值得一提的是,塞缪尔·莫恩在《超越、道德与历史:列维纳斯与祈克果在法国的发现》一文中指出:"正是与华尔的互动,列维纳斯才从对祈克果的热情转向思考超越"④。虽然作者比较谨慎地指出,华尔对体系(甚至意

---

① Michael Purcell, *Levinas and Theology*, Cambridge: Cambridge University Press, 2006, pp.183-184.

② [爱尔兰]德尔默·莫兰:《现象学:一部历史的和批判的导论》,李幼蒸译,中国人民大学出版社2017版,第358、359页。瓦尔同华尔,莱维纳斯同列维纳斯。

③ Simon Critchley, Robert Bernasconi(eds.), *The Cambridge Companion to Levinas*, Cambridge: Cambridge University Press, 2006, p.94.

④ Samuel Moyn, "Transcendence, Morality, and History: Emmanuel Levinas and the Discovery of Soren Kierkegaard in France", in *Encounters with Levinas*, Thomas Trezise(eds.), New Haven: Yale University Press, 2004, p.29.

义）的反叛可能难以具体说明他对列维纳斯的贡献，但是华尔继承自祈克果的对黑格尔的指责、对体系性的傲慢的攻击，该洞见可能成为列维纳斯思想的指引。该文试图从祈克果的主题出发，探讨"他（华尔）是如何帮助列维纳斯的计划的"。作者看到了华尔在神学的他者问题上的重要贡献以及对列维纳斯的启发。"华尔对祈克果所坚持的上帝与人之间无穷的质性差异的自然化，以及他对这个主题与理解自我这二者的哲学相关性的阐释，在现在看来，这似乎是华尔最重要的贡献。"作者认为：华尔关于祈克果的解读为列维纳斯的学说确定了一种神学模板。华尔和列维纳斯都积极地将超越从神学的概念背景中抽离出来，但华尔比列维纳斯要走得更远。华尔为超越这个概念在 20 世纪 30 年代中期之后的流行，作出了很大贡献，具有历史的重要性。华尔的《主体性与超越》为列维纳斯提供了无法比拟的洞见。① 作者指出了列维纳斯与华尔思想深处的共享："华尔和列维纳斯分享着更深层次的前提：二者都倾向于祈克果的关于超越的人与人之间的定义，反对海德格尔关于超越的本体论的定义。当列维纳斯后来试图将自己的主体间性的超越哲学变得世俗化时，他也将倾向祈克果而非海德格尔。"②作者虽然提到了华尔在人（内在性）与上帝的关系问题上对列维纳斯的启发，但作者的主题是祈克果与列维纳斯，全文并未聚焦华尔和列维纳斯的具体文本。

　　总之，关于华尔与列维纳斯的思想关联，少数学者指出了华尔在经验、超越等问题上对列维纳斯的启发，但并未给予完整充分的重视和进一步考察。鉴于此，笔者将考察华尔的文本和列维纳斯对华尔的解读，以及列维纳

---

① Samuel Moyn, "Transcendence, Morality, and History: Emmanuel Levinas and the Discovery of Soren Kierkegaard in France", in *Encounters with Levinas*, Thomas Trezise(eds.), New Haven: Yale University Press, 2004, pp.41–43.

② Samuel Moyn, "Transcendence, Morality, and History: Emmanuel Levinas and the Discovery of Soren Kierkegaard in France", in *Encounters with Levinas*, Thomas Trezise(eds.), New Haven: Yale University Press, 2004, p.46.

斯自己的相关论述,指出在内在性与超越等具体问题上列维纳斯与华尔的关联。

二、 感性生命与形而上学

作为当时法国哲学的领导性人物之一,华尔提出并勾勒了20世纪法国哲学的基本议题。在他那里,可以看到黑格尔和祈克果、海德格尔和詹姆斯(William James)、哲学与诗歌、形而上与具体、理性主义和浪漫主义的交错与张力。在哲学基本立场上,华尔通过人的感性和超越来挑战理智主义和系统哲学;他重视经验胜过逻辑,重视诗歌胜过哲学。华尔的思想表现了当代法国哲学"感性之中的超越"之基本主题,以及通过感性和超越来对抗理性主义传统的努力。

首先,看华尔对形而上学的理解。在其核心作品之一《超越与具体》中,华尔通过诗歌和原初经验阐述了他所主张的形而上学。他指出:"诗歌,如谢林所说,是意识和无意识,主体和客体的统一。……我们可以说诗歌和形而上学处理着同样的主题,只是以不同的技巧。"[1]华尔进一步说:"我们不知道形而上学是什么,也不知道诗歌是什么,但诗歌的核心总是形而上学,同样地,形而上学的本质也总是诗歌。"[2]形而上学,如同诗歌,它描述主客体区分、意识再现和对象化之前的经验世界。在这个意义上,原初的世界,是经验的统一性的世界,是概念化和系统化之前的经验世界。这是华尔形而上学概念的基本指向。华尔的形而上经验在列维纳斯的解读中占有非常重要的地位。在《让·华尔与感觉》一文中,列维纳斯首次以单独的篇幅阐释华尔。文章开篇,列维纳斯指出:"感受性(la sensibilité)在当代思想中重新受到重视,它不

---

① Jean Wahl, *Transcendence and the Concrete : Selected Writings*, Alan D. Schrift, Ian Alexander Moore(eds.) , New York: Fordham University Press, 2017, p.222.

② Jean Wahl, *Transcendence and the Concrete : Selected Writings*, Alan D. Schrift, Ian Alexander Moore(eds.) , New York: Fordham University Press, 2017, p.236.

再表现为磕磕巴巴的思,不再被指责为谬误或者幻想,甚至于不再作为理性知识的不安的边界。在伯格森,特别是现象学的影响下,感受性获得了其自身独特的深度和智识。"①列维纳斯看到华尔对"这种原始经验,这种'前谓语的'基础结构""纯粹的感受性"②的重视。这看似回到了传统经验主义,但列维纳斯指出,这是一种"非常新的经验主义",因为"感受性并不是简单地记录事实,它勾勒了被经验着的某种生命状态和形而上命运"③。列维纳斯指出,华尔并没有回到传统的经验主义,而是由经验折回形而上学。"华尔在其形而上学的每一章的最后都退回到感觉,这个感觉被作为一种新的属灵生命的源头。"④

列维纳斯指出:华尔的工作很重要,因为他回应了一个一直以来折磨人的问题——普遍性(从我们的文明以来,这种普遍性被认为是人性的保证)所导致的人的自我异位。⑤ 传统形而上学通过理智主义将生命转化为观念,遮蔽了对存在接触的直接性和感觉。因此,"对哲学的理智主义的批评,成为华尔冒险的中心"⑥。列维纳斯指出:在华尔那里,"哲学是对当下的追问"⑦,这种当下没有一种形式上的意义,它不在"绵延"背后寻求本质。朝向当下,是绵延本身。"对于华尔,朝向当下之运动并没有在'生成'中停下来。对于他,当

---

① E.Levinas,"Jean Wahl and Feeling", in *Proper Names*, Michael B.Smith(trans.), London: The Athlone Press,1996,p.110.

② E.Levinas,"Jean Wahl and Feeling", in *Proper Names*, Michael B.Smith(trans.), London: The Athlone Press,1996,pp.110,111.

③ E.Levinas,"Jean Wahl and Feeling", in *Proper Names*, Michael B.Smith(trans.), London: The Athlone Press,1996,p.110.

④ E.Levinas,"Jean Wahl and Feeling", in *Proper Names*, Michael B.Smith(trans.), London: The Athlone Press,1996,p.111.

⑤ E.Levinas,"Jean Wahl and Feeling", in *Proper Names*, Michael B.Smith(trans.), London: The Athlone Press,1996,pp.111-112.

⑥ E.Levinas,"Jean Wahl and Feeling", in *Proper Names*, Michael B.Smith(trans.), London: The Athlone Press,1996,p.113.

⑦ E.Levinas,"Jean Wahl and Feeling", in *Proper Names*, Michael B.Smith(trans.), London: The Athlone Press,1996,p.114.

下成为主体的悸动,沉降到绝对的内在性之中。"①这样的当下聚焦于感觉这个概念上。"感觉是一些原始粗鲁、黏稠、不透明、黑暗的'盲目、裸露的触摸'。它被描述为一种摇动、颤抖、痉挛。似乎感觉的意向性,构建了它的内容而不是它的程度;似乎感觉的本质能够被还原为那种张力、那种矛盾,在这种矛盾中,我们能够把握到朝向其内在性、自我下沉的与超越完全对立的运动。——一场完全与超越相反的运动:与在普遍性中迷失自身或将自身放在普遍性之中相反,感觉、自身的张力,确证了一个人的内本质,或存在的人格(personal)结构。""感觉……标识了我们沉降进入自身、凝聚我们自身的方式。"②

列维纳斯对华尔的这些阐释展现了华尔对感性下沉以及经验整体性的理解。如华尔在解读海德格尔时谈到的:"感觉将我们放置在一个作为整体而呈现的世界中,这不仅是关于焦虑的感觉,而且也是关于无聊或欢乐的感觉。这些感觉将我们与我们内在的最个人化的东西关联起来,构成一个整体——甚至不仅仅是一个整体:世界的总体——突然呈现在我们的心灵前,至少一些时候,在某种独特的欢乐中,某种特定的焦虑中,某种独特的苦闷中;通过个性化,我们进入广阔的、非人格的感觉。"③这是华尔对感觉的理解,也是列维纳斯对华尔的基本解读。"在我们之中,在感觉的领域,通过它我们能够把握到被感觉到的实质,我们能够将世界混合。"④对世界的把握,"是一种触发性的扩张(affective expansion)"⑤。列维纳斯引用华尔的话:"有一些触发性的术

---

① E.Levinas, "Jean Wahl and Feeling", in *Proper Names*, Michael B.Smith(trans.), London: The Athlone Press, 1996, p.114.

② E.Levinas, "Jean Wahl and Feeling", in *Proper Names*, Michael B.Smith(trans.), London: The Athlone Press, 1996, pp.114-115.

③ Jean Wahl, *Transcendence and the Concrete: Selected Writings*, Alan D.Schrift, Ian Alexander Moore(eds.), New York: Fordham University Press, 2017, p.162.

④ E.Levinas, "Jean Wahl and Feeling", in *Proper Names*, Michael B.Smith(trans.), London: The Athlone Press, 1996, pp.115-116.

⑤ E.Levinas, "Jean Wahl and Feeling", in *Proper Names*, Michael B.Smith(trans.), London: The Athlone Press, 1996, p.116.

语,我们能够通过它们回到原始的经验。""这种经验并不意味着进入永恒的观念或者非人的历史之冰冷的世界。"①回到原始经验意味着回到作为感觉的生命。列维纳斯说:"辩证法的有效性不在于它的综合,而在于它的感性实质,它的剧情:通过所有的中介,与现实的直接接触在感觉之高度矛盾中完成,'与他者之裸露的、盲目的接触'。"②在这篇文章中,列维纳斯对华尔的解读之落脚点是"作为感觉的生命""活着的人的真理,感性的人"③。按照华尔和列维纳斯,回到"活着的、感性的人",即是回到形而上学,回到超越。如华尔所说:"灵魂和身体的统一,灵魂与世界的统一,这是存在者这个概念所意味的。"④

在列维纳斯的第二篇文章《华尔,既非存在也非有》中,他再次高度评价了华尔的形而上的经验:"在当代法国哲学中,形而上学之无止境的尽头,发端于华尔的形而上的经验。"⑤形而上学"通过欲望、渴求、辩证法而具体地呈现主体性。但是,这是一种没有系统的辩证法:没有歇息,没有总体性,没有封闭,没有结论。其对立面'从来不会被摆脱'。"⑥列维纳斯在解读华尔的过程中强调:"形而上的经验是哲学的命运,在其中,人'超越自身'。""只有作为形而上学,经验才作为经验。"⑦这也是列维纳斯自身对形而上经验的基本把握。

---

① E.Levinas, "Jean Wahl and Feeling", in *Proper Names*, Michael B.Smith(trans.), London: The Athlone Press,1996,p.116.

② E.Levinas, "Jean Wahl and Feeling", in *Proper Names*, Michael B.Smith(trans.), London: The Athlone Press,1996,p.117.

③ E.Levinas, "Jean Wahl and Feeling", in *Proper Names*, Michael B.Smith(trans.), London: The Athlone Press,1996,p.117.

④ Jean Wahl, *Transcendence and the Concrete:Selected Writings*, Alan D.Schrift, Ian Alexander Moore(eds.), New York:Fordham University Press,2017,p.267.

⑤ E.Levinas, "Jean Wahl:Neither Having nor Being", in *Outside the Subject*, Michael B.Smith (trans.),Stanford:Stanford University Press,1993,p.79.

⑥ E.Levinas, "Jean Wahl:Neither Having nor Being", in *Outside the Subject*, Michael B.Smith (trans.),Stanford:Stanford University Press,1993,p.74.

⑦ E.Levinas, "Jean Wahl:Neither Having nor Being", in *Outside the Subject*, Michael B.Smith (trans.),Stanford:Stanford University Press,1993,p.75.

列维纳斯强调："华尔的形而上的经验是'这里'之前的'彼岸'，它比任何的能够被定位的另一个'这儿'都要遥远。"①

超越并不暗示着个体获得普遍性；相反，超越意味着独一性。列维纳斯指出："超越的自我是自我的独一性，是不可比较者的新的同一性，形而上经验的顶端已经刺穿普遍性的认同。"②由于经验总是绝对内在的、隔离的，因此，超越也必定是个体独一的、多样性的。列维纳斯指出："形而上的经验'超越于我们一般的知识之上'，其特点是'多样性'，这种多样性不是经验之中的缺陷，而是经验的卓越。它的不可还原为综合和统一体，这种性质是超越和非凡之特征。"③内在性、个体独一性、多样性和不可还原性，这是华尔对形而上的经验的基本理解，也是列维纳斯使用的"绝对经验"的基本特征。这样的经验包含着内在性与超越的张力。

三、 沉降与升越

超越是华尔的核心主题与贡献，如列维纳斯所说："超越是华尔的教诲之根本。"④在华尔的重要作品《人的实存与超越》中，他反复阐述了这个主题。在《论超越的观念》一文中，华尔指出："毫无疑问，超越这个观念如此吸引人是因为：当我们思考它时，我们既在思考一个运动，也在思考这个运动的终点——该终点否定了这个运动。……我们在思考一些不可思考的东西。在我们之中，我们唤醒——按雅斯贝尔的术语—— 一种无法思考的思。"⑤华尔将

---

① E.Levinas,"Jean Wahl:Neither Having nor Being", in *Outside the Subject*, Michael B.Smith (trans.),Stanford:Stanford University Press,1993,p.75.

② E.Levinas,"Jean Wahl:Neither Having nor Being", in *Outside the Subject*, Michael B.Smith (trans.),Stanford:Stanford University Press,1993,p.76.

③ E.Levinas,"Jean Wahl:Neither Having nor Being", in *Outside the Subject*, Michael B.Smith (trans.),Stanford:Stanford University Press,1993,p.77.

④ E.Levinas,"Jean Wahl:Neither Having nor Being", in *Outside the Subject*, Michael B.Smith (trans.),Stanford:Stanford University Press,1993,p.81.

⑤ Jean Wahl, *Human Existence and Transcendence*, William C.Hackett with Jeffrey Hanson (trans.),Notre Dame:University of Notre Dame Press,2016,p.25.

超越置于思与不可思之矛盾中,这个矛盾是每个个体深处的秘密。"如果有超越,那么就有关于超越的意识。这种关于超越的意识位于关于距离的感觉和观念中,意识包含着与所意识之物的距离。另一方面,一旦超越被获得,意识就消失了;超越只能在对自我和超越的无意识中被获得。""当我们处于超越中,我们不再能看到内在性。"①这表明超越与内在性之间的关联性与非共时性。华尔指出:"如果没有内在性,思考超越是没有意义的,同样地,如果没有超越,思考内在性也是没有意义的。……我们只能以内在于它的方式(我们能称之为'浸泡')去思考超越,同时,我们只能通过某种超越于它的方式去思考内在性。"②因此,"在超越与内在性之间有一种看起来矛盾的交互关系"③。华尔用一句话概括这种关系:"不仅只有一种升越(transascendence),而且还有一种沉降(transdecendence)。"④无论如何,通过回归内在性而获得超越,这是超越超越本身。"这是最伟大的超越:超越超越,落回进入内在性。"⑤

列维纳斯在解读华尔的过程中重述了这种双重超越:"一种朝向高处的爆破,或一种向内在感觉世界之深度的下降;升越(trans-ascendance)和沉降(trans-descendence)都是纯粹地,纯粹的,超越。"⑥这是列维纳斯对华尔的核

① Jean Wahl, *Human Existence and Transcendence*, William C. Hackett with Jeffrey Hanson (trans.), Notre Dame:University of Notre Dame Press,2016,p.27.

② Jean Wahl, *Human Existence and Transcendence*, William C. Hackett with Jeffrey Hanson (trans.), Notre Dame:University of Notre Dame Press,2016,p.27.

③ Jean Wahl, *Human Existence and Transcendence*, William C. Hackett with Jeffrey Hanson (trans.), Notre Dame:University of Notre Dame Press,2016,p.27.

④ Jean Wahl, *Human Existence and Transcendence*, William C. Hackett with Jeffrey Hanson (trans.), Notre Dame:University of Notre Dame Press,2016,p.28.台湾学者杨婉仪将 Transdescendance 翻译为"源溯"或"下坠"(参见杨婉仪:《死·生存·伦理:从列维纳斯观点谈超越与人性的超越》,(台湾)联经出版事业股份有限公司 2017 年版,第84、85 页)。结合该词含义及语境,本书译为"沉降";相应地,Trans-ascendance 译为"升越"。

⑤ Jean Wahl, *Human Existence and Transcendence*, William C. Hackett with Jeffrey Hanson (trans.), Notre Dame:University of Notre Dame Press,2016,p.28.两个并列的"超越",第一个为动词,第二个为名词。

⑥ E.Levinas, "Jean Wahl:Neither Having nor Being", in *Outside the Subject*, Michael B.Smith (trans.), Stanford:Stanford University Press,1993,p.81.

心解读，也是他对自己思想的某种阐述。

（一）沉降——感性内在性

与华尔一样，列维纳斯的出发点是具体的感性生命。这是列维纳斯前期作品《从存在到存在者》(1947)的基本主题，也是《总体与无限》(1961)和《异于存在，或本质之外》(1974)展开的基础。在《从存在到存在者》中，列维纳斯指出："客体和欲望完全一致的结构体现了我们整个在世之在(etre-dans-le-monde)的特征。无论何处，至少在现象中，行为的客体都不会牵涉存在(exister)之烦，是它自己建构了我们的存在(existence)。我们为了呼吸而呼吸，为了吃喝而吃喝，我们为了遮风避雨而遮风避雨，为了满足好奇心而学习，为了散步而散步。我们做这一切，都不是为了生活。这一切就是生活。"①这是一种感性下沉的状态，"投入了一个无限、虚空、令人眩晕的未来。……'满足'不是在彼岸的居留，而是意味着在一个单义的、现在的世界里回归自身。在这种堕落中，没有什么比得上饱食的满足感"②。感性与世界交融，没有"主客"之分，既非虚无也非有。

华尔的内在性沉降理论，在列维纳斯《总体与无限》的"内在性和家政"讨论中也能清晰看到。其中，列维纳斯不再聚焦匿名的存在，而是谈论具体的、活着的人。"因为生命是欢乐，所以它是个人的。人的个体性——'我'的'自身性'(ipseity)——远比原子和个体的特殊性要特殊，它是享受的欢乐的特殊性。"③对于列维纳斯，绝对的内在性是绝对的隔离，也是开端。列维纳斯看到了华尔对内在性回归的描述，他指出："对于他(华尔)而言，感觉当下成为主

---

① ［法］列维纳斯：《从存在到存在者》，吴蕙仪译，王恒校，江苏教育出版社 2006 年版，第36 页。

② ［法］列维纳斯：《从存在到存在者》，吴蕙仪译，王恒校，江苏教育出版社 2006 年版，第36 页。

③ E.Levinas, *Totality and Infinity*, Alphonso Lingis (trans.) , Pittsburgh: Duquesne University Press, 1969, p.115.

体的悸动,成为进入一种绝对内在性的下沉(descent)。"①这里的"下沉"是沉降(trans-descendence)概念的一部分。华尔在"下沉"前加上前缀"trans"使得沉降获得超越的意味;或说在"transcendence"中间加一个"de",使得超越朝向下方。按照列维纳斯的说法,沉降之所以也是一种"纯粹的超越",是由于绝对的内在性意味着绝对的隔离与不可还原性,也因而意味着对意识和存在之超越。

列维纳斯说:"这是一场下降的运动,朝向一个更深的深渊,在其他地方我称之为 il y a 的深渊,在肯定或否定之外。""正是因着这种向深渊的眩晕的下沉,因着这种层次的改变,笛卡尔主义的我思不是这个词一般意义上的意思,也不是直觉(intuition)。笛卡尔进入一种无限的否定的工作中,……进入一个在深渊之中的运动中,眩晕地击打着主体而无法自身停止。"②在笛卡尔的我思之前,在肯定和否定之前,列维纳斯描述了一种下降的运动、对存在的"不感兴趣"——出离存在,这是与我思完全相异的感性沉沦状态。这种沉沦打断意识朝向本质的倾向。但是,列维纳斯并没有停留在这种沉沦之"冷漠"中,而是在沉沦之消极性中看到上升——亲密性与欢迎他者。"被怀疑所彰显的处于消极性之中的我(the I),被介入打破,但是并没有在我思之中找到停歇的位置。它不是我(I),它是那个能够说'是'的他者。从他那里获得确定;他处于经验的开端。笛卡尔寻求确定性,并且在眩晕的下降的第一个改变层面就停了下来;事实上,他把握到了无限的观念,并且能够预先估计出否定背后的确定性的回归。但是,获得无限的观念亦即已经开始欢迎他者。"③这意味着,绝对的消极性是朝向无限——升越——的开端。

---

① E.Levinas,"Jean Wahl and Feeling",in *Proper Names*,Michael B.Smith(trans.),London:The Athlone Press,1996,p.114.

② E.Levinas,*Totality and Infinity*,Alphonso Lingis(trans.),Pittsburgh:Duquesne University Press,1969,p.93.

③ E.Levinas,*Totality and Infinity*,Alphonso Lingis(trans.),Pittsburgh:Duquesne University Press,1969,p.93.

(二)升越——他人与上帝

在绝对内在性中打开绝对的超越。在著名的《主体性与超越》一文中,华尔论述了这种关系。"孤独的灵魂面对着孤独的上帝:在这里,我们回到了普罗提诺。但是与普罗提诺相比,灵魂更加封闭于自身,上帝更加封闭于自身。"①这种封闭是悖论性的,因为它同时是与他者的关系的条件。华尔说:"很明显地,我们无法定义他者。但是至少我们能够说,通过我们与他的关系我们能意识到他。……这个他者根本地是巴门尼德的第一个设定,它绝对地与任何东西都没有关系;然而这个没有关系的它,仅通过我们发现自身在其中的关系而存在。""这种与外在之物的关系是最内在的关系;绝对的超越只有通过这种与个体的绝对地内在的关系才可能被揭示。"②

在《主体性与超越》中,华尔通过考察祈克果、海德格尔、雅斯贝尔斯、尼采等人来提出和探讨主体性与超越的关系问题。例如,他在解读祈克果时指出:"上帝的到来是悖论,不仅如此,正如祈克果所说,作为有限与无限的统一体与矛盾体,我们自身也是悖论。"③华尔还通过解读雅斯贝尔指出:"在我之中,有许多东西不依赖于我,……有一些东西溢出于我。""首要地,在越向世界中,主体性才能实现,或者甚至于说,超越只可能通过对主体性的存在论解释才能被揭示;正是通过回到自身,个体才能发现自身之外的他者。"④他借用雅斯贝尔的话:"我愈加进入自身,就愈加感受到与一个陌生者的联合。""在我的态度朝向它时,超越被揭示。它是这样的存在者——我只能通过我更深

----

① Jean Wahl, *Human Existence and Transcendence*, William C. Hackett with Jeffrey Hanson (trans.and eds.), Notre Dame:University of Notre Dame Press, 2016, p.29.

② Jean Wahl, *Human Existence and Transcendence*, William C. Hackett with Jeffrey Hanson (trans.and eds.), Notre Dame:University of Notre Dame Press, 2016, p.32.

③ Jean Wahl, *Human Existence and Transcendence*, William C. Hackett with Jeffrey Hanson (trans.and eds.), Notre Dame:University of Notre Dame Press, 2016, p.34.

④ Jean Wahl, *Human Existence and Transcendence*, William C. Hackett with Jeffrey Hanson (trans.and eds.), Notre Dame:University of Notre Dame Press, 2016, p.35.

层的主体性而获得它。"①

这种由沉降而通达超越的基本理路,在列维纳斯的思想中得到了清晰呈现。列维纳斯主张在感性之中与他人的超越关系,在绝对自身性中欢迎他者。"人总是超越于他自身。"②这是列维纳斯对华尔的引用,也是列维纳斯的基本立场。在《总体与无限》第一部分"总体的破裂"中,列维纳斯提到其思想与华尔的重要关联:形而上的运动与超越。他引用了华尔的"transascendance"。"形而上学术语之绝对外在性,不能还原为内在游戏以及自身对自身的单纯在场的不可还原性,(这种外在性和不可还原性)是超越这一词所主张的——如果不是证成的话。形而上的运动是超越的(transcendent),而超越(transcendence),诸如欲望和不充实,又必然是一种升越(transascendance)。"此处,列维纳斯注释道:"这个词是从让·华尔的《人的实存与超越》那里借来的。……我们从他的研究所唤起的主题中获得非常大的启发。"③

列维纳斯指出:"在这个形而上的运动之中,人被抬高到自我之上,超过自身而不落回自身。"④在内在性之中,他者引发"我"的欲望和不充实:对无限者的欲望,虽然在"我"之中,但却不是由"我"引起的,而是被触发的。"感觉……引导我们朝向'与他人的裸露的、盲目的接触。'"⑤与他人的相遇不仅是外在的运动,也有一次内在的自我触发。这种触发关系即为欲望。在

---

① Jean Wahl, *Human Existence and Transcendence*, William C. Hackett with Jeffrey Hanson (trans.and eds.), Notre Dame: University of Notre Dame Press, 2016, p.36.

② E.Levinas, "Jean Wahl: Neither Having nor Being", in *Outside the Subject*, Michael B.Smith (trans.), Stanford: Stanford University Press, 1993, p.76.

③ E.Levinas, *Totality and Infinity*, Alphonso Lingis(trans.), Pittsburgh: Duquesne University Press, 1969, p.35 注释 2。法语"transascendance"英译为"transascendance"。朱刚教授翻译为"向上超越",参见列维纳斯:《总体与无限》,朱刚译,北京大学出版社 2016 年版,第 6 页。本书翻译为"升越"。

④ E.Levinas, "Jean Wahl: Neither Having nor Being", in *Outside the Subject*, Michael B.Smith (trans.), Stanford: Stanford University Press, 1993, p.74.

⑤ E.Levinas, "Jean Wahl and Feeling", in *Proper Names*, Michael B.Smith(trans.), London: The Athlone Press, 1996, p.116.

《现象与谜》一文中,列维纳斯指出:"让我们确定这样一个出发点:语言所提出的非—显现,不可见性。这种拒绝展现自身并不需要包含一个隐藏之处所的满足。……历时性使主体兴奋,但是却导向超越。超越是否是一种在存在之外的冒险的思,或者是一种语言冒险去言说的思之外的道路,以及它所保留的(这样一种言说的)踪迹和模态?"在这句话的注释中,列维纳斯指出:"这样一条道路是在感觉中被构造的,其根本的基调是欲望——在《总体与无限》中所使用的意义上的欲望。欲望,区别于趋向和需求,不属于行动,而是构建了情感性秩序的意向性。"值得注意的是,在该段注释中列维纳斯也引用了华尔的一句话:"伟大的超越……在超越超越之中构建,重新退回到内在性。"①可以说,列维纳斯在内在性与绝对超越的关系问题上深受华尔的启发。

列维纳斯指出:对于华尔,超越是"打断或提升""高度和深度"②。升越和沉降是两种类型的"无限"(infinities)③:一种是存在与本质之外的无限,超过所有高度的高度;另一种是内在性深处无法还原的无限。只有回归绝对的内在性,才能朝向真正的超越。从《总体与无限》到《异于存在,或本质之外》,列维纳斯通过亲密性、困扰、迫害、替代等概念,阐述了"作为外在性的内在性、作为他者的自我"这个基本命题。而这几乎是对华尔的沉降与升越理论的另一种阐述与延伸。列维纳斯坚持从感性分析出发,从低处(内部)开掘出一种高度(外部)的运动,由此展开整个思想构架。这也是他对华尔思想的解读与延伸:"有一种在低处的意义,同时能够发展为高处的意义"④。

---

① E. Levinas, *Collected Philosophical Papers*, Alphonso Lingis (trans.) , Dordrecht: Martinus Nijhoff Publishers, 1987, pp.62-63 注释 4。

② E.Levinas, "Jean Wahl:Neither Having nor Being", in *Outside the Subject*, Michael B.Smith (trans.) , Stanford:Stanford University Press, 1993, p.76.

③ E.Levinas, "Jean Wahl:Neither Having nor Being", in *Outside the Subject*, Michael B.Smith (trans.) , Stanford:Stanford University Press, 1993, p.81.

④ E.Levinas, "Jean Wahl:Neither Having nor Being", in *Outside the Subject*, Michael B.Smith (trans.) , Stanford:Stanford University Press, 1993, p.81.

在对华尔"主体性与超越"主题的解读中,也能看到列维纳斯重构主体性的计划。"在这个超越的运动之中,有一种自身的完成,同时也有一种对自身的破坏,一种失败和成功。"①失败在于最初的自身性被破坏,成功在于真正的主体性的建立。他人的到来打断了沉降,真正的主体性在这种打断中实现——主体性基于与他者的关系。在感性自身性之中,通过触发性和欲望欢迎他者,这是一个双重的运动。"与他人的裸露的、盲目的接触",造成原初经验之中的"原初疼挛"(original spasm)②,只有如此,真正的主体才可能在与他人之相遇中诞生。

对此,需要回到华尔的论述,以便进一步理解列维纳斯的思想。华尔指出:"如果我们确实关心我们自身之外的他者,那么这一他者只能是绝对的他者,因此我们的激情之张力显示了我们处于与一些只可能是永恒的和绝对的东西的关系之中。这种关系的张力是这样的:我们进入这种关系中,它给予我们这一他者要素——(但)这个他者的界限在一定意义上永远无法被给予。正是以这种方式,最高的主体性必须被认为是与最高的客体性相关联的。"③这段话揭示了两个关键:我们处于与绝对他者的非表象性关系中;最高的主体性是与最高的客体性关联的。进一步地,华尔将这种关系指向了信仰与上帝。"这无非就是对信仰的描述。……这个他者——我们对他的存在感到无限的兴趣——只能是上帝。"④华尔最后将主体性指向了作为信仰对象的上帝,这与祈克果的神秘内在体验是相关的。华尔说:"我描述的这个运动、这个关系——它既是朝向他者,也是朝向激情的内在性——依然只不过是信仰的悖

① E.Levinas,"Jean Wahl:Neither Having nor Being", in *Outside the Subject*, Michael B.Smith(trans.),Stanford:Stanford University Press,1993,p.81.

② E.Levinas,"Jean Wahl:Neither Having nor Being", in *Outside the Subject*, Michael B.Smith(trans.),Stanford:Stanford University Press,1993,p.76.

③ Jean Wahl, *Human Existence and Transcendence*, William C. Hackett with Jeffrey Hanson(trans.and eds.),Notre Dame:University of Notre Dame Press,2016,p.32.

④ Jean Wahl, *Human Existence and Transcendence*, William C. Hackett with Jeffrey Hanson(trans.and eds.),Notre Dame:University of Notre Dame Press,2016,p.32.

论。那么,我们可以说,祈克果进入了悖论与矛盾的领域,仅仅是简单地为信仰的现象进行了一个忠实的描述。"①华尔对内在性与超越的关系的论述的核心是祈克果的焦虑(anguish)现象。在他的分析中,焦虑包含了情感内在性与上帝的张力。华尔概括说:"焦虑现象的产生,是因为主体的思想者与超越的对象的共存。""这一焦虑变得愈加强烈,因为我们心中的上帝观念可能诱惑我们,同时,我们也害怕我们也可能以某种方式诱惑上帝,这种想法常在祈克果那里出现。"②

大多列维纳斯研究者都注意到他思想的两个重要源头——胡塞尔、海德格尔现象学以及犹太《塔木德》思想,却忽视法国哲学背景中的另一个重要人物华尔。在西方哲学史乃至法国哲学史中,华尔也未受到足够的重视,这可能是因为华尔没有宏大的哲学计划和体系性作品,也可能是因为他所论述的问题被后来的哲学家进行了更细致深入的阐述。但不论如何,在对伯格森和祁克果等思想家的继承的基础上,华尔关于感性内在性和超越二者之张力的探讨,对 20 世纪 30 年代之后的法国哲学具有开端性的意义,他给列维纳斯的启发也应得到肯定和重视。

通过考察可以看到,在形而上经验、感性内在性与超越等问题上,华尔与列维纳斯之间高度的关联与共鸣。列维纳斯在解读华尔时,曾引用华尔的一段话:"'哲学家最后是否有能力去超越超越本身,勇敢地落入内在性,而不使得其超越之努力的价值丧失? 人总是异于自身。但是,那种异于自身必须最后意识到自身是这种超越的源头,并由此,超越双重地回归内在性。'"③华尔的这段话可以用来概括列维纳斯的思想冒险:通过考察内在性与外在性的

———————————

① Jean Wahl, *Human Existence and Transcendence*, William C. Hackett with Jeffrey Hanson (trans.and eds.), Notre Dame:University of Notre Dame Press,2016,pp.32-33。

② Jean Wahl, *Human Existence and Transcendence*, William C. Hackett with Jeffrey Hanson (trans.and eds.), Notre Dame:University of Notre Dame Press,2016,p.33.

③ 转引自 E.Levinas,"Jean Wahl:Neither Having nor Being", in *Outside the Subject*,Michael B. Smith(trans.),Stanford:Stanford University Press,1993,p.82.

关系,在感性内在性之中欢迎绝对他者。由此打开绝对超越的维度,恢复真正的形而上学。这也可以被看作 20 世纪以来法国哲学的重要任务和路径之一。也因此,再度审视《总体与无限》的题词"献给马塞勒和让·华尔"所包含的思想关联,可以认为,这不仅是因为友谊,更因为华尔关于形而上经验、内在性和升越的思想贯穿于这本书。但是,通过考察,也注意到了列维纳斯与华尔思想的差别以及他对华尔思想的发展:在对形而上学的理解上,相较于华尔,列维纳斯有自己的深化和立意。他更侧重于将感性超越关系具体化为我和他人之间的伦理关系。列维纳斯同样将经验关联于形而上学,主张经验只有作为形而上学才是真正的经验。但是,列维纳斯将这种形而上学的经验聚焦于我与他者之间的超越关系,进言之,我和他人之间的非对称的责任关系。通过居家内在性与欢迎他人的面容,列维纳斯深化了华尔那里的形而上的经验(超越关系),由此,形成列维纳斯独特的形而上学概念,即"作为第一哲学的伦理学"。

此外,诚如上文哈克特主张的"华尔已经为法国现象学的神学转向预备了基本特征",华尔的主体性与超越理论包含了经由内在性通达上帝(纯粹的超越意义上的上帝)的路径。这条路径在列维纳斯那里得到了进一步阐述。关于形而上经验的讨论最后必然遭遇绝对的超越者上帝。"形而上学的经验将保留超越之不可还原性(例如,宗教的),初始的和最后的他异性:主体性——从头到尾,它比逻辑的同一性要古老,同时也要新——将意味着'在每个细小的事情之中的绝对'。"①共同地,对于列维纳斯和华尔,哲学最后不再是探求理性的普遍性结构,而是激情、诗歌或神学。如列维纳斯所述:"重要的是超越。在形而上的经验中,在知识之外,人类的探险扮演着一场神性的喜剧。'如果去掉许多伟大的形而上学家的宗教经验,我们几乎无法撰写形而上学的历史。'但是上帝,上帝是此处(hither side)或彼岸(beyond)——那个沟

---

① E. Levinas, "Jean Wahl: Neither Having nor Being", in *Outside the Subject*, Michael B. Smith (trans.), Stanford: Stanford University Press, 1993, p.82.

鑿,那个在连续性中的断裂。"①对于华尔和列维纳斯,人与上帝的关系开端于内在性和连续性中断裂。而与华尔不同,列维纳斯更重要地是将这种断裂关系"肉身化"为我与他人之间的绝对责任关系——与上帝的关系只有在与他人的关系中才是可能的。

---

① E.Levinas,"Jean Wahl:Neither Having nor Being",in *Outside the Subject*,Michael B.Smith(trans.),Stanford:Stanford University Press,1993,pp.74-75.

第三章　核心话题：面容之可见与不可见

"意向性并不是人性的秘密。人类存在的本质(esse)不是存在之本能(conatus)，而是无私(désintéressement)和向上帝(audieu)。"[1]

——列维纳斯

"在与朝向目标的趋向性不同的另一条道路上，会出现一种与意识之意图和目的判然有别的触发性，它突破了内在性，这就是超越性。"[2]

——列维纳斯

当代法国哲学家单士宏(Michaël De Saint-Cheron)在谈到列维纳斯的面容现象学时曾指出：

"列维纳斯是柏拉图学派的，将'存在之外的善'置于哲学的本原。在《整体与无限》中，列维纳斯创造了一个新概念，'面容的神

---

① [法]勒维纳斯：《上帝·死亡和时间》，余中先译，生活·读书·新知三联书店1997年版，第12页。翻译有所调整，参见 E.Levinas, *Dieu*, *La Mort et le Temps*, Paris：Grasset & Fasquelle, 1993, p.24。"audieu"这个词，在法文中具有"再会"和"朝向上帝"的双重含义。

② [法]列维纳斯：《论来到观念的上帝》，王恒、王士盛译，商务印书馆2019年版，第102页。

显'概念,一开始,这可能有些令人费解。'神显'源自希腊语,意思是'显示'。因此面容的神显就是'存在'、形而上学、社会性的超验显示。超验并不是光辉荣耀的,它存在于我的邻人面容的赤裸中,面容毫无防备地暴露在疾病、谋杀和死亡里,它反过来呼唤我的责任、我的意向的意识、我'无贪欲的爱'。"①

这段话指出了列维纳斯哲学的一个核心概念和难题,也是最为晦涩的话题:面容的神显(l'épiphanie du visage)。

在几乎所有的关于列维纳斯的讨论中,最为常见也最受质疑的问题几乎就是"面容"。面容是一个谜,好比列维纳斯的哲学给人的印象一样。但这个问题从来不是那么清晰简单的,面容不是我们日常看到的谈到的"脸"(脸和面容,在不同的中文语境下可以互换)。列维纳斯的面容概念承担着他的形而上学、伦理学和政治学,承担着他对主体性、感性、他人的异质性、上帝等问题的论述。总体上,列维纳斯的面容理论带着隐喻和抽象,它给人更多的是一种意义的呈现道路,而不是具体的对象或逻辑规则。面容引导思想进入一种形而上的高度——列维纳斯有一个基本关联"面容与外在性"。但它又绝对不是完全的隐喻和抽象,因为这种隐喻和抽象始终是开端于我们见到的每个具体的感性的面容。因此,面容是可见与不可见的交错,是在场的不在场,是此处的超越。

本章将围绕着"感性与超越——面容的可见与不可见"这个基本主题展开考察和讨论。这部分包括三个具体的问题:彻底的被动性主体;感性关系;面容现象学。这三个问题展示了列维纳斯对主体性、感受性和面容问题的基本阐释,既展现了列维纳斯中期著作《总体与无限》他人面容之中的超越,也展现了后期著作《异于存在,或本质之外》自身之中的超越这个基本主题。

---

① [法]单士宏:《列维纳斯:与神圣性的对话》,姜丹丹、赵鸣、张引弘译,华东师范大学出版社 2018 年版,第 128 页。

当然，事实上，在《总体与无限》的第四部分，列维纳斯已经指出了另一个重要的方向"超出（Au-delà）面容"，这意味着超出面容的单纯的外在性问题，进入"无面容"的普遍性之中，这就是博爱和公平、正义的问题。但这个方向和问题并不是本章要讨论的问题。

第一节　被动性的主体

"主体性根本上并非'我思'（[尽管]它乍看起来是），并非'先验统觉'的统一性，而是对他人的服从——作为对他人的责任。这个我是比一切被动性都更加被动的被动性，因为一上来它就是直接宾格，就是从来不曾是主格的宾格的我，就是受到了他人的控诉的——尽管它并无过错。"①

——列维纳斯

"感觉（sensation）、踪迹（trace）和谜（enigma），它们通过被动性结合起来。"②

——John E.Drabinski

"莱维纳的主体性概念是有关主体的一种具有高度宗教启发性背景的观点，此主体产生于其和他者的关系中，此主体的性质联系于无限性的性质。"③

——德尔默·莫兰

---

① ［法］列维纳斯：《论来到观念的上帝》，王恒、王士盛译，商务印书馆 2019 年版，第 114 页。译文有调整，参见 E.Levinas, *De Dieu qui vient a' ideé*, Paris: Librairie Philosophique J.Vrin, 1982, p.113。

② John E.Drabinski, *Sensibility and Singularity*, New York: State University of New York, 2001, p.167.

③ ［爱尔兰］德尔默·莫兰：《现象学：一部历史的和批评的导论》，李幼蒸译，中国人民大学出版社 2017 年版，第 377 页。

主体性是现代哲学的基本问题之一,也是列维纳斯的哲学面临的基本问题之一。从古希腊开始,沿着巴门尼德"能被思维者和能存在者是同一的"①这条道路,哲学将思维和存在同一化,存在被理解为自我意识。从那以后,西方哲学史将知识等同于对自身之外的表征和控制。哲学试图将一切纳入自身,以获得同一性。主体性即为同一性,身份认同(idendity)依赖于意识自我的同一性能力。因此,主体性等同于知识,等同于对一切事物的同一化。启蒙运动之后,伴随着技术理性的发展,主体性被抬到了人的中心位置,成为人之为人的重要特征。然而现代性大屠杀以及日益凸显的伦理困境使得主体性概念和地位受到不断的质疑。后现代思潮的复兴便是重要的一维。后现代思潮的出发点之一便是对人的重新阐释,对主体性的重新理解。按照巴门尼德以来的希腊理性传统和启蒙精神,主体之基本特征是其作为基本出发点的能动性,也就是主动性。这种主动性是"自我"这个概念的基本特征,也是不受质疑的前提。主体的统治和权能被这种主动性深刻刻画,同时也通过主动性构建了主体对世界和对象的中心地位与主导(把握、理解、同一化)。对希腊理性传统和现代性的反思首先就是去质疑主体之主动性,去主体之中心化。从这个视角看,列维纳斯的现象学思考就是回归主体之原初的经验基础,重新从外在性出发去描述主体之特征,并由此去主体之暴力特征。这项工作的重心是"被动性"。

在列维纳斯对主体性的考察中,主体性在一开始并不完全是对世界的表征和把握,不是同一性,它还具有关于无法被表征和把握的异质性他者的经验,这种经验要先于意识自我对世界的表征和同一。它是前反思的意识,是非意向性的意识。按照列维纳斯的理解:

> "前—反思的自身意识之'认知'严格说来真是在认知吗?作为
> 那处于所有的意向之前的——或曰从所有的意向那里回来的——含

---

① 北京大学哲学系外国哲学教研室编译:《西方哲学原著选读》(上),商务印书馆2004年版,第31页。

混的意识或曰隐含的意识,它并不是(主动的)行动,而是纯粹的被动(性)。""非—意向性的意识一上来就是被动性。"①

这样一种前反思的自身意识,它并不是意识对世界的表征与认知,没有胡塞尔的"意向性行为—意向性对象"的意向性结构。在列维纳斯那里,这是关于无法被意识表征的异质性他者的经验。在这种前反思的非对象性的意识经验中,意识活动的根本特征是被动性。

从这个层面上看,列维纳斯并不是反对意识的认知经验,而是强调指出意识在主动性之前的被动性经验,这种被动性是主体性的奠基。由此,可以再次注意并印证《总体与无限》的副标题"论外在性",以及他在文中所强调的"对主体性的捍卫……使主体性根基于无限性的观念"②。这里可以清晰地看到,列维纳斯哲学的一个重要主题是:揭示并描述一种外在性基础上的被动性主体,进而言之,被他人唤醒的主体性。

在《异于存在,或本质之外》这本后期重要著作中,列维纳斯集中讨论了主体性的问题——可以说,较之于《总体与无限》,这本书的主题依旧是主体性,但这个时候的主体性已经是被他人"入侵"的主体性,纯粹被动的主体性。

"主体性——先于或在自由与非—自由之外,被邻人所束缚——是这样的爆破点:在其中本质被无限者超越。"③

主体性概念在列维纳斯后期的思想中变得非常晦涩与缠绕,它缠绕着他者和超越。这个时候的主体性概念已经是作为逃离本质(essence)的重要位置。主体性"它是爆破点,但也是关联处;踪迹之光辉是谜一般的、模棱两可的。因此它依旧是另一个意义上的,区别于现象的显现。它无法作为一种实

---

① [法]列维纳斯:《论来到观念的上帝》,王恒、王士盛译,商务印书馆 2019 年版,第 271—272、273 页。

② E.Levinas, *Totality and Infinity*, Alphonso Lingis(trans.), Pittsburgh:Duquesne University Press,1969,p.26.

③ E.Levinas, *Otherwise than Being*, or, *Beyond Essence*, Alphonso Lingis(trans.), Pittsburgh:Duquesne University Press,1998,p.12.

证(demonstration)的出发点，这种实证将不可避免地将其带入内在性和本质。"①"通过朝向邻人的命令，无限者没有将自身标示为主体性，一个业已形成的统一体。在其存在中，通过替代他人，主体性将自身从本质之中解放出来。"②很显著地，在《异于存在，或本质之外》中，主体性被列维纳斯赋予了被动性之核心特征。这是一种彻底的被动性。

> "主体性，这个分裂的轨迹和核心，变成了一个比所有被动性都更被动的被动性。对于历时性的过去，它不能被记忆或历史所影响的再现所恢复，也就是说，与在场不可通约，对应或回答自我不可设想的被动性。"③

同样是论述主体性，《异于存在，或本质之外》表现出了非常大的感性模棱两可性与神秘性。在《总体与无限》之后，列维纳斯在《异于存在，或本质之外》中，带着对德里达批评的有意识而晦涩的回应，同时也为进一步避免《总体与无限》所落入的存在论陷阱，他用了一系列新的词汇。在《总体与无限》中所频繁使用的概念，诸如同者、内在性、外在性、超越、隔离等，逐渐受到了限制或减少了使用频率。取而代之的是痛苦、受伤害、易感、困扰、人质、迫害、替代、谜、上帝之他性(illeity)等概念。从《异于存在，或本质之外》的主题和方向上，这些概念共同地指向了一个概念：纯粹感性被动性的主体，同时也是感性超越性的主体。该书通过感性和超越之间的关联描述，阐发了一种彻底的被动性基础上的感受性主体概念。虽然《总体与无限》也试图重建主体性——基于外在性基础上的主体性，但是在《异于存在，或本质之外》中，这种主体性的描述努力避免内在、外在、同者、他者等概念的讨论，避免内外二元之

---

① E.Levinas, *Otherwise than Being, or, Beyond Essence*, Alphonso Lingis(trans.), Pittsburgh：Duquesne University Press,1998,p.12.

② E.Levinas, *Otherwise than Being, or, Beyond Essence*, Alphonso Lingis(trans.), Pittsburgh：Duquesne University Press,1998,p.13.

③ E.Levinas, *Otherwise than Being, or, Beyond Essence*, Alphonso Lingis(trans.), Pittsburgh：Duquesne University Press,1998,p.14.

分基础上的主体性,而回到了一种彻底的被动性,彻底的内外划分之前的被动性主体。同时,基于列维纳斯对存在论陷阱的回避,也使得他在概念的使用上显得晦涩不定。按照科恩在《异于存在,或本质之外》的导言中所进行的解读:"《异于存在,或本质之外》的主体是道德的感受性和语言。后者在《总体与无限》中被提出,而在《异于存在,或本质之外》中被作出判断。《总体与无限》聚焦伦理的异质性,《异于存在,或本质之外》则关注伦理的主体性。"①在《总体与无限》中的异质性伦理被列维纳斯延续下来,而在《异于存在,或本质之外》中列维纳斯要进一步阐述的是这样的异质性伦理的基础,那就是被他者唤醒的道德感受性,一个在根源上创伤性的、被他人挟持的自我。列维纳斯试图指出,道德主体在服从、自我伤害之中发生。

但是这种被动性不是简单地来自外部,而是根植于其自身的综合行为的深处。也就是说,这样的被动性主体渗透和深埋于意识自身的综合行为的更深处。这种根植于综合行为之深处的主体是《异于存在,或本质之外》的基本主题,同时也是真正晦涩和困难的地方所在。彻底的被动性,同时也是作为一种自身矛盾的被动性。在列维纳斯所使用的短语表述中,几乎都包含着一层含义:我之中的他人,或者说,总是受到他人困扰的我。如同列维纳斯所使用的"无法记忆的过去、无法在当下把握的过去""历时性的踪迹""受压迫""替代""将自我由内往外翻""作为他人的人质""为他人而活"等表述。这些表述突出了他后期对于服从性的主体的强调。"在《异于存在,或本质之外》他者之异质性依然是彻底的,但是列维纳斯的焦点放在了不对称的反应、震惊、异质性在主体性之中的内爆,主体确切地说是作为他人之道德服从。"②这种被动性和服从被列维纳斯视作道德的根基。如在《自由与命令》一文中列维

---

① E.Levinas, *Otherwise than Being, or, Beyond Essence*, Alphonso Lingis(trans.), Pittsburgh:Duquesne University Press,1998,p.xii.

② E.Levinas, *Otherwise than Being, or, Beyond Essence*, Alphonso Lingis(trans.), Pittsburgh:Duquesne University Press,1998,p.xii.

纳斯指出的："当服从变得不能意识到服从的时候，当服从成为本性的时候，真正的他律性形成了。"①

在彻底的被动性之中，主体是个后发的事件。笛卡尔和胡塞尔意义上的先验主体不再是那个基本的不容置疑的出发点——因为在先验主体之前，他者奠基了主体性。因此，在列维纳斯那里，这种彻底的被动性预设了他者以及它所带来的困扰与请求。这个他者如列维纳斯所经常提到的孤儿、寡妇、乞讨者，他们通过一种我无法消灭的异质性、极端的贫乏和易受伤性而困扰着我，给我带来"不安"。这看似只不过是一种情感的同情，但列维纳斯由此描述了意识的一种基本处境：意识总是受到外来者之惊扰，由此带来对自我能力的麻痹和自我放弃、极度的不安。表面上看，列维纳斯用了一种隐喻性的修辞手法说明自我对他人的同情之情感，但是，在这个处境背后，它意味着我和他人之间、意识和外在性之间的最初关联，他人的到来使得意识总是不断地被触发，并由此造成自我不断地受到质疑，并对这种困扰与请求作出回应。在这个意义上，主体这个概念从一开始就被列维纳斯赋予了独特的伦理意味。

通过这种被动性，列维纳斯试图揭示我与他人之间最初的模糊的情感（黏连）状态。在这种状态中，被动性表现为被困扰和吸收。"邻人之困扰比消极性更加强烈。它以其非常之沉默的重量而瘫痪那种试图吸收这种重量的力量。"②对于列维纳斯，"我"从他者那里获得自身认同，在他者之中有一种同者的自身认同，它使得同者远离同者性——去接近他者，使其（同者）异于自身。

他者如何使得自我异于自身，出离自身？这个问题是列维纳斯后期核心

---

① ［法］列维纳斯：《自由与命令》，陈行译，载［美］汉娜·阿伦特等：《〈耶路撒冷的艾希曼〉伦理的现代困境》，吉林人民出版社2003年版，第304页。

② E.Levinas, *Otherwise than Being , or , Beyond Essence* , Alphonso Lingis (trans.) , Pittsburgh : Duquesne University Press, 1998, p.84.

的问题之一,也是其思想要阐发的要点所在。这个问题对于列维纳斯而言,涉及"他者—自我—自身之外"之出离的过程。这个过程可以通过一种感受性——痛苦的感受——得到描述。在《异于存在,或本质之外》中,列维纳斯聚焦了这种自身疏离。例如,通过"疼痛"这个主题展开的描述。"作为在所感觉到的疼痛之痛感之中的被动性,感受性是一种易感性(vulnerability),因为疼痛打断了享受之高度隔绝,并由此将我从自身撕裂出来。"①易感性,或作易受伤害性,这个词在列维纳斯那里非常重要,它表达了意识的某种与他人的依赖关系。易感性本身是属于我的,但是它本身必须包含着我之外的因素。正是这种易感性,它使得我从一开始就被迁移出我自身。这是一种自身携带着外在性的特征。易感性伴随着感受到外部的存在、受到外部的影响。这是天然的与外部相关的被动性:它看似发端于外部,但却爆破于自身内部。因此,在感性之中,所有被揭示/启示给我的,都看似我之中的东西,而真正的他者已经在我之中;也就是说,他者无法作为外部"现象"而显露自身,它一定从我的"内在"而显现,这样所显现的只能是他者之踪迹。这就是自我之中的非我,时间的历时性对自我同一性的"困扰",作为我之中的每个瞬间的自身相异性。这种相异性甚至是伴随着每个瞬间的"我"的出现而完成的。"最大的被动,无法想象的,被动性,主体性或主体之真正的服从,因于我被责任所困扰,那个迫害者是异于我自身的。"②在这里,不像《总体与无限》,列维纳斯没有进一步朝向那个压迫者,那个他者或超越、外在性,而是转向了被压迫和被困扰的自我,被他者纠缠的我,我之中的被动性。

在《异于存在,或本质之外》中,列维纳斯多次强调了这种被动性与自身认同的关系。"自身无法形成自身;它的形成已然伴随着绝对的被动性。""在

---

① E.Levinas, *Otherwise than Being*, *or*, *Beyond Essence*, Alphonso Lingis(trans.), Pittsburgh: Duquesne University Press, 1998, p.55.

② E.Levinas, *Otherwise than Being*, *or*, *Beyond Essence*, Alphonso Lingis(trans.), Pittsburgh: Duquesne University Press, 1998, p.55.

这个意义上，它是某种破坏的受害者，这种迫害瘫痪了任何自身的设定——这种设定能够将自身安置为自身。"①也就是说，他者的到来瘫痪了自身认同和自身确认的能力。因此，彻底的被动性实际上是自我之中的内爆，这种爆破通过他者的介入而得到表述。在这里，列维纳斯指出了一个看似前反思和前主体的事件，但对这个事件的发生的描述实际上是困难的。我们几乎无法去描述和论证这个事件的发生和可靠性，因为它不是"自识"也不是"反思"；它不是还原的结果，也不是意识反思的结果。从理性逻辑上看，列维纳斯几乎完全预设了一个理性之外的环节，他试图描述这个环节所"激发"的一系列效应。但是，区别于笛卡尔和胡塞尔的先验自我，列维纳斯的思路从内在性自身之中寻求一种更深刻的根基，更加古老的经验，一种始发性的被动。从自我内部看，这种绝对的外在并不是空间上的外在，它悖论性地来自"临近"我的邻人的面容。甚至，邻人向我靠得越近，他的外在性离我越远。这是自我的深渊，它意味着自我并不像笛卡尔和胡塞尔所认为的是清晰的、可以自我证明的基础。然而，无论列维纳斯试图用什么"非存在论"的概念去阐述和揭示这种关系，都无法避免一种矛盾——自身与自身的矛盾，自身内部的非自身性。"痛苦"揭示的正是这种自身的被动性与矛盾性。

可以看到，这是列维纳斯那里非常有意思的、矛盾性的一个思路：外在作为内在之爆破机制，但其却源于内在之深处——这个深处同时也是他者。这个思路将成为我们阐发列维纳斯"彻底的被动性"思想的一个非常重要的切入点。在《总体与无限》中所积极确立的伦理主体——如果说那个阶段他人作为超越的他者是在外部，那么到了《异于存在，或本质之外》，这个他人（超越）就成了主体内部的一种机制：自身性—隔离—深处（遥远）—外在（无法抵达）—触发被动性。列维纳斯一直所说的外在性，不是空间的外，而是一种无法抵达的"近处"。我愈是靠近，它愈是遥远。这是列维纳斯思想所阐发的伦

① E.Levinas, *Otherwise than Being*, *or*, *Beyond Essence*, Alphonso Lingis(trans.) , Pittsburgh：Duquesne University Press, 1998, p.104.

理的主体性之结构,这个主体性本身就是被动性和承受性的。列维纳斯使用了主体性(subject)这个概念的拉丁文"sub-jectum",这个概念回归到了主体性自身的基础性含义,它指本质和基础,同时也意味着对一切的承载和负担。列维纳斯在《异于存在,或本质之外》中指出:

> "主体是始基(sub-jectum);它在整个世界的重担之下,为一切负责。"①

通过回归主体性的初始意义,就能发现它本身包含着被动性(承担);从一开始,对于主体而言,整个世界、他人是作为自我性的必要内容。这个他人内置于自我的遥远的近处(亲密)——如同镶嵌在我皮肤之下的他人。但与此同时,这种外在性的进入恰恰构成了对自我性的瓦解,这是一个矛盾。这种矛盾深刻地包含在自我的深处。这是列维纳斯后期文本中始终缠绕着的自我矛盾、自我相异性。

对于列维纳斯而言,被动性不是主动性的对立面,不是主动性的反义词。彻底的被动性是对于自己而言的被动性,它始终表现为"服从于自身"②,但是这种服从又似乎是受到了外在的力量迫使。这个逻辑反复地出现在《异于存在,或本质之外》之中。列维纳斯试图通过爱抚、皮肤、感性、痛苦、替代、人质等现象的现象学描述,将被动性作为自我经验的某种特征:被动性是自身的某种属性或特征,但是这种被动性从头到尾又似乎是被外部力量所推动。他所使用的一些看似隐喻性的概念,例如,弱者、寡妇、孤儿,他人面容的请求,这些概念意味着来自外部的并非"强力",相反,是弱者之力,这种"请求"以独特的方式,最后都转化为内在之中的自我颠覆、自我瓦解。只有我将他人置于我之中,我才能在他人手中,真正成为人质。虽然列维纳斯在《异于存在,或本质

---

① E.Levinas, *Otherwise than Being*, *or*, *Beyond Essence*, Alphonso Lingis(trans.), Pittsburgh: Duquesne University Press, 1998, p.116.拉丁词 *Sub-jectum* 表示:物质根基,始基,在前的、在底部的东西。在古希腊的基本语境下,指事物流动变化中保持不变的东西——本质。

② 在列维纳斯的伦理学中,从来没有一种真正意义上的"命令";对他人的责任不是义务,也不是法律,它是他人的到来所引发的自身内部的"紧迫感"。

之外》中并没有过多地讨论外在性、超越问题，但是他将这种外在性和超越更多地埋藏在了主体性这个问题下，"将他人置于我的皮肤之下"。被动性对于自我而言，并不是外部赋予的，或者意识表象的特征，而是深缠在经验深处——如前所述，这样的经验实际上是情感性的经验。彻底的被动性是隐蔽的，它意味着自身之中的"非自身"，意味着将自身理解为他者。在这个意义上说，被动性是主体纯粹的激情、纯粹的可能性。相比任何的事实上的可能性，这种潜在的一般除了自身之外，什么都没有给出，它先于一切事物之前而被给予。这种作为潜在的可能性之被动性总是比任何的主动性都要古老，这种彻底的被动性给出自身，使得自身形成内敛。它总是与自身相异的，它比任何的直觉和经验、感觉都更加亲密，同时也比意识意向性特征更加根本。

正是在这个意义上，列维纳斯提出：

"意向性并非人的秘密。人的本质并非存在之本能，而是无私和向上帝。"①

这种无私和告别带着强烈的伦理意识，但它背后实际上正是基于一种人与人之间原初的被动性关系，一种原初的超越关系——被触发关系。

列维纳斯从被动性的角度实际上对笛卡尔的理性主体（我思）和胡塞尔的先验主体提出了某种解构。这种解构不是用另一种能动性去质疑主体的能动性，而是从主体内在的"更遥远，更古老，更深刻"的地方出发，自我破坏自我，并且建立新的伦理主体。这样的主体总是处于外在性的"困扰"之中而显得"惴惴不安"。被动性是一种作为无端（无政府状态）的开端，在这种经验中，意识总是被激发（触发）而显现，因此时间（事件）不再是被意识内在性整合起来的，而是断裂与时刻更新的。因此，可以说，列维纳斯所提到的时间之历时性的核心在于这种被动性。列维纳斯在这个基础上指出了另一种独特的

①　[法]勒维纳斯：《上帝·死亡和时间》，余中先译，生活·读书·新知三联书店1997年版，第12页。译文有所调整。

"主体",这样的主体比认识论和存在论视野上的主体要更为古老和原始,或者说,这样的被动性奠定了认识论和存在论的主体。"存在以及存在之视界指向一种主体,这个主体在存在和认知之前就已经提出来,……在一个无法记忆的时间中,(过去)无法作为一个在先而通过回忆被恢复。"①

与《总体与无限》相比,《异于存在,或本质之外》依然立意于阐述基于外在性之上的主体性,但此时"外在性"更多地被"被动性"所替换,列维纳斯用更多的笔墨描述"我"的被动性,将"外在性""嵌入我的皮肤之中"。此时,主体性的秘密更深地根植于意识自身之中的被动性。"它是创伤之被动性,但是它保护自身的再现,一种震耳欲聋的创伤,切断了意识的威胁——意识会通过再现吸收它,受迫害的被动性。"②列维纳斯重复性地表达了他思想阐发的方式:通过身体创伤去揭示一种被动性,这种被动性是裸露的、消极的,但同时也是自我保护的——保护自身免于被意识所再现。在这个意义上,被动性从一开始就从属于感性经验,它先于反思和再现的意识经验。

这种被动性关系表现为我和他人(面容)的关系。在无条件回应他人的召唤(成为人质)的过程中,自我遭遇到的是"被迫害"。被动性之彻底不仅取决于迫害者,更取决于我对迫害者之应承。"只有当受害者有义务去应承迫害者时,这种被动性才能被说成是绝对的或完全的。"③也就是说,如果他人对我施予一种困扰,那么,我的被动性就表现为我对这种困扰的回应(应承)。这实际上也是列维纳斯反复提到的一个概念"我在这里"(here I am)这个表述的根本意谓所在。虽然这个表述多次出现在列维纳斯的《塔木德》解读中,具有强烈的犹太教神学色彩,但是我们可以看到,列维纳斯将这种神学意义进

---

① E.Levinas, *Otherwise than Being, or, Beyond Essence*, Alphonso Lingis(trans.), Pittsburgh: Duquesne University Press, 1998, p.26.

② E.Levinas, *Otherwise than Being, or, Beyond Essence*, Alphonso Lingis(trans.), Pittsburgh: Duquesne University Press, 1998, p.111.

③ E.Levinas, *Otherwise than Being, or, Beyond Essence*, Alphonso Lingis(trans.), Pittsburgh: Duquesne University Press, 1998, p.111.

行了伦理和哲学解读。"你将呼叫，上帝将回应；他将说：我在这里。"[1]这似乎意味着"我在这里"这个回答承担着上帝之神性的角色；但是列维纳斯更多地是将这种回应作为我和他人之间原初的意向关系。

被动性是对一种压迫、困扰和请求的回应，它等同于"因……而动"——尽管这种压迫困扰和请求会打破自我，使得自我出离自身。这是列维纳斯在伦理主体的被动性之中所构建的一种矛盾式的关系。"邻人的面容，在其迫害性的敌意中，能够通过这种恶意来进行破坏，似乎是作为一种怜悯。"[2]邻人对我的压迫，以一种怜悯的方式表现出来。这种压迫是一种迫使，或者说迫切性，以请求和怜悯的方式，而不是以命令和强迫的方式。这也是列维纳斯所要揭示的，他者以弱者的方式靠近我，这种来临对我而言是一种恶意和压迫。

对于列维纳斯，主体性是对自我（自身性）进行废黜的结果。这种废黜通过欢迎他人而获得实现。我从一开始并没有建立起主体性，没有将主体放在世界的中心。[3] 在一开始，主体性什么都不是，除了一个先在的延迟——在他者之后的延迟（回应），惰性与耐心。这种延迟是绝对的异质性与历时性。这种被动性并不是主动性之放弃，而是和主动性没有任何关联的被动性，它作为一种自身之超越、自身之克服。在这个意义上，主体性总是依赖性的。自我无法形成自身，它依赖于他者的激发，伴随着一种绝对的被动性而获得自身。因此，主体性是回应与耐心。我被自身之中的相异所缠绕——这种相异是我之无根的、深渊般的被动性。我成为我自己，作为我的存在的非常之事件，并且

<hr />

[1]　E.Levinas, *Beyond the Verse*, *Tamudic Readings and Lectures*, Gary D.Mole(trans.) , Bloomington: Indiana University Press, 1994.p.6.该表述还见 E.Levinas, *Entre Nous*: *Thinking of the Other*, Michael B.Smith and Barbara Harshav(trans.) , New York: Columbia University Press, 1998, pp.131, 149, 169 等处。

[2]　E.Levinas, *Otherwise than Being*, *or*, *Beyond Essence*, Alphonso Lingis(trans.) , Pittsburgh: Duquesne University Press, 1998.p.111.

[3]　在这里，要区别列维纳斯在《总体与无限》的第一部分所提到的自身性、隔绝的自我，它不是严格意义上的主体性。在这个阶段，"自我（ego）"还没建立起来。

由此被异质性所抛掷和渗透。自我是他人,这不是单纯的缺乏;他人进入我,而不是我去侵占他人。自我从来不是为自身而在的,它从一开端就是因他人的"异在"而"存在"的。

在《异于存在,或本质之外》中,列维纳斯反复用一个短语"不顾自身,为了他人"。按照科恩在《异于存在,或本质之外》英译本的导言中的概括,对于列维纳斯,"道德主体发端于服从,'不顾自身(despite itself)',向内投射远深于自身的综合行动,遭受一种永远无法在当下建构的'无法记忆的过去',历时性的踪迹,在压迫这点上,替代他人,将自身由内往外翻,成为他人人质,为了他人,为了他人的需求,为了他人的生命,同时也为了他人的责任"①。这是一种彻底的服从性的主体,伦理主体的发生在一个他人来临(他人先行)的时刻,一个我永远无法回忆的过去,无法再现对象化的当下瞬间,这个无法回忆的过去和瞬间外在于意识把握和概念,是意识自身之中的打断。只有在这个意义上,他人的进入才不会被还原为另一个自我(他我),才不会被我所把握,因为这种自我的建立本身是在一个相异性之中。在和他者的关系中,同者不再是同者自身,它总是处于被质疑(提问)之中。这样一种同者从一开始就暴露在他者面前,被他者所渗透和介入。

自我作为其原初的被动性的结果,它总是被推迟的,是在他者的介入之后。主动性总是在被动性之后。因为我的回应和唤醒总是过去,这是一种延迟,"这种延迟是不可恢复的。我打开……他已经消失了。我的在场没有回应那种任命之极端的迫切。我被指责已经延迟了"②。这种指责永远存在于我和他人的关系之中。我总是在他人面容之后,这种延迟是种距离,更是一种

① E.Levinas, *Otherwise than Being, or, Beyond Essence*, Alphonso Lingis(trans.), Pittsburgh: Duquesne University Press, 1998, p.xii.列维纳斯多次使用 despite itself/oneself 表述,例如见 pp. 51-53、54、57、80 等处。而"for the other、for another"这个表述几乎反复出现在这本著作的每个章节中。

② E.Levinas, *Otherwise than Being, or, Beyond Essence*, Alphonso Lingis(trans.), Pittsburgh: Duquesne University Press, 1998, pp.88-89.

"超越"。不论是在时间的维度上，还是在一种"超越于意识"的维度上，他人的到来总是将我置于一种极端的被动和忍耐（耐心）的状态之中。

与一般意义上的被动性不同的是，彻底的被动性在主动和被动的对立之前，在自由之前。我服从于自身，这种屈服看起来似乎是服从于外部力量。也就是说，如果将自身内在的力量转为外在的力量，或者是成为一种看起来好像是外部的力量，那么这种力量就获得了一种"压迫性"；或者将外在的"压迫"内化为自身，成为看似自身内部的"自律"。这是内在之中的外在，外在性基础上的内在性。这是内在之外在，内部之爆破。"一个人在自己的充实中避难或者被驱逐，在爆破或分裂的意义上，由于自身的重构，以作为在所说中被确证的身份的形式。"①这是被动性的核心与根本所在。因此，彻底的被动性看起来是来自他者的亲密性所带来的胁迫，但实际上它必定也只能发自自身之中，作为一种潜能。这是在自我的深处的一种由他人所带来的他律，实际上是一种自律。

列维纳斯的主体性概念是一种始源性概念，同时也是一种超越性概念。按照列维纳斯的说法，胡塞尔和海德格尔的意识与存在最终将主体性描述为一种同一性的战争，一种对他人的剥夺或忽视。在这种情况下，主体性的回归首先要超越意识和存在自身的同一性，过渡到他者，寻求永远的自我放逐，向无限靠近。正如莫兰指出的："莱维纳的主体性概念是有关主体的一种具有高度宗教启发性背景的观点，此主体产生于其和他者的关系中，此主体的性质联系于无限性的性质。"②这再次回应了列维纳斯《总体与无限》序言所明确的命题"主体性是对他者的欢迎，是好客"③。

---

① E.Levinas, *Otherwise than Being, or, Beyond Essence*, Alphonso Lingis(trans.), Pittsburgh：Duquesne University Press, 1998, p.104.

② ［爱尔兰］德尔默·莫兰：《现象学：一部历史的和批评的导论》，李幼蒸译，中国人民大学出版社2017年版，第377页。

③ E.Levinas, *Totality and Infinity*, Alphonso Lingis(trans.), Pittsburgh：Duquesne University Press, 1969, p.27.

第二节　亲密性与困扰——感性之中的超越

人们往往被"伦理学作为第一哲学""他者伦理"这样的标签引导进入列维纳斯,而忽视了他作为一个现象学家的出发点:对感性暧昧性的考察和描述,以及由此展开的内在性与外在性的关系。《异于存在,或本质之外》是列维纳斯后期的核心作品,该书通过主体性、时间性、责任、言说、被动性等主题去展现我与他人之间异于存在和本质之外的伦理关系。列维纳斯力图揭示"所说"之前的"言说","可见"背后的"不可见"。这是一项关于"不可能性"的任务,其出发点只能是感性暧昧性。在这本书中,列维纳斯频繁使用了一系列感性暧昧的概念,例如面容、感受性、触发、亲密性、困扰、迫害、不冷漠(non-indifférence)、无私(dés-intéressement)①、创伤等。这些概念的使用不仅展现了列维纳斯的现象学面貌,而且在根本上显示了列维纳斯思想的着力点。

一、亲密性与困扰

《异于存在,或本质之外》中有两个使用频率很高的关联概念,那就是"亲密性(proximité)"和"困扰(obsession)"②。"亲密性"是列维纳斯中后期的基本概念,它不是物理时间和空间意义上的距离关系,也不是意识与对象的意向性关系。列维纳斯在使用这个词时,力图表明"与他人之间的亲密性在存在论范畴(des catégories ontologiques)之外"③。列维纳斯指出:"我们寻求以亲

---

①　在列维纳斯的使用中,dés-intéressement 有时合在一起,有时分开,而 non-indifférence 一般有个分字符。结合概念本身的基本意思和语境,dés-intéressement 翻译为不感兴趣、无私、公正等;non-indifférence 翻译为不冷漠、非—漠不关心、非—无动于衷等。

②　根据对该书的检索,"亲密性"概念使用了 120 多次,"困扰"使用了 70 多次。在第三章"感受性与亲密性"中列维纳斯单独将"亲密性与困扰"作为一个议题进行讨论。

③　E.Levinas,*Autrement qu'être ou au-delà de l'essence*,La Haye:Martinus Nijhoff,1978,p.32;E.Levinas,*Otherwise than Being*,or,*Beyond Essence*,Alphonso Lingis(trans.),Pittsburgh:Duquesne University Press,1998,p.15.引文参照法文和英文译出,下文将同时标注法文和英文出处。

密性的方式去分析这种关系,而不诉诸于那些试图掩盖它的范畴。亲密性是作为言说、接触、暴露之诚意;语言之前的言说,但没有语言,就像信息传递一样,没有语言也是可能的。"①亲密性描述了在表象和存在显现之前的人与人之间的感性关系。这种关系首先是一种单向的靠近和暴露。"为他(l'un - pour-l'autre),一个单向的关系,没有以任何的方式回到出发点……主体性的关节点(Noeud dont la subjectivité)在于朝向他人而不用考虑他也朝向我,或者,更确切地说,在于不以任何互惠的(réciproques)方式去靠近他人……我总是已经提前一步走向邻人。"②但这种向邻人的靠近并不是意向性建构,而是对意识的抵抗。

> "亲密性是对关于某物之意识(意向性)的距离的抑制(suppression)……。邻人排除了意识对他的把捉,这种排除有积极的一面:我在他面前的暴露,在他出现之前,在他之后的我的延迟,我的痛苦,否认我的身份。亲密性,压制了'关于某物的意识(conscience de)'的距离……打开了历—时性(dia-chronie)的距离,而不需要一种共同的在场,(在这种历时性中)差异是无法被捕捉的过去,是无法想象的未来,邻人之不可再现的处境——在其背后,我是迟到的,被邻人压迫的。"③

我向他人暴露,但他人并没有在这种暴露中成为我的表象对象。这种延迟逃离了意识在场的同一性(对象化)。在暴露与不在场之间,我单向地被放在一种关系之中。按照 Sean Hand 的评价:"对于列维纳斯,人性是亲密

---

① E.Levinas,*Autrement qu'être ou au-delà de l'essence*,La Haye:Martinus Nijhoff,1978,p.3;E. Levinas,*Otherwise than Being,or,Beyond Essence*,Alphonso Lingis(trans.),Pittsburgh:Duquesne University Press,1998,p.16.

② E.Levinas,*Autrement qu'être ou au-delà de l'essence*,La Haye:Martinus Nijhoff,1978,p.134; E.Levinas,*Otherwise than Being,or,Beyond Essence*,Alphonso Lingis(trans.),Pittsburgh:Duquesne University Press,1998,p.84.

③ E.Levinas,*Autrement qu'être ou au-delà de l'essence*,La Haye:Martinus Nijhoff,1978,p.142; E.Levinas,*Othere than Being,or,Beyond Essence*,Alphonso Lingis(trans.),Pittsburgh:Duquesne University Press,p.89.

性。……亲密性是第一位的。事实上,对于列维纳斯,亲密性根本就不是两个'项'之间的关系——因为如果那样的话,将会在同者和他者之间建立一种同步性。对于列维纳斯,亲密性根本地是非—互惠的,它发生在我们的任何主题化之前。"①无疑地,这种发生在任何主题化之前的事件是一次打断,它不仅打破了我的自身性,而且打断了我的时间。

与亲密性密切相关的概念是"困扰(obsession)",该词亦指被打断、焦虑、无序、漫溢,以及扰人的欲望占据着某人等。这个词在列维纳斯的使用中与触发(l'affection)是关联的。触发具有情感、情绪、感情等维度的内含。列维纳斯指出:"在比所有我能通过回忆和历史记述而重组起来的过去还要深刻的过去中,在比所有我能通过先验而把握到的都深刻的过去——在开端之前的时间中,触发之打击创伤性地造成一个影响。"②也就是说,触发是在时间(时间意识)之前的被动性事件,这种被触发体现了我和他人之间在时间之初的被动性与非对称性。列维纳斯指出:"困扰(l'obsession)作为非—互惠性(non-réciprocité),它自身没有减少任何痛苦的可能性。它是单方向的不可逆转的触发(affection),如同在谟涅摩叙涅(Mnémosyne;希腊语:Μνημοσύνη,希腊神话中司记忆的提坦女神)指尖流过的时间的历时性。"③这种非对称性不是因为顺时性时间上的先后,而是因为他者总是代表着一种异质性和距离。"亲密性是对可记忆的时间的扰乱。"④这样一种亲密性与扰乱带来的是对表

---

① Seán Hand, *Emmanuel Levinas*, London: Routledge, 2008, p.54.

② E.Levinas, *Autrement qu'être ou au-delà de l'essence*, La Haye: Martinus Nijhoff, 1978, p.140; E.Levinas, *Otherwise than Being, or, Beyond Essence*, Alphonso Lingis(trans.), Pittsburgh: Duquesne University Press, 1998. p.88.列维纳斯在该处注释中特别指出:"触发之被动性比海德格尔所谈论的与康德相关的彻底的接受性还要被动。"

③ E.Levinas, *Autrement qu'être ou au-delà de l'essence*, La Haye: Martinus Nijhoff, 1978, p.134. E.Levinas, *Otherwise than Being, or, Beyond Essence*, Alphonso Lingis(trans.), Pittsburgh: Duquesne University Press, 1998, p.84.

④ E.Levinas, *Autrement qu'être ou au-delà de l'essence*, La Haye: Martinus Nijhoff, 1978, p.142. E.Levinas, *Otherwise than Being, or, Beyond Essence*, Alphonso Lingis(trans.), Pittsburgh: Duquesne University Press, 1998, p.89.

象意识的抑制。列维纳斯在论述亲密性和主体性的关系时,一开始就强调:"亲密性所指向的人性(l'humanité),一定不能从一开始就被首先理解为意识,也就是,(不能被)作为一个有天赋的知识或(相当于)权力的自我。"①人性不能被理解为"我知、我能"。亲密性不能被消解为一个存在者拥有的关于另一个存在者的意识——在这样的意识中,他人在某人的眼皮底下或者在某人的可及范围内和把握范围内。② 列维纳斯不局限于"意识构建"或"存在的显现",而是力图考察人与人的亲密性这一原初现象。通过单向的触发以及我的可记忆的时间的被打断,亲密性和困扰揭示出了在构造性时间(意识主体)之前的人与人的关系。这正是亲密性和困扰的基本内含,同时也是我和邻人关系的实质。列维纳斯将这种实质理解为一种"迫害(persécution)":"邻人指令我,先于我指定他。这不是知识,而是一种困扰;不同于知,它是对人的战栗(frémissement)。……困扰(l'obsession)不是意识,也不是意识的某种类别,但它会扰乱试图吸收它的意识:(困扰)是无法吸收的,如同一种迫害。"这段话中,列维纳斯在"战栗"这个词上有个注释:"该词译自柏拉图的《费德罗篇》(论爱)的术语 Φρικη。"③该希腊语 Φρικη 表示恐惧、害怕、战栗,多用于古希腊悲剧中。在柏拉图那里,它表达灵魂被被爱者之美所吸引而产生的震动、痛苦的震动。这种战栗和恐惧溢过任何的思考和知识。这是绝对无法让人冷静(无动于衷)的状态。亲密性伴随的困扰描述了这样一种状态:某人或某物占据了某人,他触动我,但我无法通过任何的方式去把握和平息。

---

① E.Levinas,*Autrement qu'être ou au-delà de l'essence*,La Haye:Martinus Nijhoff,1978,p.132. E.Levinas,*Otherwise than Being*,*or*,*Beyond Essence*,Alphonso Lingis(trans.),Pittsburgh:Duquesne University Press,1998,p.83.

② E.Levinas,*Autrement qu'être ou au-delà de l'essence*,La Haye:Martinus Nijhoff,1978,p.132. E.Levinas,*Otherwise than Being*,*or*,*Beyond Essence*,Alphonso Lingis(trans.),Pittsburgh:Duquesne University Press,1998,p.83.

③ E.Levinas,*Autrement qu'être ou au-delà de l'essence*,La Haye:Martinus Nijhoff,1978,pp.138-139.E.Levinas,*Otherwise than Being*,*or*,*Beyond Essence*,Alphonso Lingis(trans.),Pittsburgh:Duquesne University Press,1998.p.87.

二、 不冷漠与无私

为进一步理解人与人之间的亲密性与困扰关系,这里考察列维纳使用的两个重要概念:non-indifférence(non-indifference),dés-intéressement(dis-interested)。从词义看,indifférence 表示对某人/物冷漠、中立、不关心、无差异、不予区分(在区分之前,原初地沉溺于自身之中)等,而 non-indifférence 则表示不冷漠、非—无动于衷、非—无差异等。按照列维纳斯的理解,对他人不冷漠首先是自我先行地朝向他人,对他人暴露自身。但是,列维纳斯并没有将这种走向他人理解为意向关系或共在关系,而是理解为"非—漠不关心"—— 一种原初的向他人的暴露。按照列维纳斯的理解:

> "自我先行地向他人暴露(l'exposition),对他人非—漠不关心,这不是简单地'去表达一个讯息的意图'。这种向他人的暴露之伦理意义 …… 不是可见的。亲密性和交流之节点不是认知之形态。"①

与自身差异,向他人暴露自己,这是亲密性或友好的前提。这种暴露并不是去表达我的意图,也不是将他人纳入我之中、将他人对象化。这种单纯的暴露是将自身抛出主体性。"这种主体性之外不包括对这种处境的意识,它(意识)恰恰会取消非—漠不关心或友爱之亲密。"②当我们意识到主体性,甚至意识到主体性的被抛时,亲密性之非漠不关心或友爱已经被遮蔽了。自我先行暴露与抛出先行于我的存在和意识的共时性与大全。"这种共时性和大全被同者与他者之间的差异所打破——在他者加于同者之上的困扰之非—漠不关

---

① E.Levinas,*Autrement qu'être ou au-delà de l'essence*,La Haye:Martinus Nijhoff,1978,p.82.E. Levinas,*Otherwise than Being*,or,*Beyond Essence*,Alphonso Lingis(trans.),Pittsburgh:Duquesne University Press,1998,p.48.

② E.Levinas,*Autrement qu'être ou au-delà de l'essence*,La Haye:Martinus Nijhoff,1978,p.131. E.Levinas,*Otherwise than Being*,or,*Beyond Essence*,Alphonso Lingis(trans.),Pittsburgh:Duquesne University Press,1998,p.82.

心中被打破。"①这种打破是列维纳斯思想的基本指向。同者与他者的差异并不是冷漠，而是亲密与不冷漠。"无限者的无—限(in-fini)，它与有限者的差异，已经是对有限的不冷漠(non-indifférence)。……通过迫害与召唤，无限者同时触发着思(pensée)。"②这是列维纳斯强调的意识和无限者的基本关系，无限者向认知(有限者)的介入，并不是成为思的内容，而是惊醒思。

我如何既被他人触发、对他人不冷漠，又不将其作为同者的一部分？这是列维纳斯"我和他人、同者和他者"关系的根本内容，也是人与人的关系何以在"异于存在或本质之外"的原因所在。与"非—冷漠"相关的一个概念是"dés-intéressement"。从字面上看，"非—冷漠"表示向他人靠近、暴露自我、友爱，而"dés-intéressement"则表示无私、不感兴趣、无利益关切、公正、中立等。按照列维纳斯的观点，intéressement 这个词与 Etre 相关。"*存在(Esse)是存在之间(interesse)。本质是本质之间(l'essence est intéressement)。*"③存在之间或本质之间，这是自我中心主义和战争的根源。列维纳斯指出："*存在的兴趣*(l'intéressement de l'être)*在自我主义中采取了戏剧性的形式相互斗争，每个人都反对所有人，在过敏的自我主义的多样性中，这些自我主义处于相互战争中并由此在一起。战争是本质的兴趣*(l'intéressement de l'essence)*之行为或戏剧。*"④在这个背景下，dés-intéressement 这个概念要否定(去除)的是"esse"(存在/本质)，是"intér-esse"(存在/本质之间)，是与存在的黏连。也就是说，列维纳斯力图将人与人的关系从存在/本质之间剥离出来，从自身的内在性本

① E.Levinas, *Autrement qu'être ou au-delà de l'essence*, La Haye：Martinus Nijhoff, 1978, p.136. E.Levinas, *Otherwise than Being, or, Beyond Essence*, Alphonso Lingis(trans.), Pittsburgh：Duquesne University Press, 1998, p.85.

② E.Levinas, *De Dieu qui vient a' idée*, Paris：Librairie Philosophique J.Vrin, 1982, p.109.

③ E.Levinas, *Autrement qu'être ou au-delà de l'essence*, La Haye：Martinus Nijhoff, 1978, p.15. E.Levinas, *Otherwise than Being, or, Beyond Essence*, Alphonso Lingis(trans.), Pittsburgh：Duquesne University Press, 1998, p.4.斜体为原文所有。这本书开篇第一章就是"存在与无私(Essence et Désintéressement)"，其中第二节维纳斯专门论述了"存在与兴趣"(Etre et intéressement)"。

④ E.Levinas, *Autrement qu'être ou au-delà de l'essence*, La Haye：Martinus Nijhoff, 1978, p.15. E.Levinas, *Otherwise than Being, or, Beyond Essence*, Alphonso Lingis(trans.), Pittsburgh：Duquesne University Press, 1998, p.4.

质之中剥离出来。列维纳斯指出："那个被指派的人必须将自身从其自身的内在性中分离出来，不再与存在黏连；他必须是无私的(dés-intéresse)。"①"这种将自身从统一体的核心之中撕裂开来，这种绝对的非一致性，这种瞬间的历时性，在'某人被他者穿透'这种形式中表现出来。"②这既是摆脱共在关系，也是摆脱自我对他人的某种赋义或某种兴趣投射，摆脱某种"普遍的本质"③。dés-intéressement 可以说是《异于存在，或本质之外》描述的人与人的核心关系，这个概念是彰显该书主题"本质之外"、伦理关系逃离存在论的关键概念之一。

一方面，我对他人不冷漠，暴露自身，对他人友好；另一方面，我又对他人"不—感兴趣"、不自私。这个不感兴趣意味着：将我和他人的关系从存在与本质之间抽离出来，不以我自身本质(利益和兴趣)去左右(赋义、表象)他人。他人在我的暴露和靠近之外，始终不是我表象和理解的对象。他人触发我，我无法对之冷漠，但同时其异质性始终超越于我的本质表象。他人是存在或本质之外，这是列维纳斯意义上的超越的核心指向。只有"存在或本质之外"的关系才可能是非对等关系，才可能是超越的(形而上的)伦理关系。列维纳斯指出："责任，非—漠不关心之意义，单向地，从我到他人。"④"差异之亲密性是非冷漠的责任：这是一种无法质疑的回应，和平的当下性落到了我身上。"⑤

---

① E.Levinas, *Autrement qu'être ou au-delà de l'essence*, La Haye：Martinus Nijhoff, 1978, p.84.E. Levinas, *Otherwise than Being, or, Beyond Essence*, Alphonso Lingis(trans.), Pittsburgh：Duquesne University Press, 1998, p.49.

② E.Levinas, *Autrement qu'être ou au-delà de l'essence*, La Haye：Martinus Nijhoff, 1978, pp. 84-85.E.Levinas, *Otherwise than Being, or, Beyond Essence*, Alphonso Lingis(trans.), Pittsburgh：Duquesne University Press, 1998, p.49.

③ E.Levinas, *Autrement qu'être ou au-delà de l'essence*, La Haye：Martinus Nijhoff, 1978, p.136. E.Levinas, *Otherwise than Being, or, Beyond Essence*, Alphonso Lingis(trans.), Pittsburgh：Duquesne University Press, 1998, p.85.

④ E.Levinas, *Autrement qu'être ou au-delà de l'essence*, La Haye：Martinus Nijhoff, 1978, p.217. E.Levinas, *Otherwise than Being, or, Beyond Essence*, Alphonso Lingis(trans.), Pittsburgh：Duquesne University Press, 1998, p.138.

⑤ E.Levinas, *Autrement qu'être ou au-delà de l'essence*, La Haye：Martinus Nijhoff, 1978, p.218. E.Levinas, *Otherwise than Being, or, Beyond Essence*, Alphonso Lingis(trans.), Pittsburgh：Duquesne University Press, 1998, p.139.

责任关系只有是单向与当下的，它才不是互惠的。不论是我对于他人，还是他人对于我，都是单向的"服从"。"对另一个人的责任恰恰是先于任何的所说的言说。令人惊奇的言说——对他人的责任——对抗着存在的'风和浪'；它是对本质的打断，是被赋予了好的暴力的无私（un désintéressement imposé debonne violence）。"①这句话道出了无私作为存在和意识的源头，这个源头既是人的本质，也是与人之间的关系本质。

non-indifférence、dés-intéressement 是《异于存在，或本质之外》的重要概念，它们描述了原初异质性的亲密与困扰，以及在这个基础上的非对称的责任关系。按照理查德·科恩的评论："列维纳斯的关注点在于非对称的回应，震惊，异质性在主体性的主体之上的内爆，确切地，这个主体性的主体是作为服从于他人的道德服从者。"②列维纳斯警惕着总体性和系统化的暴力，这种暴力对应的是一种对称性的关系模式。"对称性的关系是总体化和系统化的思试图寻求的……"③列维纳斯力图通过一种非存在论和非意向性的关系来描述人与人之间的被动性和非对称性，由此重新界定主体性的源头。

三、 谋杀者与被召唤者

从列维纳斯的文本中我们注意到：一方面，他常将他人描述为弱者、孤儿、寡妇、饥饿者，甚至"无家可归者"和"易受伤害者"。他人是易受伤害的，是易于被同一性同化和施加暴力的。我倾向同化他人，"谋杀"他人。

---

① E.Levinas, *Autrement qu'être ou au-delà de l'essence*, La Haye：Martinus Nijhoff, 1978, p.75.E. Levinas, *Otherwise than Being, or, Beyond Essence*, Alphonso Lingis（trans.）, Pittsburgh：Duquesne University Press, 1998, p.43.

② Richard A.Cohen, "Foreword", in *Otherwise than Being, or, Beyond Essence*, Alphonso Lingis（trans.）, Pittsburgh：Duquesne University Press, 1998, p.xii.

③ E.Levinas, *Autrement qu'être ou au-delà de l'essence*, La Haye：Martinus Nijhoff, 1978, p.114. E.Levinas, *Otherwise than Being, or, Beyond Essence*, Alphonso Lingis（trans.）, Pittsburgh：Duquesne University Press, 1998, p.70.

"我不是无辜的自发性,而是篡夺者和谋杀犯。"①但另一方面,他人反过来成为我的压迫者,困扰、质疑、命令、瘫痪和胁迫我,使我作为其人质,乃至于"为他人而死"。

如何理解这种双重性?首先看列维纳斯描述的面容之暧昧性。在《总体与无限》中,面容是裸露、脆弱的,但恰恰是这种脆弱带着瘫痪我的能力。瘫痪体现了面容对权力(意识)的抵抗,它使我处于一种既是谋杀者也是被质疑者的位置上。在《异于存在,或本质之外》中,列维纳斯指出:"邻人的面容,在其迫害的恶意中,通过这种非常的恶意,作为可怜的暧昧或谜(équivoque ou énigme)能够困扰(我),只有被剥夺了任何的依靠的受迫害者才能承受(这种暧昧或谜)。"②他人作为"令人可怜的暧昧或谜"而对我显示出某种"恶意",这种恶意困扰和压迫我。这种暧昧或谜,只有作为被压迫者能够承受。由此,可以看到面对面容的两种可能性:杀与不能杀。我既可能杀人,也可能被他人召唤。这是每个人基本的伦理处境。在压迫或被压迫、暴力或怜悯的施予者之间,作为一个谋杀者还是一个服从者?这是我与他人关系的两种可能性。实际上,在《总体与无限》开篇列维纳斯就指出"战争持久的可能性"③是人类的基本处境:我们往往倾向于去同化他者,对他者施暴。他人是脆弱的,这并不是说他人身体的脆弱,而是作为他者身份容易被我们忽视或扼杀。我们很难将他者作为他者,一不小心就把他者抹杀,或作为另一个我。

尽管如此,列维纳斯要揭示的是作为"弱者"所具有的对"权能"的抵

---

① E.Levinas, *Totality and Infinity*, Alphonso Lingis (trans.) , Pittsburgh: Duquesne University Press,1969,p.84.

② E.Levinas, *Autrement qu'être ou au-delà de l'essence*, La Haye: Martinus Nijhoff,1978,p.175. E.Levinas, *Otherwise than Being*, or, *Beyond Essence*, Alphonso Lingis(trans.) , Pittsburgh: Duquesne U-niversity Press,1998,p.111.

③ E.Levinas, *Totality and Infinity*, Alphonso Lingis (trans.) , Pittsburgh: Duquesne University Press,1969,p.21.

抗:你不能杀!这种抵抗不是道德戒律,它体现了面容的异质性之超越。真正的他人/他者是不可杀的,因其异质性总是在踪迹中逃离总体性暴力。这种超越使得人性和伦理保留了最后的可能性。这种形而上不是"想象"出来的他者和超越,而是寓含于感性之中的超越。被迫害者能够承担这种面容之谜。只有他人作为"瘫痪"我的能力时,我的角色才表现为承担。只有当"我"去承担这种可怜与脆弱,面容才构成真正的力量,对我造成困扰,瘫痪我的能杀;"我是他人"(je est un autre)才成为可能。如果我不愿承担这种怜悯,他人就无法对我产生任何的胁迫。"我是你,从而你是我。"这看似诡异的逻辑,恰恰表现了面容所具有的暧昧性结构。如列维纳斯说的"独一性没有自身认同(unicité sans identité)"①,在自我身份认同之前,我即是自身,也已经是他人之替代。我作为谋杀者(去同化他人的异质性),事实上构成了我的自我认同、自身同一性的条件(状态);而我作为被压迫者时,意味着我的自我认同的解体。我被从内在之中打开,欢迎他人。这个时候,我是完全涣散在他人之中,我既是他人,他人也是我。这是列维纳斯独特的"逻辑"的核心。

从《总体与无限》到《异于存在,或本质之外》,对主体性的辩护经过先破后立的方式完成:《总体与无限》更多地基于外在性为主体性辩护;《异于存在,或本质之外》从根本上将他者放到我之中,质疑和颠覆作为同一性的"主体性",建立起作为被动性和服从的伦理主体。《总体与无限》更侧重于他人之距离与高度,绝对他者之异质性;《异于存在,或本质之外》则强调了邻人之亲密性,将他者性置于我之中。我在与他人的亲密性中,感受到一种难以承受的压迫——正是因为它来自我之中,才导致我的无法辩护和拒绝。

① E.Levinas, *Autrement qu'être ou au-delà de l'essence*, La Haye:Martinus Nijhoff,1978,p.95.E. Levinas, *Otherwise than Being, or, Beyond Essence*, Alphonso Lingis(trans.), Pittsburgh:Duquesne University Press,1998,p.57.

四、 同者之中的他者

《异于存在，或本质之外》阐述了：只有当主体性被置于被动性的位置，当绝对的他者被放置到我之中时，责任才能成为一种无条件的命令，才成为内在于我自身之中的异质性，才是不可抗拒的；只有当他人通过感性而贴入我的肌肤，成为我肌肤之中的"敏感"，成为一种对我的"压迫"的时候，对他人的责任才不会变成利己主义的另一面，伦理才可能发生。伦理并非发端于存在的自由，超越也并非发端于作为存在者的上帝，而是发端于感性内在性，发端于在感性内在性中我与他人之间的"谜"一般的关系。

> "对他人的责任不能开始于我的承诺，我的决定。无限的责任——在其中我发现自身来自我的自由的彼岸——'先于所有记忆的开端'(antérieur-à-tout-souvenir)，'后于所有的完成'，来自作为卓越的非—在场，非—源头，无端，先于或异于本质。对他人的责任是主体性的核心所在。"①

自我之前的作为卓越的非—在场、非—源头和无端，这是一种被动性的无端。这种被动性使得对他人的回应成为主体之内核。这是亲密性、困扰和迫害的开端和机制。列维纳斯指出，"作为他人之替代，作为我，一个人，我不是一个转移，不是从一种本质变为另一种本质，我没有将自己锁在他人的身份(identité)中，我不会停留在另一个化身(avatar)中。"②也就是说，替代不是把我变成他人，不是将一种本质变成另一种。"不自私"在悬搁了本质自身性的同时，恰恰保持了我自身。

---

① E.Levinas, *Autrement qu'être ou au-delà de l'essence*, La Haye：Martinus Nijhoff, 1978, p.24. E. Levinas, *Otherwise than Being, or, Beyond Essence*, Alphonso Lingis(trans.), Pittsburgh：Duquesne University Press, 1998, p.10.

② E.Levinas, *Autrement qu'être ou au-delà de l'essence*, La Haye：Martinus Nijhoff, 1978, p.29. E. Levinas, *Otherwise than Being, or, Beyond Essence*, Alphonso Lingis(trans.), Pittsburgh：Duquesne University Press, 1998. p.14.

通过描述这样一种暧昧性关系，列维纳斯努力表明哲学可以去考察另一个主题——开端之前的感性无端。作为现象学的主题，这打破了胡塞尔和海德格尔那里对经验的主题化和存在论限定。"靠近(l'approche)不是对任何关系的主题化，但这种关系作为无端(an-archique)抵制了主题化。将这种关系主题化等同于失去这种关系，留下了自身的绝对被动性。"①这样一种无端与绝对的被动性，只能通过亲密性、困扰、非—漠不关心、不—感兴趣等语言去描述。

> "无限者在对他人的责任之中显现，在'为他人而在'中显现，一个承担起一切的主体，也就是，替他人痛苦的主体，被控诉去承担一切，而没有事先决定去承担这种责任。……服从先于任何的对命令的聆听。"②

责任填充了主体性的核心。他人之暧昧性或谜是伦理的基础。"无限之踪迹是主体之中的暧昧性，……历时性的暧昧性——它使得伦理成为可能。"③在有限与无限的暧昧性中，一方面我们看到同一性暴力，另一方面我们看到感性的抵抗。列维纳斯提到的"替代""将我由内往外翻转""把他人嵌入我皮肤之中"等命题就是在这个意义上完成的。只有将他人嵌入我之中，将一种外在的"压迫"植入我之中，我的自由(暴力)才能得到质疑。将一种原初的我无法拒绝的"被动性"置于我之中，我才能获得主动性，获得自由。在这个意义上，进而就能够理解列维纳斯说的：

---

① E.Levinas, *Autrement qu'être ou au-delà de l'essence*, La Haye：Martinus Nijhoff, 1978, p.192. E.Levinas, *Otherwise than Being, or, Beyond Essence*, Alphonso Lingis(trans.), Pittsburgh：Duquesne University Press, 1998, p.121.

② E.Levinas, *Autrement qu'être ou au-delà de l'essence*, La Haye：Martinus Nijhoff, 1978, p.232. E.Levinas, *Otherwise than Being, or, Beyond Essence*, Alphonso Lingis(trans.), Pittsburgh：Duquesne University Press, 1998, p.148.

③ E.Levinas, *Autrement qu'être ou au-delà de l'essence*, La Haye：Martinus Nijhoff, 1978, p.233. E.Levinas, *Otherwise than Being, or, Beyond Essence*, Alphonso Lingis(trans.), Pittsburgh：Duquesne University Press, 1998, p.149.

"主体性被建构为同者之中的他者(l'Autredans le Même),但是以一种不同于意识的方式构建的。意识总是关联着一个主题,一种当下的再现,一个被放在我面前的主题,一个存在之现象。"①

"主体性是在同者之中的他者(l'Autre-dans-le-Même)"②,这是《异于存在,或本质之外》中对主体性的基本界定。从《异于存在,或本质之外》往回追溯,我们可以更清晰地看到《总体与无限》对主体性的捍卫。通过向下沉降(transdescendance),回到感性的内生命,从而使主体性从意识表象和存在中剥离出来。只有在感性内在性层面,亲密性、困扰、不冷漠、无私等议题才得以被展开,人与人的最初相遇被澄清,外在性才真正打开,真正的主体性(非互惠的主体间性)才得以可能。列维纳斯指出:

"在享受所深化的内在性本身中,又必须产生一种他律,这种他律引起一种不同于那种动物性的自我满意的命运。如果内在性……不能凭借一种异质性元素的显现而拆穿其内在性的谎言,那么在这一下降中就仍必须产生这一冲突,这种冲突并不逆转内在化的运动,也不打破内在实体的基本结构,而是提供重获与外在性的关系的机会。内在性必须同时既是封闭又是敞开。"

"即使在享受中完全被认可的世界所具有的那种不稳定性扰乱着享受,这种不稳定性也并不会消除对于生活的根本认可。但是,这种不稳定性在享受中带来了一种分界线,这道分界线既不是来自他人的启示,也不是来自任意的某个异质的内容——而是以某种方式来自虚无。……这种不稳定性——它因此在内在性生活的周围勾勒

① E.Levinas, *Autrement qu'être ou au-delà de l'essence*, La Haye: Martinus Nijhoff, 1978, p.46. E. Levinas, *Otherwise than Being, or, Beyond Essence*, Alphonso Lingis(trans.), Pittsburgh: Duquesne University Press, 1998, p.25.

② E.Levinas, *Autrement qu'être ou au-delà de l'essence*, La Haye: Martinus Nijhoff, 1978, p.46. E. Levinas, *Otherwise than Being, or, Beyond Essence*, Alphonso Lingis(trans.), Pittsburgh: Duquesne University Press, 1998, p.25.

出一种(属于)虚无的边线,并证实着内在生活的孤岛性——在享受的瞬间被体验为对未来的操心。但是因此,在内在性中就打开了一个维度,通过这个维度,内在性可以期待和欢迎来自超越的启示。在对未来的操心中,闪耀着感性之本质上不确定的将来这一原初现象。"①

这两段话展现了《总体与无限》中重要而困难的议题:绝对的内在性之中如何打开超越?主体性不仅基于向感性享受的沉降与回归,一种绝对的隔离,而且在这种隔离中需要他人的感性触发,通过亲密性、困扰、不冷漠、无私等关系,既维持内生命又同时向外在性敞开。这个任务在《异于存在,或本质之外》被真正展开和完成:在亲密性、困扰、非漠不关心、无私、替代等关系中,自身的相异性被揭示。只有这种自身的相异,才能使他人进入我,他人的异质性才能成为对我而言真正的异质性。

他者缠绕在主体之中,这种缠绕本身包含着无限者的靠近和原初被动性。按照列维纳斯的理解:"最为被动的被动,无法承担的主体性,或主体之极端的服从,来自于对那个异于我自身的迫害我的迫害者的责任对我的压迫。"②"困扰不是意识,也不是意识的某个种类和某种模式,即使它能震动试图承担它的意识:如同迫害(persécution)是无法承受的。"在此处的注释中,列维纳斯进一步解释道:"这种困扰如同单子之间在打开窗户或门之前的关系,在与意向性相反的方向上。"③在这个意义上,个体之间的困扰存在于绝对的感性隔离,这是一种认识论和存在论之前的"古老关系"。

---

① [法]列维纳斯:《总体与无限》,朱刚译,北京大学出版社2016年版,第131、132页。

② E.Levinas, *Autrement qu'être ou au-delà de l'essence*, La Haye: Martinus Nijhoff, 1978, p.92. E. Levinas, *Otherwise than Being, or, Beyond Essence*, Alphonso Lingis(trans.), Pittsburgh: Duquesne University Press, 1998, p.55.

③ E.Levinas, *Autrement qu'être ou au-delà de l'essence*, La Haye: Martinus Nijhoff, 1978, p.139. E.Levinas, *Otherwise than Being, or, Beyond Essence*, Alphonso Lingis(trans.), Pittsburgh: Duquesne University Press, 1998, pp.87, 192.

不论是亲密性、困扰、非—漠不关心、无私、非互惠，还是他者之踪迹与谜，列维纳斯试图将经验导回形而上学。对他人的敏感不再是单纯的感性下沉，而是一种向上的超越。如同他在评论让·华尔的形而上经验概念时强调的："只有作为形而上学，经验才作为经验"。① 只有如此，经验才无法被还原为认知和逻辑分析；也只有如此，哲学才能复归形而上之超越性。我和他人的关系不是意识与对象的关系或存在与显现（揭示）的关系。Here I am(me voice)，这句话意味着：在这里，被召唤，然后才有作为主体的"我"。主体性不是主动和先验的，它完全是被建构（填充）的。可以说，这种被动性在时间之前，是一个谜、混沌和深度，它同时包含内在性和外在性，包含着"此处"和"彼岸"。

在晚年的一个访谈中，被问到和保罗·利科的关系和差异时，列维纳斯说了两段能够概括其思想主题的话：

"我一直努力地在已经被很好地安排(apportioned)了的人与人的关系之外——倘若这种人与人之间的关系已经被很好地安排了，那我们就已经非常幸运了——寻求更为根本的根基，这个根基使得人与人之间的关系在根本上成为可能。一种绝对地无私的(disinterested)关系。我在寻求这样一种关系：在其中，我的义务，我的朝向他人之觉醒，我对他人的依附，在任何意义上都不是能够带来报酬的依附或能够带来报酬的一种慷慨的形式。这也就是为什么我一直在想，在与他人的关系之中，存在着一种绝对的慷慨的元素，一种绝对的无私，并且我一直在论证在这种关系之中显现的善之非对称性。"

"我认为圣洁性这个名词不像其他任何的关系；它是自身背负的尊严。缺失，圣洁性排除所有的自私(interest，利益/本质之间)。但是唯一的慷慨在其友好中是独一的：它是一种价值。……一个人

---

① E.Levinas, *Outside the Subjet*, Michael B.Smith(trans.) , Stanford University Press, 1987, p.75.

能够在无私(disinterestedness)中把握圣洁性,紧紧地把握住,不顾圣洁性所带来的一切积极的东西,这个人就是友好善良的人。"①

这两段话高度地概括了列维纳斯思想的目标。亲近而没有任何的自我利益关切,给予而不考虑互惠,这是原初的暴露与被动性。邻人的靠近构成对我的处境无法摆脱的拷问——虽然我(同一性)总是力图拒绝和逃避邻人发出的拷问与号召。如果说,人类可能是圣洁的,那是因为对他人的慷慨和责任是可能的。进一步地,邻人的压迫从来不是他发出的拷问与召唤(这种召唤不以武力的形式),而是来自于我逃离而带来的愧疚。只有在非—无动于衷、无私之中,才能发现这样原初的关系形式。通过对感性超越关系的描述,主体性这个概念得以摆脱总体性和互惠性的特征。通过感性之中他者(超越)的介入,自我先在地包含着他者,他者在我之前,在我之中。这种源头式的优先性和被动性使得列维纳斯的伦理学获得了一种形而上学和神学的可能性。但是,这种可能性只能被指引,而无法获得清晰论证或描述。

第三节　面容——可见与不可见之间

"面容压迫(我)并且显示其自身,在超越和可见性/不可见性之间。"②

——列维纳斯

"面容在拒绝被包含中而在场。在这个意义上,它无法被理解,亦即,无法被囊括。"③

——列维纳斯

①　Mole de Saint Cheron, *Conversations with Emmanuel Levinas*, 1983-1994, Gary Mole(trans.), Pittsburgh: Duquesne University Press, 2010, pp.22-23.

②　E.Levinas, *Otherwise than Being, or, Beyond Essence*, Alphonso Lingis(trans.), Pittsburgh: Duquesne University Press, 1998, p.158.

③　E.Levinas, *Totality and Infinity*, Alphonso Lingis(trans.), Pittsburgh: Duquesne University Press, 1969, p.194.

一、 被给予性与漫溢现象

关于列维纳斯的面容概念和理论的讨论很多,而且这也是他常常被人提问的议题。在几乎所有的列维纳斯的访谈和对话中,面容都是一个显著的问题。也因此,事实上,列维纳斯对这个概念和问题的表述是最多、也是最清楚不过的(按照列维纳斯自己的意思),它总是在不同的场合被重述,被从不同的角度、不同的句子和方式加以解释。一方面,面容是个最晦涩模糊的概念;另一方面,对于列维纳斯,这个概念也是被解释最多、重复最多的概念,因而似乎也是最没有什么可以阐释的概念了。因此,问题的核心并不在于面容的概念,而在于在列维纳斯的整个语境中面容所要呈现的不可见性。这牵涉到列维纳斯整个思想的基本轮廓和主旨。

从宏观上看,列维纳斯所有现象学思想的内核都坐落在:如何通过他人、面容、踪迹等一系列概念实现对一种不可见者的显现的描述,对上帝的启示的描述? 上帝如何在意识中临显? 只有回答了这些问题,才能进一步理解列维纳斯关于被动性主体的讨论之深意和现象学根基。而这个问题的讨论却又必须放在法国现象学"神学"的大背景中——对被给予性和漫溢现象的讨论。这项工作基本上从胡塞尔时就已经开始,但是在马里翁那里得到了充分的展开。

马里翁是当代法国著名的笛卡尔专家、现象学家。他在利科、列维纳斯、德里达、亨利等人之后对法国现象学的深入研究作出了重大贡献。在马里翁那里有两个基本而重要的概念:被给予性(donation, givenness)和漫溢现象(saturated phenomenon)。这两个概念所包含的问题从胡塞尔和海德格尔开始,就已经是现象学朝着"现象本身"的基本和核心问题:在现象显现之前,是否有遗留? 完全的给予和还原是否可能? 感觉材料(予料)和显现的现象之间具有什么关系? 这些问题和后来英美分析哲学所讨论和批判的"所与神话(the myth of the given)",在问题域上非常接近。

"被给予性"也是胡塞尔思想的重要概念。按照倪梁康先生在《胡塞尔现象学概念通释》中的解释:"'被给予性'是指事物(感觉材料、对象等)的显现。……'被给予性'概念强调显现者对自我的相对性,或者说,'被给予性'是指被给予自我。"①在《现象学的观念(第五篇讲稿)》中,胡塞尔也明确界定:"现象学还原的含义……根本不是指限制在思维领域内,而是指限制在纯粹自身被给予性的领域内,限制在那些不仅被讨论、不仅被意指之物的领域内,而是指限制在那些完全在其被意指的意义上的被给予之物和在最严格意义上的自身被给予之物的领域内,以至于被意指之物中没有什么东西不是被给予的。一言以蔽之,限制在纯粹明见性的领域内。""绝对被给予性是最终的东西。"②在胡塞尔那里,被给予性不是任何其他东西给出的,它只能自身给予;对被给予性的直观是一切知识的合法来源。

马里翁从胡塞尔的意向性理论中进一步提出现象学的基本关系是"显现与显现之物"之间的关系,而非"意向性行为—意向性对象"的关系。从显现与显现之物的关系看,显现总是伴随着显现之物,显现之物总是伴随着显现。对象只有给出自身,它才能显现出来。事物自身给得越多,显现越多。事物自身的给予是显现的原初条件。这种给予超出了意识自身的能力。从这个角度上,马里翁认为胡塞尔的还原和意向性过多地依赖于自我构造。因为在显现之物显现之前的被给予性(the givenness)无法通过现象学还原而获得。因此,马里翁实际上指出了现象学意识主体之前的那层模糊的经验。被给予性是绝对的不可把握和彻底的无法被构造的。换言之,被给予性是还原的根本、最终的东西,同时也是还原所不能达到的界限。

事物本身要成为现象性的,只有首先是被给予的;现象性的决断实质上就是被给予性的决断。所以,马里翁也将自己的现象学称为"被给予性的现象学",这在其著作《被给予:朝向一种被给予性的现象学》中得到了基本的阐

---

① 倪梁康:《胡塞尔现象学概念通释》,生活·读书·新知三联书店1999年版,第178页。

② [德]胡塞尔:《现象学的观念》,倪梁康译,人民出版社2007年版,第52页。

释。马里翁分别从被给予性的规定性和被给予性的程度两个方面来阐释他的"被给予性的现象学"思想。从被给予性的程度而言,马里翁主要考察的是在何种程度上被给予性使得现象性具有可能性。而在所有的被给予性现象中,只有"漫溢现象"是从最高程度上代表了被给予性的现象性。根据马里翁对漫溢现象的概括性描述,他指出漫溢现象具有几个基本特征:不可见的(invisable),不可承受的(unbearable),绝对的无关联性的(without relation—absolute),无法类推的(without analogy)。① 在马里翁那里,漫溢现象的最高处是上帝的启示现象(the phenomenon of revelation)。② 马里翁以他所主张的现象学的描述对象和方式——漫溢现象——去讨论启示问题,将启示作为一种溢出现象。漫溢现象提供了一个讨论启示可能性的方式,没有条件或限制的启示可能性。它允许上帝完全的自我启示。在视域范围内,漫溢现象是无条件的。但是,马里翁虽然承认自己的现象学涉及启示神学,但他不认为这是神学转向,因为他主张现象学可以涉猎启示神学,启示必定通过现象性的方式发生作用。"启示神学依赖于某些被给出的事实(它们把自己作为外观、显现盒显示,甚至幻觉、奇迹和启示等),它在现象性的自然领域中起作用,并因此超出现象学的权能范围;令人震惊的是现象学必定取消所谓自然而理性的神学的资格,但并不会丧失对启示神学的兴趣,恰恰因为没有任何启示可以不用一种现象性方式而起作用。"③对于马里翁,上帝是"被给予性现象"的最高顶点,是意向性的边界。

从这个议题和基本立场出发,同样可以看到,列维纳斯的思想和文本中也处处充满着对被给予性、漫溢现象和启示的讨论。而且,事实上,马里翁在基本主题和思想上是继承了列维纳斯的衣钵,2001 年在给《被给予:朝向一种被

---

① Jean-Luc Marion, *Being Given: Toward a Phenomenology on Givenness*, Jeffrey L. Kosky (trans.), Stanford: Stanford University Press, 2002, pp.199, 202, 206.

② Jean-Luc Marion, *Being Given: Toward a Phenomenology on Givenness*, Jeffrey L. Kosky (trans.), Stanford: Stanford University Press, 2002, p.242.

③ 杨大春:《20 世纪法国哲学的现象学之旅》,社会科学文献出版社 2014 年版,第 551 页。

给予性的现象学》英译版所作的序言中，马里翁毫不保留地指出："我对他（列维纳斯）有着最深的感谢和最真诚的敬意。"①但是，在这本书中也可以看到，马里翁将列维纳斯的主题凸显出来并引向深入，更加"现象学化"了。

启示的前提是上帝不作为我理解的对象，上帝启示自身，而不是被我揭示；上帝给出自身，而不是被我意向性地朝向和构建。这是列维纳斯上帝理论的基本出发点。在列维纳斯那里，上帝经由他人在场、言说。上帝的这种在场和言说无法被还原为所予，不能等同于上帝的自身在场，无法被意识意向性重新建构。在启示问题上，列维纳斯的文本充满了现象学和神学之间的张力，这种张力集中体现在显现与表象、言说与所说之间，亦即马里翁的被给予性和还原之间。在《异于存在，或本质之外》中，列维纳斯指出：

> "任何东西要显示自身，就要以背叛为条件，即使是不可说者。在这种背叛中，对于不可说者的轻率成为可能——而这种背叛恰恰是哲学的任务。"②

哲学就在于将言说变成所说。但是，列维纳斯要提醒我们，言说和所说始终是无法同步性的（simultaneity），"如果要求这种同步性，则已经是将存在的他者还原为存在以及非存在"③。这是列维纳斯的基本立场和前提。

列维纳斯指出，"绝对的经验不是揭示，而是启示"④。这种启示在面容的漫溢现象中获得显现。但这个显现又必将是对启示自身的某种背离。"面容是一个活的在场；它是表达。……面容言说。面容的显现已经是话语（discourse）。"⑤启

---

① Jean-Luc Marion, *Being Given*: *Toward a Phenomenology on Givenness*, Jeffrey L. Kosky (trans.), Stanford: Stanford University Press, 2002, p.xi.

② E.Levinas, *Otherwise than Being*, *or*, *Beyond Essence*, Alphonso Lingis(trans.), Pittsburgh: Duquesne University Press, 1998, p.7.

③ E.Levinas, *Otherwise than Being*, *or*, *Beyond Essence*, Alphonso Lingis(trans.), Pittsburgh: Duquesne University Press, 1998, p.7.

④ E.Levinas, *Totality and Infinity*, Alphonso Lingis (trans.), Pittsburgh: Duquesne University Press, 1969, pp.65-66.

⑤ E.Levinas, *Totality and Infinity*, Alphonso Lingis (trans.), Pittsburgh: Duquesne University Press, 1969, p.66.

示扭转了意向性对对象的把握,上帝在向我传达的声音中获得自我显现,同时隐匿自身。这是列维纳斯和马里翁所共同把握的基本思想。在《在溢出之中:漫溢显现研究》中,马里翁反复提到面容,但是他又使用了另一个概念"圣像(Icon)",马里翁引用列维纳斯的一个表述"面容言说(the face speaks)"①,但马里翁说他努力地将这个问题往前推进一步。"然而,我已经力图往前走一步,思索将面容作为圣像——提出召唤的圣像——简言之,作为直面我(的圣像)。我因此通过这种方式获得一种现象,不可见但是却直面我的现象。"②在这本书中,列维纳斯几乎是马里翁的主要参照,他反复讨论和引用列维纳斯。但马里翁比列维纳斯更明确地将上帝和启示、圣像作为现象学的主题,而不去回避他。在列维纳斯那里,上帝和启示的主题通过他者——他人等概念的纠缠而显得迂回。列维纳斯虽然反思和摆脱胡塞尔、海德格尔的视域,但他并没有将上帝和启示作为主题,而是转而将问题转换为"他者——他人"的问题。列维纳斯没有直接进入上帝及其启示的讨论中,他始终在作为他人的上帝和作为上帝的他人之间缠绕,由此揭示上帝的伦理意义。这种意义要获得揭示,必须通过人与人之间非对象性的触发关系才得以可能。

在马里翁所谈论的漫溢现象中,被给予直觉的东西超过意向性,也就是说给予直觉的东西要多过我们所意识到的东西。因此,被给予我们的东西和我们把握到的东西之间存在一种沟壑,它溢出于我们的意识;概念无法包含和理解它,我的视域被这种漫溢现象所覆盖和淹没。这是漫溢现象的基本特征。从意向性行为和意向性对象的关系上,列维纳斯主张意识对于对象的构建要少于显现的给出,所予要超过意识主体构建的对象。这也是马里翁对漫溢现象基本特

---

① Jean-Luc Marion, *In Excess: Studies of Saturated Phenomena*, Robyn Horner(trans.), Vincent Berraud, New York: Fordham University Press, 2002, p.116.

② Jean-Luc Marion, *In Excess: Studies of Saturated Phenomena*, Robyn Horner(trans.), Vincent Berraud, New York: Fordham University Press, 2002p.119.

征的描述：漫溢现象是不可见的、不可承受的、绝对的、不可规定的。① 在列维纳斯那里，他用了"没有关系的关系""欲望无限者""多寓于少"等表述对这种漫溢现象进行了描述。"有限中的无限，多寓于少，这在无限之观念中被实现，在欲望中被创造。"②"欲望衡量无限者的无限性，因为它通过衡量之不可能性而进行衡量。被欲望所衡量之过度，乃是面容。"③欲望与无限，这是列维纳斯常使用的两个概念。几乎在列维纳斯后期的整个思想阐述中，漫溢现象在"无限观念"的范畴下获得了反复的讨论。列维纳斯将这种主题关系作为他进行的形而上的恢复的重要任务。正如《总体与无限》指明的："对这样一种关系（形而上的关系）的描述，是眼前的研究的中心议题。"④

列维纳斯是马里翁的重要来源。列维纳斯对于面容之中的"过度"与"溢出"的描述构成了上帝显现的核心。这种关于漫溢现象的现象学，它直接指向的是胡塞尔基于意识现象的被给予基础上的深入。对于列维纳斯来说，如果有一种现象无法被完全表象，那么这种现象只能是关于他人的异质性的显现。列维纳斯将言说和所说、显现和显现之物之间的关系作为一种超越关系。对于列维纳斯而言，与不可见者的关系是真正的超越，真正的形而上学。这里面或多或少包含着"上帝"的因素。但这并不意味着它一定是神学的问题。对于列维纳斯和马里翁，现象学必须关注纯粹被给予性的显现，包括上帝的启示。

如果回到雅尼考的语境，我们可以将神学"转向"这个问题理解为现象学对意识的另一个维度的讨论。一方面，意识还原到什么程度，对象就显现到什

---

① Jean-Luc Marion, *Being Given：Toward a Phenomenology on Givenness*. Jeffrey L. Kosky（trans.），Stanford：Stanford University Press，2002，pp.199–220.

② E.Levinas, *Totality and Infinity*, Alphonso Lingis（trans.），Pittsburgh：Duquesne University Press，1969，p.50.

③ E.Levinas, *Totality and Infinity*, Alphonso Lingis（trans.），Pittsburgh：Duquesne University Press，1969，p.62.

④ E.Levinas, *Totality and Infinity*, Alphonso Lingis（trans.），Pittsburgh：Duquesne University Press，1969，p.42.

么程度;另一方面,显现和意识对显现的把握是不对称的、无法相即的。因此,必定存在没有意向性对象的意识,漫溢现象就属于这个领域的讨论,而启示是非常重要的漫溢现象。从这个逻辑看,列维纳斯和马里翁所涉及的上帝并不是神学路径下的上帝,他们并不是从上帝存在的本体论方向进入的,而是从现象的显现方式和程度进入的。不同于神学,现象学还原试图剔除所有先在的设定,这是它和神学的重大区别;但是,这种还原最后实际上也必然遭遇到一种假设,那就是溢出现象的那部分"非显现"本身。列维纳斯和马里翁都明确说明自己做的是现象学,而不是神学。但是,正如他们所遇到的困境以及诸如德里达、雅尼考等哲学家对之提出的严厉批判,他们本身试图探讨的是一种混沌和不可理解的哲学领域。这是智力的冒险,同时也是悖论性的双重运动:一方面要无限向内,一方面要无限向外。

二、 面容

相对于马里翁,列维纳斯的主题在于通过一种带着启示神学的色彩努力去揭示人与人之间的超越关系——他将这种关系界定为形而上的伦理关系。因此,他致力于表明:他人面容的被给予性要超出我的意识的把握,面容的意义逃离于意识的构建和立意。列维纳斯要在这个问题中提出一些概念,诸如他者、异质性、踪迹、上帝他性等。这些现象要如其所是地显现,表达自身,这是现象学还原和悬搁的基本立场。但是,如果仅仅通过意识自身,这些显现是无法被完全获得的。因为他人(面容)作为我的绝对之外在性,永远无法进入我之中,被我同一化。因此,在列维纳斯那里,它赋予了面容重要的地位——我们可以将之理解为作为显现的踪迹/发生处。面容绝不是物理对象,也不是一个表象的面具,它更多地表现着那层无法被表达的内容——上帝的踪迹,上帝的他性的临显。对于列维纳斯,面容已经是一种启示、一种言语。在这个过程中,列维纳斯使用了一些概念,诸如眩晕、使……瘫痪等,这些概念都超出了意识清晰的表达,超出了意识对对象的理性建构。

　　马里翁对列维纳斯的面容显现、被给予性，及其悖论与困境进行了相关的论述与分析：

　　　　"脸或者不如说'脸的显现（l'épiphanie du visage）'使得另一种现象得以光荣地进入（fait entrer en golire）；它的优先性在于，任何意义给予（行为）都不能建构它并且任何意义也先于它，而是相反，它'指涉自身''通过自身而指涉'为一种'异乎寻常的经由自身而对自身的呈现'。脸仅仅依赖于它自身，其诞生既没有先例也没有原因，也没有意向性——如果不是它将意向性施于我的话。列维纳斯通过裸露领会到的是'这样的裸露就是脸'。通过转向我，脸主动将自己现象化，从而第一次摆脱了我的意向性。"①

　　　　"给予性给出自身，因而与超越性相一致，从而也就不是为了看到他者而给出的。事实上，'他者仅仅在其脸上才不显现……'我们甚至可以说，既然脸并不在表象中消失，那么将自己显现为一张脸时，他者完全就不显现。假如脸不是给出自身以使他者被看到，那么它如何显现自己？它的确显现了么？对此，列维纳斯纠正说，问题不应该这样问。因为他者并不是向观看（voir）而是向领会（entendre）显现的。……脸正是由于它现象化为那永远看不到者才得以显现。"②

　　从概念的指陈对象来看，"面容"这个概念更多地仅仅是一个隐喻概念，因为它实际上无法指称一个具体的对象，哪怕是一个可以看到摸到的"肉脸"。列维纳斯用这个词更多地表达了：有一个"东西"，它向我显现，但是我不能从这种显现中看它本身，而是看到其背后的东西，这个东西就是意义。对

---

　　①　[法]马里翁：《从他人到个人》，载高宣扬主编：《法兰西思想评论》（第三卷），徐晟译，同济大学出版社2008年版，第27—28页。引文中的单引号引文是马里翁对列维纳斯的引用。
　　②　[法]马里翁：《从他人到个人》，载高宣扬主编：《法兰西思想评论》（第三卷），徐晟译，同济大学出版社2008年版，第28—29页。

于列维纳斯,面容这个词被选用,一个因素是它与视觉相关——视觉是希腊以来作为视觉中心主义的理性主义的基本途径;另一个因素是,面容与视觉相关,但它同时背叛了视觉。也就是说,在对象向意识(以视觉为主导)呈现的同时,对象又逃离于意识的把握。这表明了:有一种对象给出自身(the giveness)是无法被完全把握的;视觉(理性对象化行为之隐喻)并不能代表着意识的全部能力和内容。这是"面容"作为漫溢现象的基本逻辑。

在《存在论是基础的吗?》这篇文章的结尾,列维纳斯清晰地表达了面容的漫溢现象,以及这种现象对意识现象学和存在论的抵抗:

> "面容之视觉何以不再是视觉,而是聆听和言说? 遭遇面容——亦即,道德意识——如何能够被描述为简单的意识和揭示之条件? 意识如何将自身断言为谋杀之不可能性? 面容之显现,这种显现的条件是什么,换言之,谋杀之诱惑及其不可能性的条件是什么? 我如何能够将自身显现为面容?(以面容的方式显现)最后,在什么范围内,与他人的关系——它无法被还原为理解——是一种与无限者的关系? 这些议题都是对存在论优先性的挑战。"①

在列维纳斯那里,面容不再是视觉的问题,而是聆听和言说。只有如此才能摆脱视觉中心主义,摆脱意识的观看和构建,才能将问题拉到存在的显现之前,从而对存在论的优先性提出质疑。

> "如果有一种意义先于我而存在或者外在于我(面容之中所具有的对谋杀的无限的抵抗,这种抵抗就是这种意义,它独立于赋意),如果我能够处于与来自这种意义所表达出来的东西的关系之中,那么这种与暴政的关系之首要的事实就是命令。"②

---

① E.Levinas, *Entre Nous: Thinking of the Other*, Michael B.Smith and Barbara Harshav(trans.), New York: Columbia University Press,1998,p.11.

② E.Levinas, *Collected Philosophical Papers*, Alphonso Lingis (trans.), Dordrecht: Martinus Nijhoff Publishers,1987,p.22.

也就是说，在这里可以看到两层含义：抵抗和表象，显现和显现之物。前者是看不见的，后者是可以看见的；前者多于后者；前者总是试图逃离后者，但是又通过后者表达出来。面容所扮演的角色就是这两层含义的"中间层"，或者说，面容介于这两者之间，介于言说和所说之间，介于显现行为和显现之物之间。在面容之中，能够看到一种典型的漫溢现象。在列维纳斯看来，面容不是一个塑造的型式，面容总是被它所揭示的存在废弃和背叛，正如大理石雕刻显现其原型但已经将其自身舍弃掉一样。面容的神显完全是语言。列维纳斯对面容的描述几乎涵盖了马里翁所说的漫溢现象的所有特征，尤其包括那种特殊的漫溢现象——启示。

面容一方面是对表象和同一化的抵抗，但另一方面，面容却是极度的脆弱。面容的脆弱性恰恰就在于它容易被伤害，被还原为显现之物，还原为现象。这种双重性和暧昧性，是面容的重要特征。恰恰是面容的脆弱性使得面容常常被消灭和遮蔽，它不仅是寡妇孤儿等所表征出来的特征，而且是每个他人（他者）的基本特征。因为异质性不是亲自在场，而是通过面容在场，这种异质性总是容易被作为在场而被把握。在我与他人的相遇中，我总是倾向于将其作为一个对象，总是将已经显现的作为显现的全部内容，而忽视掉溢出的那部分内容。

一方面，面容诱惑我去"谋杀"，通过其绝对的裸露和脆弱性、易感性，一种本质的赤贫来引诱我去"同一化"；与此同时，真正的异质性在我面前逃离而使得真正的"同一化"变成不可能。因此，面容的赤裸是一种自身掩藏和逃逸的赤裸，面容实际上更多的是一种不可见。通过面容表情的可见的部分引发我，引发意识的对象性行为，使得意识从自身出发去对面容进行捕捉。这是视觉的看，也是意识意向性的基本行为指向。在我所看到的东西中，他人被给予我的和我所看到的，这二者始终是无法同步（历时性）的——真正的他者逃离了意识的兴趣（本质之中）。人们往往将面容对象化为塑形化的面具，但是，恰恰是这种对象化使得他者的异质性逃离。

在《自由与命令》一文中,列维纳斯进一步指出了面容的特征以及它是如何具有对抗性的:

"面容的绝对赤裸,绝对没有防御,没有任何遮蔽、衣物或者面具。这种赤裸是与我所拥有的权能、我的暴力相对抗的,它以一种绝对的方式对抗,以一种对立面本身的方式而显示其对立。面对我的那个表达自身的存在者,他以他非常的表达对我说'不'。这个'不'不仅仅是正式的,而且,它不是一个带有敌对的或者威胁的'不';它是杀死那个向我呈现面容的人的不可能性,它是通过禁止而与一个存在者相遇的可能性。……形而上学的关系、与外在物的关系只有作为伦理关系才是可能的。如果,杀人的不可能性是现实的不可能性的话,如果他人的异质性仅仅是对强力的抵抗的话,那么,对于我来说,他人的异质性将与抵抗我的自然界的外在性一样,这种外在性通过理性的方式进入我;它将不超过我所感知到的世界的外在性——在最后的分析中,这种世界的外在性是我建构的。谋杀的伦理的不可能性是对我的一种禁止,但是,这种禁止不是一种暴力,不是一种智力的禁止。"①

这段话带着深刻而强烈的神学色彩,形而上学关系只有作为伦理关系才是可能的。这种伦理关系的意义来自他者启示的命令。这不仅是面容的感性暴露,更是上帝的形而上的启示。他人之外在性与异质性通过启示不仅获得了不可见的显现,而且获得了与"宗教"同等的伦理高度。列维纳斯始终强调:真正的外在性并不是理性所构建的。面容的溢出便是对这种理性构建和谋杀的对抗。

列维纳斯将上帝作为最高的他者,大写的他者。在我和他人的"亲密性—异质性"关系中,包含着我们和上帝的关系,命令和聆听的伦理意义。面

---

① E. Levinas, "Freedom and Command", in *Collected Philosophical Papers*, Alphonso Lingis (trans.), Dordrecht: Martinus Nijhoff Publishers, 1987, pp.21–22.

容言说着上帝的命令。但是，如果我仅将他人的面容完全作为我所看到的、理解的面容，我实际上已经取消了他人与我最初、最根本的差异，也取消了上帝的伦理意义。列维纳斯常常使用"你不能杀戮"来表达他人面容发生的伦理命令。当列维纳斯反复提道"你不能杀戮"时，并没有表达任何的道德律令，也没有表达一种传统宗教语境下的道德诉求，不能杀人既不是现实的不可能性，也不是强力抵抗。这里始终要注意列维纳斯说的"伦理"概念不是一般意义上的道德规范和行动准则，它是一种形而上学，一种绝对的关系。"你不能杀戮"最终无法通过任何理性的方式获得实现，它仅意味着被给予性对意识的表象行为的溢出，意味着他人与我的根本的差异。这种差异要求"允许他活"。在这个意义上，"你不能杀戮"等同于"允许他人活着"，作为差异者活着。这是最低的伦理准则。

对于面容的显现所给予的命令"你不能杀戮"，马里翁曾评价说：

"（面容）已经不再针对存在的在场，而它所显现化的，更确切地说，它使人领会到的乃是'你不能杀人'。即使我违反这个禁令，我还是能够在其中体验到由他人实施的反——意向性（在其自命名的意义上）、裸露和抵制。脸作为个人显现，因为，即使我杀了他，我还是能够领会到他的呼唤，这将不再是在其死亡中得到确认的自我（l'ego）的特权，此后，特权将归属于他者。我们因此从一种第一哲学过渡到另一种，从存在论过渡到了伦理学。（这是一种）哥白尼式的革命。"①

这样一种哥白尼式的革命并非传统的伦理学回归，相反，它意味着哲学重新检视人与人之间的超越，并将形而上学的目光放在人类的生活之中。列维纳斯指出，面容之中的暧昧性（或者说谜）指向上帝与人的临近与亲切。在《一个人—上帝？》一文中，列维纳斯指出：

"踪迹不再只是一个词语：它是在我的邻人的面容之中的上帝

---

① ［法］马里翁：《从他人到个人》，载高宣扬主编：《法兰西思想评论》（第三卷），徐晟译，同济大学出版社 2008 年版，第 28—29 页。

的亲密性。"①

让人疑问的是：不论列维纳斯如何谈论上帝的他性及其踪迹,似乎所有能够谈论的上帝的神显,只能通过面容的漫溢现象获得表达？而动物和其他物体则没有"面容"？在一次访谈中,列维纳斯澄清了这个概念：

"面容是一个根本的事件。在许多接近和与存在者相关的途径中,面容的行动是特别的,并且由此很难给它一个准确的现象学的描述。面容的现象学通常是消极的。"

"优先性不是在动物中找到的,而是在人的面容中。我们根据此而理解动物的脸。……在面容中有两种奇怪的东西：它的极度的脆弱——没有任何工具占有物的存在；另一方面,有一种权威。似乎上帝通过面容说话。"

"人的面容是完全不同的,并且只有(在人的面容)之后我们才揭示出动物的脸。我不知道是否一条蛇有面容。"②

由此看来,列维纳斯似乎把关于超越的经验限制在人类上。因为,似乎只有谈论人类关系的超越才具有伦理意义。在此,列维纳斯并没有像我们今天的一些伦理学将"伦理"这个词放在了动物、植物和环境等议题上。

回到被给予性上,面容所给出的东西(予料)并没有穷尽其显现。踪迹总是过去的,但是又不能被理解为单纯的过去发生的事情的痕迹,这种不可还原性是意识自身性的缺口。按照列维纳斯的观点,面容是模棱两可与率直性同时具备的：它的模棱两可在于它没有显示出来的部分,也就是说,它如空荡一样隐藏着,如同世界的呈现的剧变,它仍然不可避免地是同者——可见的；它

---

① E.Levinas, *Entre Nous*: *Thinking of the Other*, Michael B.Smith and Barbara Harshav(trans.), New York: Columbia University Press, 1998, p.57.

② E.Levinas, "The Paradox of Morality: an Interview with Emmanuel Levinas", in *The Provocation of Levinas*: *Rethinking the other*, Robert Bernasconi and David Wood (eds.), London: Routedge, 1988, pp.168-172.

是那个永远不会在场的东西的踪迹，而且这种踪迹只通过不在场的不可还原者而被给予。① 踪迹之谜也是意识之谜。对于列维纳斯，上帝的观念就是在我之中的观念，但上帝又总是在我所把握的内容之外。踪迹是无法还原的最后的东西。上帝对意识的溢出（超越）是根本的宗教经验，这代表着意识之中最根本的相异性。恰如基阿尼·瓦蒂莫的评价：

> "在他（列维纳斯）看来，哲学更多地是作为'他者'的闯入而向着宗教经验开放的，……时间，人特有的存在的时间性，只可能对上帝的永恒发出信号，而永恒则被揭示为纯粹的相异性，并且召唤责任的来临……。在努力推动超越形而上学的当代哲学家中，勒维纳斯无疑是走得最远的一个"。②

在列维纳斯那里，经验被扩大，向无限打开。现象学出现了"无限化（infinitization）"特征，比如恢复、迫害、替代，特别是先知，这些意味着列维纳斯的无限是另一种支撑，超过了现象学（现象学之外），超过了作为一种象征性的秩序的现象学。在列维纳斯看来，经验的另外、遥远的一边通过其不在场而触碰我们。列维纳斯的现象学因此是消极的（被动的），正如雅尼考所说："我们确定他思想中最秘密的运动在于从现象学转为形而上学，与他者对主体的'剥夺'之彻底性一致。事实是，在列维纳斯那里，形而上的倾向是如此显著，这是毋庸置疑的。"③

关于一种如此纯粹的外在性，形而上学到底能说出什么呢？如果形而上学仅仅是尼采般的断言的话，那它除了一些神秘的话语和所携带的谜一般的启示之外，还能说些什么呢？如果面容只能被迎接/回应，而不能被对象化和

---

① Hubert L. Dreyfus, Mark A. Wrathall (eds.), *A Companion to Phenomenology and Existentialism*, New Jersey: Wiley-Blackwell, 2009, p.60.

② ［意］基阿尼·瓦蒂莫：《踪迹的踪迹》，载［法］德里达、［意］基阿尼·瓦蒂莫主编：《宗教》，杜小真译，商务印书馆2006年版，第103—104页。

③ Janicaud, Dominique(eds.), *Phenomenology and The "Theological Turn": The French Debate*, Bernard G.Prusak(trans.), New York: Fordham University Press, 2000, p.47.

指称,那么什么样的呼求能够被听到和回应?确实,不能太把列维纳斯的"面容"概念当"真",至少它不是一个具体的概念,不是我们视觉见到的"肉脸"。在列维纳斯那里,面容不是关于视觉(vision)的问题。① 但是,即便是一个"隐喻"概念,在显现和隐匿、可见和不可见之间,这个概念所携带的含糊与悖论都是无法澄清的。

被给予性和面容的漫溢现象到底要说明什么,如果不是一种现象学名义下的故弄玄虚的话,它如何能够在超越中开启一种智慧?列维纳斯试图用他者的超越从胡塞尔的意向性中转移阵地,意向性行为和意向性对象的交互关系无法囊括这种经验关系,更无法表明所有意义的来源;关于他者的经验是一种对"存在—本质"的破除。在这样的经验中,被给予性要远远优先于并且多于主体性,主体性因此被放在了他者的人质的位置。从超越的角度上看,似乎列维纳斯应该自上而下地建构起他的形而上学,但是,从被给予性和漫溢现象出发,列维纳斯必须自下而上去构建,从身体感知、物质性、触发性开始描述,从经验的最深和不可见的地方出发。因此,这是一个交错的空间,我们之中最深的感性经验和超越经验共同被列维纳斯糅合到一个空间里。

一方面,从始至终,列维纳斯都捍卫现象学的基本精神,正如它在《异于存在,或本质之外》的结尾声明的:"我们的分析处于胡塞尔哲学的精神之中,其文字已经成为我们时代的对持久的现象学的召唤,已经使其成为所有哲学的方法。我们展示的概念既不是通过逻辑解构,也不是通过辩证的描述来进行的。它保留着对意向性的分析的信念。"②另一方面,列维纳斯又在这种坚持中,对现象学提出了新的主题和任务:去揭示作为一个无限者的上帝的荣耀。这个荣耀即为意义,它作为绝对的被给予性在他人的面容中向我启示。

---

① E.Levinas, *Totality and Infinity*, Alphonso Lingis (trans.) , Pittsburgh: Duquesne University Press, 1969, p.194.

② E.Levinas, *Otherwise than Being*, *or*, *Beyond Essence*, Alphonso Lingis(trans.) , Pittsburgh: Duquesne University Press, 1998, p.183.

第四章　回归生活：上帝如何
作为一个有意义的词

　　"一种真理，当它适用于所有理性存在者时，它才是普遍的。一种宗教，当它向所有人打开的时候，它才是普遍的。"①

——列维纳斯

　　"不可见的上帝，并不只是意味一个不可想象的上帝，而且还意味着一个可在正义中通达的上帝。"②

——列维纳斯

　　"上帝一词突然来到人类语言之中就是差异的最初标记。"③

——雅克·罗朗

　　在一定意义上，列维纳斯的整个思想应当回归到上帝，回到"来到观念中

---

① E.Levinas，"A Religion for Adults"，in *Difficult Freedom：Essays on Judaismtrans*，S.Hand（trans.），London：The Athlone Press，1997，p.21.

② ［法］列维纳斯：《总体与无限》，朱刚译，北京大学出版社 2016 年版，第 54 页。

③ ［法］雅克·罗朗：《论另一个人：时间，死亡与上帝》，载［法］勒维纳斯：《上帝·死亡和时间》，余中先译，生活·读书·新知三联书店 1997 年版，第 294 页。这句话后面罗朗注释道："这一差异就是非—漠不关心"，见第 299 页。"非—漠不关心"，即无私（dés-inter-esse-ment）。

的上帝"——既是作为他人的上帝,也是作为绝对他者的上帝,摩西的上帝,在别处的上帝。从这个方向看,几乎没有人能够否定列维纳斯思想的犹太教背景,即使他反复强调自己的现象学哲学立场和背景,也无法取消他的思想深处的犹太思想印记。"列维纳斯的作品明显涉及宗教领域。……如'取代(替代)''赎罪''荣誉'等概念,从来都不是抽象于文章之外,而是包含着其主题。再者,在他的书中,虽然很少看到明确地引用圣经的段落……其中也暗含着对圣经以及犹太教教义的引用,这一点也是不可否认的。"①可以说,犹太教的上帝及其教诲是列维纳斯思想的一个印记,以此引导着他的现象学、神学与伦理学思考——虽然这并不意味着他是个神学家。

普特南(Hilary Whitehall Putnam)曾在《犹太哲学作为一种生活指导》一书中解读列维纳斯时指出:

"这里有一个普遍的犹太教主题:正如传统的犹太人发现自己的命运在于服从神性的召唤一样,列维纳斯认为每个人都应该发现他或她的命运在于服从那个最根本的伦理召唤,被召唤去对他人说'我在这里'(hineni),带着列维纳斯所说的'无限的'责任去对他人说'我在这里'。"②

不论是列维纳斯的现象学、神学,还是伦理学,我们能从其思想中看到普特南所说的这个普遍的犹太教主题。这是列维纳斯思想透露出来的根本而现实的关切。按照这个线索,要理解列维纳斯思想的最终关切,不得不回到列维纳斯关于上帝的论述,这种论述既是现象学、伦理学的,也是神学的——列维纳斯强调自己的神学区别于传统神学。在现象学、伦理学和神学的交错中,能看到列维纳斯对传统上帝观的反思和批判。一方面,列维纳斯试图恢复真正

---

① [法]居伊·珀蒂德芒热:《20世纪的哲学与哲学家》,刘成富译,江苏教育出版社2007年版,第326页。

② Hilary Putnam, *Jewish Philosophy as a Guide to Life:Rosenzweig,Buber,Levinas,Wittgenstein*, Bloomington:Indiana Univrsity Press,2008,p.70.

的神学,恢复真正的上帝;另一方面,他又似乎在取消上帝,至少是在将上帝去神话化。这看似一个悖论的过程和思路。列维纳斯如何做到这点的,他如何通过"无神论"的方式拯救上帝？如何通过将上帝肉身化而实现上帝的超越？关于这项工作计划,可以用他的几个论述来概括：

"本书试图找到上帝来临于观念、降临到我们的唇以及铭写在我们的书里的痕迹。"

"(本书)研究的是将上帝这个词理解为一个有意义的词之可能,甚或理解为一个有意义的词之事实。该研究无关上帝存在或不存在这个两难,无关乎面临此两难时可能会做的决断,无关乎对此两难本身是否有意义所做的决断。"

"去合法地言说上帝而又不对其绝对性——上帝一词似乎意味着这一绝对性——有所损害。"①

这几段话奠定了列维纳斯关于上帝理论的计划和基调。上帝如何来临于我们的观念、降临到我们的唇、铭写在书里？如何作为一个有意义的词？对这些问题的回答包含着他的犹太教—基督教的上帝观,也包含了现象学的方法论阐述。为何要这样反思上帝,为何要在上帝看似被抛弃的现代性中寻求上帝的意义(之来临)？作为 20 世纪奥斯维辛、广岛等事件的见证人,如何对待《塔木德》《福音书》的训导、如何看待人类救赎以及历史的终结？这些问题不仅是对上帝存在的挑战,更是对古希腊以来理性神传统下的神学的挑战。作为犹太人,要想不放弃上帝信仰,但同时对上帝有个根本的反思,对 20 世纪人类的恶有个回应,对于列维纳斯而言,只能是从上帝的神圣性(而不是存在)的角度进入,重新阐释上帝。在一次与法国思想家单士宏的对话中,列维纳斯指出：

---

① ［法］列维纳斯：《论来到观念的上帝》,王恒、王士盛译,商务印书馆 2019 年版,第二版序言第 1 页,前言第 3、4 页。

　　"让神圣性成为接近上帝的一种方式,这是明显的,比所谓上帝的光荣显身更重要。"①

　　"在希伯来语里,kadosh 这个词是用在上帝身上的,上帝即是神圣,而它也用在人的身上,称之为'kedoshim'(圣人)。这种古老的传统可以推溯到《塔木德》时代。"②

　　列维纳斯拒绝传统神学,他将自己的神学视为形而上的无神论。这样的无神论"先于对神性的否定和肯定"③,它不谈论上帝的存在问题,而是谈论我们与上帝"相遇"的经验及其意义。列维纳斯并不是否定上帝的存在,他不是传统意义上的无神论者。站在犹太教的背景下,他没有否定上帝信仰。只是,这个上帝不是传统的作为存在者的上帝,这时的上帝更多是个未知者,不能被对象化、不能被安置在"存在"这个范畴中的永远的在远处的他者。不能说上帝不存在,也不能说上帝存在。上帝超出存在,是个绝对的超越、高度,绝对的他者。我们不能用存在论的语言来谈论上帝,只能在其踪迹之中遇见上帝的显现。这是最初的差异,也是最根本的伦理召唤。在这种召唤中,上帝显示其意义。反过来说,这种意义的存在证明了上帝的"存在"。

　　面对传统神学对上帝之超越性的遮蔽、现代科学理性对上帝的祛魅(进而由此而产生的信仰危机),列维纳斯面临着两项基本任务:一方面反思传统神学中的上帝,去掉其神话和存在论的神秘,从存在之同一性的束缚中解放出来,恢复其真正的超越。但同时,要对抗科学和理性对上帝的否定("祛魅"),恢复上帝的意义。这将导致列维纳斯的上帝观出现一种"矛盾":一方面是祛魅,另一方面是存魅。祛除上帝作为存在者之神秘面纱,但又提升其"不可

---

　　① [法]单士宏:《列维纳斯:与神圣性的对话》,姜丹丹、赵鸣、张引弘译,华东师范大学出版社 2018 年版,第 28 页。

　　② [法]单士宏:《列维纳斯:与神圣性的对话》,姜丹丹、赵鸣、张引弘译,华东师范大学出版社 2018 年版,第 30 页。

　　③ E.Levinas, *Totality and Infinity*, Alphonso Lingis (trans.), Pittsburgh: Duquesne University Press,1969,p.58.

见"之超越维度。在列维纳斯那里,从神话和存在者中解放出来的上帝依旧是一个"谜"一般的上帝。这样的上帝并不一定是宗教信仰者的上帝,它可以是向所有人打开的普遍的上帝。这样的上帝之神圣性在他人的面容中启示自身。

第一节 解神话化与"存魅"

"在场者无须成为对象;对象亦无须被经验感知为客体。"①

——海德格尔

德国神学家鲁道夫·布尔特曼(Rudolf Bultmann,1884—1976)提出了著名的"解神话化"(entmythologisierung,demythologization,或译为"祛神话化")理论。在《耶稣基督与神话学》一文中他指出:现代人拒绝了神话式的世界图景,基督耶稣作为神话的话语已经被历史的进程所排斥,但是"神话概念后面所隐含的更深的意义"②却依然有必要并且被保留着。在一定意义上,也可以将这点作为列维纳斯上帝思想的基本背景之一,他对上帝的讨论与现代历史进程中对神话的摒弃具有一致的背景。那么问题是,列维纳斯如何看待现代性对上帝的"祛魅"? 在他独特的现象学语境中又如何解释"神话概念后面所隐含的更深刻的意义"? 他的讨论与布尔特曼的"解神话化"又有何不同?

这里先了解下布尔特曼所说的"解神话化"。在《耶稣基督与神话学》中布尔特曼提出了现代神学讨论上帝的基本背景:

"历史的进程已排斥了神话。因为,上帝之国的概念是神话的,正如关于末世的戏剧的概念是神话的一样。对于上帝之国的期待的假定也是神话的……新约中耶稣布道时假定的世界概念在总体上是

---

① [德]海德格尔:《路标》,孙周兴译,商务印书馆 2011 年版,第 87 页。

② 刘小枫选编:《海德格尔式的现代神学》,华夏出版社 2008 年版,第 5 页。

神话式的,即世界建构为三层——天堂、人间和地狱;超自然力干预事件进程的概念;人会受魔鬼诱惑、会被邪念支配的概念。我们说这副世界图景是神话式的,因为它不同于发轫自古希腊以来科学的形成和发展、并为现代人广泛接受的世界概念。……无论如何,现代科学都不相信超自然力能够干预或中断自然进程。"①

可以说,布尔特曼描绘的是一种现代无神论的图景:理性和技术对超自然的神话进行了排斥——至少在现代人广泛的世界观念中,不再接受作为神话存在者的上帝。布尔特曼认为:"耶稣就是从神话的角度理解自己。……无论如何,早期基督教团体就是把他看作为一个神话人物的……从神话角度看待他的位格,这一点在希腊化时期基督教各团体中更为明确。在这些团体中,耶稣被理解为某种形而上学意义上的上帝之子,一种伟大的、先在的、上天的存在,为了让我们赎罪,他变成为人,并蒙受痛苦,以至于最后被钉死在十字架上。这种观念显然是神话性的。这在犹太人和非犹太教的神话中广为流传,后来被加诸耶稣的历史形象上。"但是问题并不在于我们去质问为何要摈弃这种神话观念,而在于"对于现代人来讲,作为一个整体的耶稣布道和新约的教诲有什么意义?"②这个问题逐渐指向了布尔特曼所说的"解神话化"的旨趣。

> "对于现代人来说,世界的神话概念、末世论的概念、赎罪者和赎罪的概念都已成为历史。仅仅因为这些概念都来自《圣经》,我们便必须放弃理解,牺牲理智,以接受我们内心不能信以为真的事物,这是可能的吗?或许,我们应该将包含神话概念的新约的陈述搁置一旁,选择对于现代人不构成障碍的其他表述。事实上,耶稣布道并非仅仅局限于末世论的论述,他也宣布了上帝的意志。这是上帝的要求,是上帝对至善的要求。耶稣要求真实和纯洁,随时准备去爱、

---

① 刘小枫选编:《海德格尔式的现代神学》,华夏出版社2008年版,第3页。
② 刘小枫选编:《海德格尔式的现代神学》,华夏出版社2008年版,第4页。

去牺牲;要求整个人类都服从上帝,反对人对上帝的义务能够通过某种外部律法完成的谬论。如果耶稣的伦理要求会给现代人带来障碍,其原因也仅仅是对他个人的私欲而言,而不是对他的知性而言的。"①

祛除神话并不意味着祛除神话的意义。这是两个不同的问题。这里可以将包含神话概念的新约的陈述搁置一旁,但不能同样地搁置其伦理内容和意义。新约通过历史事实和神话的方式描述耶稣,但我们不能重新通过知性去确认这些描述,因为圣经的真理并非在于其历史和神话的内容,而在于圣经的意义和伦理要求。因此,布尔特曼强调:

"我们能够保留耶稣布道的伦理部分而摒弃他的末世论部分吗?我们能够把他有关上帝之国的教诲解释为所谓的社会福音吗?还有第三种可能吗?我们要问:末世论的教诲和种种神话言论作为一个整体是否保留了隐含在神话之外壳之下的一种更深刻的含义?如果是这样,我们就放弃神话的概念,因为我们力求保留它们的更深刻的意义。这种试图恢复在神话的概念后隐含的更深的意义的方法是解释新约的一种方法,我称之为解神话化——的确,这不是一个令人满意的术语。它的目的并不在于消除神话的陈述,而是努力加以解释。这是一种释经学的方法。当我们从总体上认识了神话的含义时,这种方法的意义将会得到最好的理解。"②

在现代神学中,关于耶稣基督的理解已经超越了有形的上帝之国,也超越了历史事实,它更多地关注末世论以及十字架的道——伦理意义的彰显。"解神话化并非笼统地弃绝《圣经》和上帝的预言,而是放弃《圣经》的世界观,这是一种过往时代的世界观,一直保存在基督教义和布道之中。""解神话化的努力始于这样一个重要思想:基督教的布道既然依据上帝的要求,并以他的

———————

① 刘小枫选编:《海德格尔式的现代神学》,华夏出版社 2008 年版,第 5 页。
② 刘小枫选编:《海德格尔式的现代神学》,华夏出版社 2008 年版,第 5 页。

名义来传言上帝的话,那么它就不提供一种或为理性或为牺牲理智的做法所能接受的教理。基督教布道就是宣讲拯救,这种宣讲不针对理论和理性,而仅仅针对作为个体的听众。保罗以这种方式在上帝面前将自己荐与每一个人的良心。解神话化将这种带有个人色彩的信息教诫的功能变得更为清楚,同时它会消除一种谬误的障碍,而使一种真正的屏障,即十字架的道明朗起来。"①圣经中的事迹和耶稣的历史不再作为世界观的基础,也不再是一个神话理论体系,但上帝的要求作为一种精神内在于每个个体听众。在这个意义上,解神话化更重要的任务并不在于解除上帝的神话(祛上帝之魅),而在于将"十字架的道明朗起来"。但是,这需要另一个基础,那就是每个个体内在的情感和道德经验,因为我们并不是通过历史理论和理性去识别上帝的道,而是通过个体的经验。当每个个体聆听到十字架的道时,他才能与那个每个人都能进入的真正的上帝相遇。

与布尔特曼相比,列维纳斯并没有明确提出解神话化的命题,但是列维纳斯关于宗教和上帝的讨论也具有一种"解神话化"的特征。他关于上帝的讨论也是建立在一种对上帝的"祛魅"基础上的。正如德里达的评述,列维纳斯"把某种祛魅变成为真正的神圣性的条件(标志:'勒维纳斯'——特别是《从神圣到圣洁》)"。"如果信仰是对任何一个他者的致辞和关系,那是在非—关系或绝对中断的经验之中(标志:'布朗肖''勒维纳斯')。这种非—关系或超越性的超神圣化仍然是通过非神圣化——我们不说世俗化或非宗教化那些过于基督教的概念,甚至可能通过某种'无神论',总之是通过'否定神学'的来源的极端经验——甚至超越其传统——进行的。……这里必须区分神圣(sacré)和圣洁(saint)"。②

正如德里达评价的,列维纳斯对上帝的谈论首先是通过祛魅、通过非神圣

---

① 刘小枫选编:《海德格尔式的现代神学》,华夏出版社 2008 年版,第 15 页。

② [法]德里达:《信仰与知识——纯然理性限度内的宗教的两个来源》,载[法]德里达、[意]基阿尼·瓦蒂莫主编:《宗教》,杜小真译,商务印书馆 2006 年版,第 86 页。

化而进行的。列维纳斯本人也声称自己的"无神论"立场。这种无神论并非没有上帝，而是不讨论上帝的存在，将上帝"存在"问题悬搁起来。在这个意义上，也搁置了上帝的神话层面上的内容和讨论。在这个基础上，关于上帝的讨论从本体论回归到了上帝的非—关系和超越性，也就是神圣性。在列维纳斯那里，这种祛魅实际上是一种对经验的现象学搁置和还原。搁置关于上帝的任何的先在的预设（作为存在和对象），同时，这也意味着搁置了《圣经》中关于上帝的历史叙事。谈论上帝在经验中的显现本身，这是现象学的基本态度。但是，搁置上帝的存在之后的关于上帝的纯粹经验，还剩下什么呢？列维纳斯回到经验中的上帝经验还剩下什么呢？这样的上帝还是"什么"呢？对此，我们注意到列维纳斯关于上帝的"替代"身份，他人。在两个文本中，列维纳斯有如下两个表述：

> "如果上帝不首先并且最重要地是作为一个对话者，那么上帝将不成其为上帝。"①

> "上帝不是简单的'首要的他人'，或者'卓越的他人'、'绝对的他人'，而是超越于他人。"②

毫无疑问，在列维纳斯的整个思想基调中，他用他人来"代替"上帝（这不是完全的代替）。上帝首先是我的对话者，而这个对话者是我所面对的他人。在这个语境中，这个他人在很多时候指向（通达）他者、绝对的他者、上帝。但是，之所以说，这种"代替"是不完全的代替，是因为上帝又不仅仅是他人，甚至卓越或绝对的他人，上帝还超越于他人。这是列维纳斯的基本逻辑。通过这种逻辑，对上帝的存在论搁置并不会导致上帝的"失去"，上帝依旧还在列维纳斯的整个文本和论述中"存在"（作为他人、他者而存在）。也正是在这样

---

① E.Levinas, *Entre Nous*: *Thinking of the Other*, Michael B.Smith and Barbara Harshav(trans.), New York: Columbia University Press, 1998, p.22.

② E.Levinas, *Of God Who Comes to Mind*, Bettina Bergo(trans.), Stanford: Stanford University Press, 1998, p.69.

的基本逻辑下，传统的关于人与上帝的关系的宗教概念转换成了关于人与人的关系概念：

> "与他人的关联，它无法被还原为他人的再现，而只能还原为他人的祈祷，在这种关系中祈祷之前没有一种先行的理解，我称这种关系为宗教。"①

这体现了列维纳斯对上帝存在的根本的"祛魅"，上帝成为了"有形""具体"的他人，而非高高在上的那个存在者，或者神话中的人物。宗教这个概念也被祛魅了，完全成为了一个"具体、可见、可说"的概念，它不再是人与那个高高在上的神秘者的关系，而成为人与人之间的关系概念。从这里，可以看到，列维纳斯完成了对上帝和宗教这两个概念的"祛魅"。到这里，上帝似乎实在化、清晰化了，也就是说上帝道成肉身为他人，上帝的命令也从他人那里发出来。

但是，事实并非如此，这里的"实在化、清晰化"只是相对的，它并不意味着列维纳斯对上帝的"祛魅"之后，整个事情就成为可以理解的。不管是"他人"代替上帝，还是人与人的关系代替了人与上帝的关系，这种与上帝的关系依旧仍然是不可理解的，甚至更加模棱两可和更加不可理解了。可以看到，即便搁置了关于上帝的存在的预设，搁置了上帝的神话"图像"，在列维纳斯那里，关于"肉身化"的上帝更加模棱两可和不可理解了，这源于上帝通过"肉身化"反而拔高了上帝，拔高到了真正的"超越"。

在列维纳斯关于作为他者的上帝的讨论中始终有一个形而上的指向：一个绝对的不在场者。我们注意到，在关于上帝的"神话"和将上帝作为"绝对他者"之间，二者都具有一种"魅"，或者说，在可感的经验世界背后的另一个"世界"。不同的是，神话世界通过存在的图像构建起了这"另一个世界"，而列维纳斯通过超越构建了一个具有上帝神性（意义）的世界。

---

① E.Levinas, *Entre Nous*: *Thinking of the Other*, Michael B.Smith and Barbara Harshav(trans.), New York: Columbia University Press, 1998, p.7.

在经验的不可理解性上，列维纳斯祛除了神话的、存在者的魅，同时也构建起了上帝真正的"魅"。这种"魅"有两层意味：一是经验的完全不可理解性，绝对的他异性；二是上帝的魅力，对于人的触发与召唤。虽然，这样的作为绝对他者的、在别处的、异于存在的上帝，在他人那里具身（显现）。但是，列维纳斯实际上始终都没有让这样的"上帝"现身，无论是面容、踪迹，还是他人的召唤，上帝始终都依然是一个"谜"。因此，如果比较布尔特曼所要解除的"神话化"，还有德里达提到的列维纳斯的"祛魅"，可以看到，列维纳斯实际上只做到了祛神话化、祛存在化，而没有真正的祛魅。他并没有按照感官确定性和理性清晰性、可理解性的方式将上帝呈现给我们。上帝的圣洁性建立在"祛魅"基础上，但这种祛魅仅仅是将上帝的存在论色彩剥去，而不是将上帝的超越剥离掉。这种超越决定了根本意义上的"祛魅"。

现代性科学理性基础上的世界观对上帝的祛魅实际上是将上帝"杀死"。在这种世界观中，对超自然和超感官的怀疑导致了上帝从可理解的世界观中被剥离出来。而现代性这种对上帝的"祛魅"的结果本身也是列维纳斯要面对的挑战，它导致了上帝信仰的式微。在列维纳斯看来，传统的神话或者存在论中的上帝，看似保存了上帝的"神秘"和"存在"，但实际上遮蔽了上帝的"超越"，反而杀死了真正的"上帝"，这样的上帝观要被解蔽。相反，现代性看似"解蔽"和"祛魅"了上帝，但也杀死了上帝和信仰。

从经验的层面上，列维纳斯的上帝依然是不可理解的。因此在"可理解性"的意义上，列维纳斯的上帝依然是"存魅"的。而正是这样的"超出理解性"的"存魅"才构成了对形而上之超越的保护。这正是列维纳斯上帝观的矛盾与特点所在。也是他与布尔特曼所提到的"解神话化"根本不同的地方所在。这也是我们将列维纳斯放在布尔特曼的"解神话化"语境中考察需要注意的地方。对于列维纳斯，布尔特曼的"解神话化"之后留下的上帝的意义问题,恰恰需要"存魅"才能获得。这种存魅即是对上帝的超越性的恢复和保护。这种"魅"即"谜"。但如何存魅,这种魅力在哪里?这是使得列维纳斯区别于古老的神话和传统神秘主义神学的地方。列维纳斯将这种上帝之"谜"放在了经验之中,放在了人与人的道德经验之中。

第二节　宗教经验是一种道德经验

"神学的恢复是在对圣洁性的把握之后,圣洁性是首要的。"①

——列维纳斯

"宗教经验——至少对于《塔木德》来说——不能不首先是一种道德经验。"②

——列维纳斯

在一定意义上,对神学和伦理学的恢复,这两项任务在列维纳斯那里是高度重叠的。"作为第一哲学的伦理学"与"作为与他人的关系的宗教"具有一致的内含,都包含着超越性和圣洁性(holiness)。列维纳斯对上帝的超越性及其意义的阐述最后是通过澄清人与人之间原初的道德经验来展开的。如前文所述,列维纳斯对上帝的"祛魅"本身重点不在于解除神话语境中的上帝,解除作为存在论视域中的上帝,而是重新理解上帝观念的意义。

在列维纳斯讨论上帝的文本中,他试图通过将上帝放在人的经验之中,去寻找上帝观念的意义,但这样的追问没有根本的确切答案。如在《论来到观念的上帝》的导言中所说:

---

① E.Levinas, *Of God Who Comes to Mind*, Bettina Bergo(trans.), Stanford: Stanford University Press, 1998, p.ix.

② [法]列维纳斯:《塔木德四讲》,关宝艳译,商务印书馆 2005 年版,第 17 页。翻译有所改动。

"与上帝相关的问题无法被答案所消解,无法因这些答案而停止发问,或者完全被这些答案平息。"①

上帝是一个开放性的经验,如同人的经验的开放性。正是在这个意义上,列维纳斯没有从其神学和伦理学框架下制定任何的道德规则。但是,有一点是基本的,那就是圣洁性,即我们从一开始受到的伦理召唤。在一次与德里达的对话中,列维纳斯指出:"我寻求的不仅仅是伦理,而是圣洁(holy),圣洁的圣洁性(holiness)。"②对于列维纳斯,圣洁性的问题从一开始就是一个实践问题,是他人的临近而带来的道德迫切性问题。这个实践问题的背后是在人性中寻求一种比自身同一性(自私)更高(更古老)的东西,最初的差异性。正如不论是在基督教还是犹太教中,人从来不是"完全的",列维纳斯没有从性善的角度去考察人。实际上,他所有的论述背后(例如在《总体与无限》的开篇提到战争与道德之间的悖论关系)几乎都暗示了人性的某种恶的现实。在《我们之间》中的《自我与整体》一文中,列维纳斯对暴力与战争进行了批评,这些暴力是传统启示宗教所无法真正解决和克服的。在这个世界上,无时无刻都有暴力、流血与死亡,都有罪恶。传统的启示宗教并没能够拯救或者说改变这种处境。在圣洁与暴力(罪)之间,"启示宗教——一个与超越的上帝关联的我(me)——所提供的本体论轮廓试图调和这些矛盾"。但"它依旧保留着人类的不充分以及他们总体性或自由的特征。罪或无辜只能通过对上帝的尊重才能被设想"。列维纳斯说:"宗教已经失去了它在现代意识中的领导角色。"③当代精神生活中的宗教危机源于我们将自身与上帝关联而遗忘了在这种关系之外的人。④

---

① E.Levinas, *Of God Who Comes to Mind*, Bettina Bergo(trans.), Stanford:Stanford University Press,1998,p.xi.

② Jacques Derrida, *Adieu to Emmanuel Levinas*, Pascale – Anne Brault and Michael Naas(trans.),Stanford:Stanford University Press,1999,p.4.

③ E.Levinas, *Entre Nous:Thinking of the Other*, Michael B.Smith and Barbara Harshav(trans.),New York:Columbia University Press,1998,p.18.

④ E.Levinas, *Entre Nous:Thinking of the Other*, Michael B.Smith and Barbara Harshav(trans.),New York:Columbia University Press,1998,p.21.

　　这是列维纳斯基于人类社会的恶与传统宗教之间的关系的反思,这种反思指向了一种普遍化的宗教和普遍化的救赎,它摆脱了某种特定的"宗教信仰"。列维纳斯主张:"一种宗教,当它向所有人打开的时候,它才是普遍的。"①"我认为人类的救赎关乎每个人,为了每个人。"②这意味着宗教关乎所有人,它并不必然关联于信仰。正如他所坚持的圣物和圣洁的区分,宗教与救赎关乎所有人。这也体现了列维纳斯的"无神论"的上帝的基本精神。在这里,上帝的神性放弃意味着在人性之中寻求神性的可能性。

　　列维纳斯并没有关注人性的问题,或者他从一开始就绕过了对这个问题的讨论,避免一种单纯的伦理学或神学的语境,从而也避免存在论和传统认识论的陷阱。他优先关注的始终是在存在和意识对象构建之前的经验,或者说是活生生的生命、生活世界本身,与他人关联的生活世界。这是一种最原初和直接的生命、生活经验,也是列维纳斯意义上的原初宗教经验。与基督教不同,列维纳斯没有通过一个作为存在者的上帝来教导人们道德戒律,他的任务也不是传播某种宗教或伦理教义。他对上帝的谈论并不是引导人们进入基督教或犹太教的宗教生活,或者其他任何一种特定的宗教生活。

　　列维纳斯在更深的层面向我们揭示了一种更为基本的宗教与道德经验的共通性。在列维纳斯那里,这种共通性很好地在《塔木德》经中得到叙述和揭示。可以说,对《塔木德》的注解直接地体现了列维纳斯关于宗教与道德叙事之间的关系的观点。以下我们将通过他的"《塔木德》解读"进行阐述。

　　　"我们知道,自从迈蒙尼德以来,犹太教中一切对神的形容都是

　　用人类的实践来表示的。我认为神的名字本身最为人类所熟悉,但

　　也最为模糊且受到各种滥用,我力求向它投射一束光芒,这种光芒来

---

　　① E.Levinas, "A Religion for Adults", in *Difficult Freedom: Essays on Judaismtrans*, S. Hand (trans.), London: The Athlone Press, 1997, p.21.

　　② E.Levinas, *Is it Righteous to be? Interviews with Emmanuel Levinas*, Jill Robbins(eds.), Stanford: Stanford University Press, 2001, p.265.

自它在所有经文中占有的位置本身，来自我们可以理解的它谈论人
类道德经验的上下文。神——不论其最终的也可以说不加掩饰的意
义是什么——在人类的意识中（尤其在犹太人的经验中）显露出价
值的'衣着'，而且这种衣着与它的本性或超本性别无二致。理想、
理性、永恒、上帝、跨—主体，等等——可被智慧渗透的概念——都是
其道德的外衣。因此，我认为，不论神明（Divin）的终极经验及其宗
教的或哲学的终极意义是什么，它们都不能脱离倒数第二个音节
（即 Divin 中的 vie，指生命和生活——译者）的这些经验和意义；它
们不能不包含神明闪光的价值。宗教经验——至少对于《塔木德》
来说——不能不是一种事先的道德经验。"①

这段话指出了列维纳斯解读《塔木德》经的基本立场和方向，也表明了列
维纳斯对犹太教上帝的基本理解。正是基于上帝的"属人"特征，宗教经验与
道德经验重叠起来。这种重叠既提升了道德经验的超越性，同时强化了上帝
的道德意义。在对《塔木德》的解读中，列维纳斯始终强调他人相对于上帝的
优先性。例如，在解读《密西拿》中涉及的触犯他人、触犯上帝以及宽恕问题
时，列维纳斯谈到了他人的优先性。

"在某种意义上，上帝是最杰出的他者，作为他者的他者，绝对
的他者——然而我与这位上帝之间的摆平只取决于我。宽恕的工具
掌握在我手中。反之，别人，我的兄弟，人，无限性不及绝对他者的他
者，在某种意义上比上帝更他者：为了在赎罪日获得宽恕，我必须事
先争取使他平息。"②

他人比上帝更为他者。这不是因为他人比上帝更为无限，而是因为与他
人的关系是一种更为具体的关系。实际上，在这里，列维纳斯将他人摆在了上
帝的前面，"作为"上帝，真正地承担了上帝的角色。这样的他人是道德实践

---

① ［法］列维纳斯：《塔木德四讲》，关宝艳译，商务印书馆 2005 年版，第 16—17 页。
② ［法］列维纳斯：《塔木德四讲》，关宝艳译，商务印书馆 2005 年版，第 19 页。

中的上帝。触犯他人比触犯上帝更为严重、更难获得宽恕，因为触犯上帝可以在赎罪日获得宽恕，但是触犯他人，如果没有去请求他人的宽恕，没有得到他人的宽恕，就不会被宽恕。列维纳斯通过《塔木德》文本解读出了一种比上帝训诫还要具体而严格的道德处境——面向他人。上帝这个绝对的他者不论再怎样重要，其首先要通过人这一层。这体现了列维纳斯的"人本主义"精神。

> "侵犯一个人是很严重的事情。宽恕取决于被侵犯者。侵犯者落入了被侵犯者的手中。有罪者不要求，就没有宽恕！犯罪者必须承认他的过错；被侵犯者必须非常愿意接受侵犯者的恳求。说得更清楚一点：如果侵犯者不向被侵犯者要求宽恕，如果有罪者不力求让被侵犯者平静，谁也不能宽恕他。"①

列维纳斯这段对《革马拉》的注释表现了他以伦理的立场解读犹太教救赎日的主题，中心在于人，而不在于上帝。在救赎日，侵犯者与被侵犯者之间是一种典型的"人质"关系——人们有理由认为，列维纳斯中后期重要的文本《总体与无限》和《异于存在，或本质之外》中所表达的"人质"与这里的"人质"在思想主题上有着一致性——"侵犯者落入了被侵犯者的手中"，犹如"主人"落入了"奴隶"的手中、"强者"落入了"弱者"手中，"自我"落入了"他者"之中，这是一种非对称的"关系"。同时，也只有这种"落入"才有可能显现出上帝的宽恕和伦理意义——对于绝对差异性的尊重与欢迎。

关于《塔木德》，不同的拉比有不同的注解，在这些注解中实际上融入了不同的个体经验。这些不同的经验阐释恰恰表明了上帝所具有的"突出的普遍性的道德意义"。② 对于列维纳斯，普遍性的道德意义并不仅仅局限于宗教的善，它是一般意义上普遍的善——比如柏拉图的至善。在这个意义上，列维纳斯对《塔木德》经的普遍性的道德意义的揭示，与他在哲学文本中寻求的普遍

---

① ［法］列维纳斯：《塔木德四讲》，关宝艳译，商务印书馆2005年版，第23页。
② ［法］列维纳斯：《塔木德四讲》，关宝艳译，商务印书馆2005年版，第17页

性的善,二者实际上是内在一致的。例如他在《从存在到存在者》开篇所言:

> "我所进行的是一项准备性的研究。它纵览了一系列十分宽泛
> 的研究主题,涉及善之难题、时间以及作为向善之运动的与他人之关
> 系。柏拉图置'善'于存在(etre)彼岸的准则是引导这些研究的最概
> 括也是最空泛的指南。这就意味着,引领一个存在者(existant)趋向
> 善的过程并非存在者上升为一种高级存在(existence)的超越行为,
> 而是一个摆脱存在(etre)以及描述它的范畴的过程,是一种出越。
> 然而,出越和幸福必须立足于存在(etre),因此,存在胜过于非
> 存在。"①

从这段话可以看出,贯彻在列维纳斯思想运作中的"宗教"和"形而上"意
味。在《异于存在,或本质之外》中列维纳斯也提道"异于存在,存在的他者或
异于存在,位于历时性之中,被表达为无限性,已经被柏拉图看作了善"②。这
样的善是普遍的善。列维纳斯的兴趣并不是宗教本身,而是道德实践中"圣
洁,圣洁的圣洁性"的可能性,是构建人类社会的可能性基础。在对《塔木德》
的解读中,列维纳斯强调了这种理念:

> "提及以色列实际上是提及(上帝之)名字。它的圣洁性和它所
> 提议的圣洁性,'超越于任何对象化和主题化',意味着人类社会的
> 构建是建立在义务(obligation)之上的。"③

从逻辑上,无论是基督教、犹太教,还是康德的义务论,都需要一个形而上
的终极基础(条件),那就是以上帝作为保证。但是,按照列维纳斯的观点,犹
太教的这个"上帝"事实上是一个作为他人的上帝。这种情况下,"义务"纯粹

---

① [法]列维纳斯:《从存在到存在者》,吴蕙仪译,王恒校,江苏教育出版社 2006 年版,前言第 1 页。

② E.Levinas,*Otherwise than Being*,or,*Beyond Essence*,Alphonso Lingis(trans.),Pittsburgh:Duquesne University Press,1998,p.19.

③ E.Levinas,*Beyond the Verse*,*Tamudic Readings and Lectures*,Gary D.Mole(trans.),Bloomington:Indiana University Press,1994,p.123.

地成为人对人的义务,而不是上帝赋予的义务。这里面依然是列维纳斯所解读的犹太教的爱上帝和爱他人的关系命题:

> "对上帝之爱的回应,对启示的回应,无法在一个简单的朝向相反方向的行动之中达到,而只能通过被上帝对人的爱所打开的同样的道路;对上帝对人之爱的回应,就是去爱邻人。"①

但是这里存在令人困惑的地方。列维纳斯对他人和上帝这两个概念的互用(甚至有时混淆),造成了义务的终极依据的模糊。爱邻人是对上帝对人之爱的回应,这里回应的依旧是上帝,邻人似乎仅仅是一条"道路"。在这里,可以看到在逻辑和时间顺序上,上帝的优先性,也可以看到列维纳斯直接的犹太教信仰背景。但这不影响他在这种背景下对人与人关系(这条人类接近上帝的道路)的强调。如果一种对邻人的完全被动性与非对称的回应是可能的,人类接近上帝的道路就是可能的,上帝对人的爱也是可能的,真正地建立在义务之上的人类社会也是可能的。在这个意义上,宗教形而上学的讨论才构成人类社会的根本可能性的讨论。因此,无论是在列维纳斯的《总体与无限》《异于存在,或本质之外》中,还是在其对《塔木德》的研究文本中,宗教的进入似乎是作为一种超越和多余,但其实是基础和朝向。

在《上帝·死亡和时间》的"责任心的不寻常"一节中,列维纳斯指出:

> "在它们仅仅由社会学维系着的庞杂面貌之外,人类关系是按照另一个模式、而不是存在物的模式构建起来的。它们意味着别样的存在。人们称之为上帝的,只有从那另一类关系触发才能获得意义。只有从这种关系出发,上帝才能够'表现'自己。"②

---

① E. Levinas, *Difficult Freedom: Essays on Judaismtrans*, S. Hand(trans.), London: The Athlone Press, 1997, p.191.

② [法]勒维纳斯:《上帝·死亡和时间》,余中先译,生活·读书·新知三联书店 1997 年版,第 227—228 页。

这段话简要地概括了列维纳斯的出发点和路径。列维纳斯将人类关系定位为异于存在、本质之外的关系。在这个前提（界定）下，上帝也同时被放置在了异于存在、本质之外，并且在其中获得意义。只有将上帝放置在"别处"，在"另一类关系"中，上帝才可能作为伦理的支撑，反过来，上帝才可能获得其意义。这使得列维纳斯从伦理出发思考上帝、从伦理中获得上帝的意义成为可能。

从列维纳斯的前提和路径中，似乎也可以看到康德、克尔凯郭尔和巴特等人讨论上帝（与伦理的关系）的思想路线。恰如罗蒂（Richard Rorty）所评价的：

"当然，这样的努力并不是什么新鲜事。康德提议我们将上帝看作纯粹实践理性的一个设准，而不是对经验现象的一种解释，这种提议就为像施莱马赫这样的思想家提出南希·弗兰肯贝里所谓的'一种象征形式的神学'扫清了道路。它也鼓励了像克尔凯郭尔、巴特和列维纳斯这样的思想家使上帝成为绝对的他者——不仅仅超出了证据和论证所能达到的范围，也超出了推论性思想所能达到的范围。"①

如果沿着康德的路线，也只有将上帝作为超出了证据和论证、推理性思想的范围的绝对的他者，才能腾出空间给予"宗教—道德"留下地盘。而列维纳斯的努力恰恰在于重新将这种不可证明和推理的"不可见者"纳入"可见者"之中讨论，纳入我们关于道德和正义的追求之中——而不仅仅是将它悬搁起来，作为单纯的"悬设"。

"不可见的上帝，并不只是意味一个不可想象的上帝，而且还意味着一个可在正义中通达的上帝。……为了能够产生通往上帝的开口，必须要有正义的工作，也就是面对面的率直之工作……。于是，

---

①　[美]罗蒂：《实用主义哲学》，林南译，上海译文出版社2009年版，第223—224页。

哪里有与人的关联,哪里有社会关系在上演,哪里就有形而上学在上演。离开了与人的关系,就不可能有任何关于上帝的'知识'。他人是形而上学真理的所在地本身;而且对于我与上帝的关联来说,他人是根本不可缺少的。他人没有承担中介者的角色。他人不是上帝的肉身化,相反,凭借他在其中解肉身化的面容,他人恰恰是上帝于其中启示出自身的那一高度的显示。正是我们与人们的关系,描述出了一个难以察觉的研究领域……,也正是这些关系把神学概念所蕴含的独一无二的含义赋予它们。……人与人之关系的首要性……是一切其他结构的基础……"①

通常而言,从希腊理性精神、中世纪、启蒙运动到现代性,这个承接的历史过程意味着人类的觉醒,理性与主体性是人类重要的品质,它们的彰显是人类的进步。但是,这些不是全部,或者说并不完全是人类和历史(过去、现在和未来)的全部。追踪着希伯来传统,人类最可贵的智慧不是自我寻求与确认,而是服从,服从他人的经验。这是最大的超越。

从无神论到有神论,其中的跨越不是看到那个不可见者,而是首先相信圣经的"故事"——叙事者的经验。当然,这不是简单地相信故事,也不是简单地相信圣经所叙述的经验,相信圣经的记录者、叙述者,在更高层面上,这意味着,我们在那一刻,放弃自己的理性主体,自己有限的认识、甚至理性智慧,去服从更高的无限者,投入更高的智慧之中。这种服从与投入,相对于我们的有限的主体(意向性、认识、把握、知识、理性等)而言,是更高的一种智慧,一种实践勇气。

这可能是列维纳斯的思想给予我们的,是他关于超越的思想所根本体现出来的。这里面有着现象学的决断时刻,更有着神学的决断时刻。只是在这

---

① [法]列维纳斯:《总体与无限》,朱刚译,北京大学出版社 2016 年版,第 54—55 页。E. Levinas, *Totality and Infinity*, Alphonso Lingis(trans.), Pittsburgh:Duquesne University Press, 1969, p.79.

种决断之中,并没有真正的作为存在者的上帝的身影,它只有人类自身所发现的与无限者的关系。这个决断就是"上帝一词突然来到人类观念之中",就是承认最初的差异,就是绝对地给出自身,无私。

结语　哲学追问——意义的显现

在 1975 年的一次对话中，列维纳斯被问及关于其思想的根本性的任务、哲学追问的本质。列维纳斯这样回答：

"追问，作为原初的态度，是一种和那任何答案都没法囊括者的'关系'，是和那'不能被囊括者'的关系；面对这不可被囊括者，追问本身就是在做回应、就是在应承起责任了。所有的答案都包含一种'对问题的错过'，都吁请着一种否—说。"①

这是列维纳斯对哲学的基本态度，对哲学任务的界定。哲学不仅仅是怀疑、检视事实，或寻求答案。哲学的追问，是一种原初的态度，是和不可见者的关系，是应承。

这种态度决定了整个列维纳斯思想的内容与高度，同时也决定了他思想所包含的困难以及面临的质疑。正如德里达和雅尼考所指出和批判的，他的思想中关于他者的议题所携带的混沌和矛盾的地方，还有关于神学的痕迹所带来的哲学与信仰的某种纠缠关系。当然，这些评论甚至批评并非完全错误。亦如 Gary Gutting 在《二十世纪法国哲学》中所评判的：

"列维纳斯用彻底的异质性和绝对的命令来描述他者，这种描

---

① ［法］列维纳斯：《论来到观念的上帝》，王恒、王士盛译，商务印书馆 2019 年版，第141 页。

绘常常涉及宗教语言,特别是诸如克尔凯郭尔和其他人所使用的语言,用以反对将宗教经验从属于总体化的哲学概念。这不是偶然,并且列维纳斯也有意将他的他者哲学朝宗教的方向发展——虽然这个主题在《总体与无限》中是沉默的。"①

面对不可被囊括者,追问原初的关系。在这种追问中,能看到列维纳斯思想的神学成分,或者说——如同在海德格尔的思想所看到的——看到列维纳斯哲学与神学的某种深刻的同源性。列维纳斯的思想有着一种几乎是矛盾性的努力,用理性去寻求超越理性的东西,在可见者之中寻求不可见性,在这个过程中终究指向一种暧昧性——"无限者—上帝"。在这个意义上,追问上帝实际上是无法从上帝那里获得答案的,这种答案只能来自人自身。追问就是回应,回应上帝与人之间的绝对差异。这就是罗朗那个精辟的评论"上帝一词突然来到人类语言之中就是差异的最初标记"。在这里,可以进一步理解这句话,哲学追问实际上是寻求那个最初的差异性,是走出追问者自身。哲学如果是回到自身,寻求同一性,那就不是追问,因为同一性始终是有边界的,是能够满足渴望的。在同一性之中,真正的渴望将会终止,哲学也将死亡。

回到本书开头的问题:列维纳斯是否还是在做现象学,或者说,如何在现象学哲学中谈论"无限者—上帝",谈论他人面容之中那个带着神圣性的他者?列维纳斯本质上是否是谈论伦理与宗教?对此,首先需要明确的是,列维纳斯的伦理和宗教并非传统意义上的伦理和宗教,而是一种形而上学,是关于超越关系的理论。这种形而上学和超越关系的源发地是列维纳斯所说的绝对的、形而上的、原初的经验,是对象化和概念化把握之前的活生生的生命与生活世界。在这种经验背景中,通过无限者、面容、踪迹、感性等一系列的概念架构,列维纳斯始终力图呈现意识与绝对外在性之间的超越关系,一种被动性的经验。既然这种经验是关于超越者、不可见者,自然地,它必定带着某种无法

① Gary Gutting, *French Philosophy in the Twentieth Century*, Cambridge:Cambridge University Press,2001,p.360.

厘清的"模棱两可",同时,对这种经验的描述和阐释也可能带着某种先验的预设。因此,可以说,列维纳斯的出发点是回到纯粹经验本身,进行一种哲学现象学的还原与描述,但是,在这个过程中,他不可避免地带入了某种形而上(伦理学与神学)的视域(horizon,作为可见者的整个不可见者的衬景),那就是上帝及其伦理意义。可以说,这是列维纳斯无法回避的问题。

对于列维纳斯,现象学的核心任务不再是追寻知识的可靠性基础(并由此考察意识的基本结构),而是揭示原初的异质性触发事件及其所包含的感性超越关系。这个任务必然指向意识表象和构造行为之前更为初始的关系,更为根本的经验。而从列维纳斯的理论论述和构建来看,这个经验只有使用伦理和宗教形而上的词汇才能揭示。这点,是许多评论家所看到的。亦如雅尼考的指责,从知识的清晰性逻辑出发,列维纳斯面临着一个基本的挑战:既然绝对经验是非知识性的,超越者是被动性地向"我"显现,"我",如何认识并描述这种触发性之中的超越的显现?这个质疑几乎是维特根斯坦(Ludwig Wittgenstein)"警句"的清晰的回响:对于不可说之物,我们要保持沉默。这看似构成了列维纳斯的困境,但是,维特根斯坦的警告不应构成一个简单的结论,我们需要循着列维纳斯思想的过程和结果,发现其中更为细致的东西。任何诸如"说可说,不可说的不说"这样的简单的结论和反驳都可能是对列维纳斯的粗鲁处理和结论。

胡塞尔现象学以追求明见性、清晰性和确定性为旨趣。但在许多法国现象学家那里,关于显现的本质的研究表现出了晦涩与神秘主义的气质。这似乎表明列维纳斯的思想走出了传统的严格的现象学的领域。但是,这仅仅是开端,因为从这里出发,列维纳斯打开了自己的道路,同时也才得以打开现象学研究新的领域。这个领域就是他说的笛卡尔的无限观念所引导的"真正的现象学"。胡塞尔现象学遵循还原的法则,列维纳斯则试图将意识朝向那不可还原者,由此呈现意识和不可还原者的关系——感性与超越。由此,才能更深刻地打开在认知行为之前更为深邃的经验领域。这是现象学的延伸。如同列维纳斯反复(包括在后期重要文本《异于存在,或本质之外》结尾处)强调的,他没有放弃现象学,而是始终忠实于现象学方法。胡塞尔和海德格尔的遗产不断地被列维纳斯思考和讨论——也只有在这个基础上,他才能走得更远。他坚持关于他者(面容)的异质性经验也可以并且必须是现象学研究的问题。关于不可见者的现象学,这看似一种矛盾,但恰恰是在这种矛盾中更加接近了现象学对"显现的本质"的探求任务。这点对评价和理解列维纳斯非常重要。如施皮格伯格所说:

> "必须指出思想家莱维纳的另一个特征,即他的坚定的彻底精神。这也是他与胡塞尔共有的特征。胡塞尔毫不犹豫地要求那种与'健全常识'的倾向相冲突的东西,而莱维纳则通过寻求超验生活的观念,由此改变有关世界实存的常识性观念,莱维纳发展了一些看起来令人迷惑的观念。即便所涉及的是伦理学和宗教哲学的新基础,他也是彻底的。"①

回过头去看雅尼考的批评,可以说,雅尼考对列维纳斯的批判始终是基于"恢复胡塞尔计划性的荣光"②的立场,他试图严格地回到胡塞尔并且将一种现象学的积极计划与对严格的要求进行协调。胡塞尔致力于重新澄清数学、物理学、生物学等学科的基础,努力在回到经验直观和意识先验结构的基础上,重新建立一种更高的学科,更具有普遍性的哲学。但问题是,这种努力是否会导向一种抽象的形而上学,一种只有形式而没有内容的形而上学? 澄清知识的基础是否是回到经验的全部任务?

通过胡塞尔,理性直观在科学那里获得了基础性的地位,只有朝向原初性的经验和根基才能澄清科学以及人类知识活动的意义来源。但是从列维纳斯

---

① ［美］赫伯特·施皮格伯格:《现象学运动》,王炳文、张金言译,商务印书馆2011年版,第849页。

② Janicaud,Dominique(eds.),*Phenomenology and The"Theological Turn"*:*The French Debate*,Bernard G.Prusak(trans.),New York:Fordham University Press,2000.p.87.

的立场看,科学的观念立场本身最后也成为约束胡塞尔的因素,本来胡塞尔希望用科学的严格的方式去探求直观,但是最后却因为这种科学主义的立场约束了他对直观和本源性的探讨。这构成了列维纳斯反对胡塞尔的重要理由。实证科学最后并没有真正和经验本身统一起来,它偏向了理性。或者说,实证科学对清晰性和明见性的立场阻止了它进一步朝向事实本身——意识与世界和他人(这两种他者)之间原初的关系经验,即感受性和触发性、超越性经验。由此,胡塞尔也进一步遗漏(或者说有意放弃)了绝对他者在主体性之中的构建之基础性地位。

列维纳斯看起来似乎带我们远离现象学所追求的"事情本身"和"普遍真理";实际相反,他把我们带回了事情的源头,带回了形而上学——在科学和知识之前的感性经验世界本身。这样的经验世界具有更为广泛的事实性和普遍性。其中,既有绝对的内在性与享受,也有绝对的外在性与欲望;既有感性的下沉,也有绝对的超越。无论是感性下沉,还是神性超越,都是在对象性结构之前,都无法构成知识的可理解性。因此,必须承认列维纳斯的计划无法获得知识论意义上的清晰性、确定性和可理解性,无法成为科学知识。他没有如古希腊以来的理性传统和科学传统那样,构建一个在"我思"面前清楚明白的世界图景。但是,这不代表着这种思想没有"合法性"。这涉及对两个问题的基本理解:

一方面,"可理解性"(intelligibilité,或者说"智性")这个概念本身并不仅仅意味着世界和他人在理性之中的被对象化和概念化,它可以是我们与他者和世界之间的"亲近"与"回应"。这是世界最初的可理解性,也是生命最根本的智性。同时,意识的自身确定和身份认同(identification)并不完全来自意识对世界的把握和掌控,它也来自对世界的投身和对他人的回应。原初的投身于世界,以及对他人的回应,恰恰构成意识自身证成(justification)的条件。

另一方面,感性物质性关系、伦理关系,乃至于宗教关系,都远远要比认知和逻辑关系古老与深刻;它们作为人类经验的内在"冲动"(欲望),要远远"古老于"意识的认知关系。

应该说,这两个基本理解,奠定了列维纳斯思想的内在逻辑基础,也是他主张的关于"不可见者"的现象学、超越理论的合法性基础。

在现象学的脉络中,列维纳斯获益于胡塞尔现象学的方法和基本态度,但是,现象学本身的发展总是基于对现象学本身的批评而取得的。这是胡塞尔之后现象学运动史的基本事实。事实上,现象学运动在海德格尔那里就已明确表现出自身内部的解放,从意识意向性、笛卡尔主义和理性主义的束缚中解放自身。随后,从梅洛-庞蒂、米歇尔·亨利,到列维纳斯和马里翁,这些解放都是从现象学内部进行的,而不是在外部。因此,不能赞同雅尼考的说法——现象学已经转向了神学。如果有转向,只能说是在现象学内部的转向与深化,或者说现象学从理性主义和笛卡尔主义那里逐渐获得解放,转向了感性和超越之"事情本身"。

从胡塞尔开始,现象学的发展走向不同的方向,在这过程中,对可见性的描述始终被不可见性的视域(horizon)衬托着——这个视域要远比可见的部分丰富与深厚。这在后来的马里翁那里得到了充分表达。"不可见者刺透可见者,只是为了提升它,并且是为了恢复它,而不是为了取代它(犹如在军事上的'换岗'那样)或者安抚它。""可见者的增强与不可见者成正比。不可见者越是增强,可见者就越是深化。"①如果说现象学通过回到纯粹经验而回到事情自身,那么这经验绝对不仅是表征性的知识经验,它还包括触觉、爱抚、超越的经验(比如各种宗教体验、启示经验)等。这就决定了现象学研究会涉及对象化经验之外——"经验"这个概念所包含的不可见性远远多于其可见性。

对于海德格尔以及其后的法国"新现象学家"们,问题不在于:失去了知识论的严格性和清晰性,它是否还可以被认为是现象学? 而在于:是否坚持现象学基本精神,是否尊重事情本身。以列维纳斯为代表的新现象学家们坚持

---

① [法]让-吕克·马里翁:《可见者的交错》,张建华译,漓江出版社2015年版,第8页。在这里,马里翁借影像和透视来讨论可见与不可见之间的关系。

"朝向事情自身",通过现象学还原和悬搁,不是回到理念或理性之中,而是回到和进入感性生活世界之中。他们通过回到经验本身,展现了意识认知活动背后的原初视域——感性与超越。可以肯定的是,列维纳斯作为胡塞尔现象学的继承人(更确切地说不是继承人,而是后续者),他放弃了为科学奠基的严格性和科学性的抱负。现象学的运动成为更宽泛但真正意义上的形而上回归的运动。在这个意义上,如基阿尼·瓦蒂莫所评价的:

> "在努力推动超越形而上学的当代哲学家中,勒维纳斯无疑是走得最远的一个。"①

但这种激进与彻底,也自然会招致批评。雅尼考曾借用英国分析哲学家赖尔(Gilbert Ryle)的批评:

> "我个人认为作为第一哲学的现象学现在正朝着破产和灾难前行,并且将会终结于自我毁灭的主观主义或者一种宽泛的神秘论。"②

作为英国分析哲学的代表性人物之一,赖尔站在"清楚明白"的立场上将现象学作为严格的可理解性的意识科学。笔者不赞同这种视角和立场下的批评。但是对列维纳斯的这种批评也始终警示我们:列维纳斯的思想与主观主义和宽泛的神秘论之间必须真正保持距离。如何真正保持距离?

一方面,要理解哲学与宗教神学之间的天然(始源)联系以及亲密性,形而上学问题与心灵和上帝问题根本的一致性。另一方面,这不能成为混淆哲学与主观主义、神秘论的理由。对于真理的寻求,现象学展开了关于意识与世界的最基本的关联的考察,现象的显现以及在意识中的立义(意义的赋予),这是关于意识的基本"科学",也是一切科学的基础。从这个视野出发,思的

---

① [意]基阿尼·瓦蒂莫:《踪迹的踪迹》,载[法]德里达、[意]基阿尼·瓦蒂莫主编:《宗教》,杜小真译,商务印书馆2006年版,第103—104页。

② Janicaud,Dominique(eds.),*Phenomenology and The "Theological Turn":The French Debate*,Bernard G.Prusak(trans.),New York:Fordham University Press,2000.p.92.

经验之本质与基本结构是构建哲学与科学之间交集的可能性条件。但明显地,在胡塞尔的继承人那里,这种哲学与科学的交集被打破了,现象学不再挂钩于科学。同样从经验出发,胡塞尔寻求经验之中的同一性、确定性结构,而胡塞尔的一些后续者考察经验之中的异质性结构。同样在"回到事情本身"这个精神的指导下,现象学对经验的描述可以走向经验的另一个维度,超出现象而被给予我们的部分。这部分最终只能是什么?它不是对象,也无法成为对象;它在根本上只能是作为意义而被给予我们。也就是说,列维纳斯在谈论无限者、绝对他者、上帝的启示和被给予性(the giveness)时,意识被给予的不是对象,而是意义。

这是一个非常重要的分界线。也正是在这个意义上,列维纳斯多次提到"意义"的问题,并指出意义并不是来自意向性活动的赋予。实际上,意义有个更早的发生域,那就是与超越者的关系。意识所朝向者(意识之激发者)向我们给出的不仅是可见的、可作为知识加以把握的对象,还包括更为重要的、不可见的"意义"。从这个层面上说,列维纳斯的现象学不再是关于对象(现象)的显现的现象学,而是关于意义的显现(作为意义的被给予性)的现象学,关于"在何种具体的现象学语境中,这示意能够得以示其意"的现象学。这种示意超出了所有的现象性。①

从这点出发,才能真正而根本地理解列维纳斯在《论来到观念的上帝》的开篇提到的任务:对上帝这个观念之意义的考察。这是列维纳斯"超越(他者、上帝)现象学"的根本任务,也是基本立场。也只有从这个根本任务和立场出发,才能根本地理解列维纳斯思想的"伦理命令"。遭遇他人,并非遭遇"物化"和"对象化"之他人;没有看见他人(真正的他人隐匿于视觉之外),而是被召唤聆听某种命令。这就是他者、上帝之意义的显现和给出自身。

然而,这是否还是逃离不出神秘主义或信仰主义的"嫌疑"呢?关于这

① [法]列维纳斯:《论来到观念的上帝》,王恒、王士盛译,商务印书馆2019年版,前言第3页。

点,有两个问题需要澄清。首先,列维纳斯在哲学地讨论他者或上帝时并没有首先预设一个作为存在者的信仰对象——上帝,这避免了从上帝到人的某种存在论的神秘关联。在这个意义上,上帝之观念的意义的给出不是依靠信仰,也不是依靠某种神秘的直观或体验。其次,上帝、他者之召唤、命令(爱与无私),这是人类经验生活的一种事实,它并不是神秘的或者来自信仰的结果。上帝之观念意味着最初的差异——人和上帝的差异、与他人的差异。这是非—漠不关心和无私的前提与基础。这些经验是人类普遍的经验——这里的"普遍"不是说每个人任何时间空间和条件下都普遍发生,而是指广泛地(可能性地)存在。在人类的所有经验之中,爱(不论是亲密之爱、还是对上帝之爱)导向非—漠不关心和无私,而非导向科学与理性。按照列维纳斯的理解,这种爱即是超越关系,即是我们听到"他者"的召唤和命令。

列维纳斯在犹太教传统、现象学、法国哲学等多重背景下,将意识经验与他者、上帝交融起来。即便基于哲学的立场以及对现象学的忠诚,列维纳斯的思想还是无法从犹太教精神中剥离出来。这也是笔者要表明的。现象学不再仅仅局限于确定可靠的知识,或者为科学奠定基础。或许,现象学对意识经验的考察,相对于去澄清意识与对象之间的认知关系结构,澄清意识的先验结构和能力,更为重要地,是去寻求人的生活经验中的根本的关系结构和意义来源与发生——"意义"一词并非完全指知识论层面上的概念的指称与内含。

> "做现象学不仅仅是在它的抽象或者隔离孤立中保卫语言的含义,……而是去研究人或者人与人之间的空地,作为最终的智慧的结构。"①

正是在这条探寻的道路上,可以看到列维纳斯超越论思想的现实性。

但是,最后,可能始终还是有个问题会困扰着我们:上帝的观念意味着最

---

① E.Levinas, *Entre Nous*:*Thinking of the Other*, Michael B.Smith and Barbara Harshav(trans.), New York:Columbia University Press,1998,p.221.

初的差异,对他人的不冷漠与无私;那么,如果没有(获得)上帝的观念,真正的差异与无私是否可能?关于这个问题的答案,再次提醒我们,列维纳斯思想的彻底性和激进性,即他的思想的高度。这个高度是超越的高度,也是他所称的宗教与伦理的根本。

参考文献

一、中　文

（一）著作

1.［法］列维纳斯：《塔木德四讲》，关宝艳译，商务印书馆 2005 年版。

2.［法］列维纳斯：《从存在到存在者》，吴蕙仪译，王恒校，江苏教育出版社 2006 年版。

3.［法］勒维纳斯：《上帝·死亡和时间》，余中先译，生活·读书·新知三联书店 1997 年版。

4.［法］列维纳斯：《总体与无限》，朱刚译，北京大学出版社 2016 年版。

5.［法］列维纳斯：《论来到观念的上帝》，王恒、王士盛译，商务印书馆 2019 年版。

6.［法］列维纳斯：《另外于是，或，在超过是其所是之处》，伍晓明译注，北京大学出版社 2019 年版。

7.［法］保罗·利科：《论现象学流派》，蒋海燕译，南京大学出版社 2010 年版。

8.［法］保罗·利科：《作为一个他者的自身》，佘碧平译，商务印书馆 2013 年版。

9.［法］丹尼斯·于斯曼：《法国哲学史》，冯俊、郑鸣译，商务印书馆 2015 年版。

10.［爱尔兰］德尔默·莫兰：《现象学：一部历史的和批评的导论》，李幼蒸译，中国人民大学出版社 2017 年版。

11.［法］德里达：《书写与差异》，张宁译，生活·读书·新知三联书店 2001 年版。

12.［法］笛卡尔：《第一哲学沉思录》，宫维明编译，北京出版社 2008 年版。

13. [法]德里达、[意]基阿尼·瓦蒂莫主编:《宗教》,杜小真译,商务印书馆2006年版。

14. [德]海德格尔:《海德格尔选集》(上、下卷),孙周兴编选,生活·读书·新知三联书店1996年版。

15. [德]海德格尔:《在通向语言的途中》,孙周兴译,商务印书馆2008年版。

16. [德]海德格尔:《路标》,孙周兴译,商务印书馆2011年版。

17. [德]汉娜·阿伦特等:《〈耶路撒冷的艾希曼〉伦理的现代困境》,吉林人民出版社2003年版。

18. [美]赫伯特·施皮格伯格:《现象学运动》,王炳文、张金言译,商务印书馆2011年版。

19. [德]胡塞尔:《内时间意识现象学》,倪梁康译,商务印书馆2009年版。

20. [德]胡塞尔:《笛卡尔沉思与巴黎演讲》,张宪译,人民出版社2008年版。

21. [德]胡塞尔:《被动综合分析》,李云飞译,商务印书馆2017年版。

22. [德]胡塞尔:《现象学的观念》,倪梁康译,人民出版社2007年版。

23. [法]居伊·珀蒂德芒热:《20世纪的哲学与哲学家》,刘成富译,江苏教育出版社2007年版。

24. [英]科林·戴维斯:《列维纳斯》,李瑞华译,江苏人民出版社2006年版。

25. [美]罗蒂:《实用主义哲学》,林南译,上海译文出版社2009年版。

26. [德]罗森茨威格:《救赎之星》,孙增霖、傅有德译,山东大学出版社2013年版。

27. [德]鲁道夫·奥托:《论"神圣"》,成穷、周宪邦译,四川人民出版社2003年版。

28. [法]梅洛-庞蒂:《可见的与不可见的》,罗国祥译,商务印书馆2016年版。

29. [法]让-吕克·马里翁:《可见者的交错》,张建华译,漓江出版社2015年版。

30. [法]单士宏:《列维纳斯:与神圣性的对话》,姜丹丹、赵鸣、张引弘译,华东师范大学出版社2018年版。

31. [英]西恩·汉德:《导读列维纳斯》,王嘉军译,重庆大学出版社2014年版。

32. [日]港道隆:《列维纳斯——法外的思想》,张杰、李勇华译,河北教育出版社2002年版。

33. 高宣扬主编:《法兰西思想评论》(第三卷),同济大学出版社2008年版。

34. 刘小枫选编:《海德格尔与有限性思想》,华夏出版社2007年版。

35. 刘小枫选编:《海德格尔式的现代神学》,华夏出版社2008年版。

36. 倪梁康:《胡塞尔现象学概念通释》,生活·读书·新知三联书店1999年版。

37. 杨婉仪:《死·生存·伦理:从列维纳斯观点谈超越与人性的超越》,(台湾)联经出版事业股份有限公司 2017 年版。

38. 杨大春:《20 世纪法国哲学的现象学之旅》,社会科学文献出版社 2014 年版。

39. 王恒:《时间性:自身与他者——从胡塞尔、海德格尔到列维纳斯》,江苏人民出版社 2008 年版。

40. 北京大学哲学系外国哲学教研室编译:《西方哲学原著选读》(上),商务印书馆 2004 年版。

41. 朱东华:《从"神圣"到"努秘"——鲁道夫·奥托的宗教现象学抉微》,宗教文化出版社 2007 年版。

(二) 期刊

1. [德]汉斯·莱纳·塞普:《现象学是如何被动机促发的?》,余洋译,《广西大学学报(哲学社会科学版)》2014 年第 4 期。

2. 倪梁康:《意向性理论的现象学视角与心理学视角——对胡塞尔与迈农之间关系的思想史重审》,《广西大学学报(哲学社会科学版)》2014 年第 2 期。

3. 王恒:《列维纳斯的他者:法国哲学的异质性理路》,《江苏社会科学》2004 年第 3 期。

4. 王恒:《解读列维纳斯的〈意向性与感性〉》,《哲学研究》2005 年第 10 期。

二、外　文

(一) 著作

1. E.Levinas, *Totality and Infinity*, Alphonso Lingis(trans.), Pittsburgh: Duquesne University Press, 1969.

2. E.Levinas, *Totalité et Infini: Essai sur l' extériorité*, La Haye: Martinus Nijhoff, 1961.

3. E.Levinas, *Of God Who Comes to Mind*, Bettina Bergo(trans.), Stanford: Stanford University Press, 1998.

4. E.Levinas, *De Dieu qui vient a ' ideé*, Paris: Librairie Philosophique J.Vrin, 1982.

5. E. Levinas, *Is it Righteous to be? Interviews with Emmanuel Levinas*, Jill Robbins(eds.), Stanford: Stanford University Press, 2001.

6. E.Levinas, *Entre Nous : Thinking of the Other*, Michael B.Smith and Barbara Harshav (trans.), New York : Columbia University Press, 1998.

7. E.Levinas, *Difficult Freedom : Essays on Judaismtrans*, S.Hand (trans.), London : The-Athlone Press, 1997.

8. E. Levinas, *Proper Names*, Michael B. Smith (trans.), London : The Athlone Press, 1996.

9. E.Levinas, *Ethics and Infinity*, *Conversations with Philippe Nemo*, Richard A. Cohen (trans.), Pittsburgh : Duquesne University Press, 1985.

10. E.Levinas, *Otherwise than Being*, *or*, *Beyond Essence*, Alphonso Lingis (trans.), Pittsburgh : Duquesne University Press, 1998.

11. E. Levinas, *Autrement qu'être ou au - delà de l'essence*, La Haye : Martinus Nijhoff, 1978.

12. E.Levinas, *Time and the Other*, Richard A.Cohen (trans.), Pittsburgh : Duquesne University Press, 1987.

13. E. Levinas, *The Theory of Intuition in Husserl's Phenomenology*, Andre Orianné (trans.), Evanston : Northwestern University Press, 1995.

14. E.Levinas, *Existence and Existents*, Alphonso Lingis (trans.), La Haye : Martinus Nijhoff, 1978.

15. E. Levinas, *Discovering Existence with Husserl*, Evanston : Northwestern University Press, 1998.

16. E.Levinas, *Collected Philosophical Papers*, Alphonso Lingis (trans.), Dordrecht : Martinus Nijhoff Publishers, 1987.

17. E. Levinas, *Basic Philosophical Writings*, Adriaan T. Peperzak (eds.), Simon Critchley, Robert Bernasconi, Bloomington : Indiana University Press, 2008.

18. E.Levinas, *Nine Talmudic readings*, translated and with an Introduction by Annette Aronowicz, Bloomington : Indiana University Press, 1990.

19. E. Levinas, *Alterity and Transcendence*, Michael B. Smith (trans.), New York : Columbia University Press, 1999.

20. E. Levinas, *Outside the Subject*, Michael B. Smith (trans.), Stanford : Stanford University Press, 1993.

21. E.Levinas, *In the Time of the Nations*, Michael B.Smith (trans.), New York : Continuum, 2007.

22. E.Levinas, *Collected Philosophical Papers*, Alphonso Lingis(trans.), Martinus Nijhoff Publishers, 1987.

23. E.Levinas, *Beyond the Verse, Tamudic Readings and Lectures*, Gary D.Mole(trans.), Bloomington: Indiana University Press, 1994.

24. E. Levinas, *Discovering Existence with Husserl*, Evanston: Northwestern University Press, 1998.

25. E. Levinas, *God, Death and Time*, Bettina Bergo (trans.), Stanford: Stanford University Press, 2000.

26. E.Levinas, *Dieu, La Mort et le Temps*, Paris: Grasset & Fasquelle, 1993.

27. E.Levinas, "The Trace of the Other", in *Deconstruction in Context: Literature and Philosophy*, Mark C.Taylor(eds.), Alphonso Lingis(trans.), Chicago and London: University of Chicago Press, 1986.

28. E.Levinas, "Beyond Intentionality", in *Philosophy in France Today*, Alan Montefiore (eds.), Cambridge: Cambridge University Press, 1983.

29. Andris Breitling, Chris Bremmers, Arthur Cools (eds.), *Debating Levinas'Legacy* (*Studies in Contemporary Phenomenology*), Leiden: Brill Press, 2015.

30. Bernasconi, Robert; Chritchley, Simon(eds.), *Re-Reading Levinas*, Bloomington: Indiana University Press, 1991.

31. Rudolf Bernet, Iso Kern, Eduard Marbach, Lester E.Embree, *An Introduction to Husserlian Phenomenology*, Evanston: Northwestern University Press, 1993.

32. Burggraeve, Roger, *The Wisdom of Love in the service of Love: Emmanuel Levinas on Justice, Peace, and Human Rights*, Wisconsin: Marquette University Press, 2002.

33. Davis, Colin, *Levinas: an introduction*, Notre Dame: University of Notre Dame Press, 1996.

34. Jacques Derrida, *Adieu to Emmanuel Levinas*, Pascale-Anne Brault and Michael Naas(trans.), Stanford: Stanford University Press, 1999.

35. Dreyfus, Hubert L.and Mark A.Wrathall(eds.), *A Companion to Phenomenology and Existentialism*, New Jersey: Wiley-Blackwell, 2009.

36. Mark C.Taylor(eds.), *Deconstruction in Context: Literature and Philosophy*, Alphonso Lingis(trans.), Chicago and London: University of Chicago Press, 1986.

37. Husserl, *Ideas*, W.R.Boyce Gibson(trans.), New York: Collier Books, 1973.

38. Hilary Putnam, *Jewish Philosophy as a Guide to Life: Rosenzweig, Buber, Levinas, Wit-*

tgenstein, Bloomington: Indiana Univrsity Press, 2008.

39. Thomas Trezise (eds.), *Encounters with Levinas*, New Haven: Yale University Press, 2004.

40. Gary Gutting, *French Philosophy in the Twentieth Century*, Cambridge: Cambridge U-niversity Press, 2001.

41. Ira F. Stone, Reading*Levinas/Reading Talmud: An Introduction*, Philadelphia: Jewish Publication Society of America, 1998.

42. Jean Wahl, *Human Existence and Transcendence*, William C. Hackett with Jeffrey Hanson(trans. and eds.), Notre Dame: University of Notre Dame Press, 2016.

43. Jean Wahl, *Transcendence and the Cconcrete: Selected Writtings*, Alan D. Schrift (eds.), Ian Alexander Moore, New York: Fordham University Press, 2017.

44. Jean－Luc Marion, *Being Given: Toward a phenomenology on givenness*, Jeffrey L. Kosky(trans.), Stanford: Stanford University Press, 2002.

45. Jean－Luc Marion, *In Excess: Studies of Saturated Phenomena*, Robyn Horner (trans.), Vincent Berraud, New York: Fordham University Press, 2002.

46. Jeffrey L. Kosky, *Levinas and the Philosophy of Religion*, Bloomington: Indiana University Press, 2001.

47. Janicaud, Dominique (eds.), *Phenomenology and The " Theological Turn": The French Debate*, Bernard G. Prusak(trans.), New York: Fordham University Press, 2000.

48. Richard Kearney, Mark Dooley(eds.), *Questioning Ethics: Contemporary Debates in Philosophy*. London: Routledge, 1999.

49. Michael Purcell, *Levinas and Theology*, Cambridge: Cambridge University Press, 2006.

50. Michael L. Morgan, *Discovering Levnias*, Cambridge: Cambridge University Press, 2007.

51. Oona Ajzenstat, *Driven Back to the Text, The Premodem Sources of Levinas' s Post-modernism*, Pittsburgh: Duquesne University Press, 2001.

52. Rosenzweig, Franz, *The Star of Redemption*, William W. Hallo(trans.), Notre Dame: University of Notre Dame Press, 1985.

53. Robert Gibbs, *Correlation in Rosenzweig and Levinas*, Princeton: Princeton University Press, 1992.

54. Richard A. Cohen, *Elevations: The Height of the Good in Rosenzweig and Levinas*, Chi-

cago：University of Chicago Press，1994.

55. Michael L. Morgan，*The Cambridge Introduction to Emmanuel Levinas*，Cambridge：Cambridge University Press，2011.

56. Mole de Saint Cheron，*Conversations with Emmanuel Levinas，1983－1994*，Gary Mole（trans.），Pittsburgh：Duquesne University Press，2010.

57. Samuel Moyn，*Origins of the Other：Emmanuel Levinas between Revelation and Ethics*，Ithaca：Cornell University Press，2005.

58. Seán Hand，*Emmanuel Levinas*，London：Routledge，2008.

59. David Wood，Robert Bernasconi（eds.），*The Provocation of Levinas：Rethinking the other*，London：Routedge，1988.

60. Simon Critchley，Robert Bernasconi（eds.），*The Cambridge Companion to Levinas*，Cambridge：Cambridge University Press，2006.

（二）期刊

1. Deroo，Neal，"Re-ConsTituTing Phenomenology：ConTinuity in Levinas's Account of Time and Ethics"，in *Dialogue*，Vol.49，（2010）.

责任编辑：刘海静
封面设计：石笑梦
封面制作：姚　菲
版式设计：胡欣欣
责任校对：余　佳

图书在版编目（CIP）数据

遇见不可见者:列维纳斯论超越/林华敏 著. —北京:人民出版社,2021.2
ISBN 978－7－01－022564－7

Ⅰ.①遇…　Ⅱ.①林…　Ⅲ.①列维纳斯(Levinas,Emmanuel 1906-1995)－
哲学思想-研究　Ⅳ.①B565.59

中国版本图书馆 CIP 数据核字（2020）第 204342 号

遇见不可见者
YUJIAN BUKEJIAN ZHE
——列维纳斯论超越

林华敏　著

人民出版社 出版发行
（100706　北京市东城区隆福寺街 99 号）

北京汇林印务有限公司印刷　新华书店经销

2021 年 2 月第 1 版　2021 年 2 月北京第 1 次印刷
开本:710 毫米×1000 毫米 1/16　印张:16
字数:240 千字

ISBN 978－7－01－022564－7　定价:65.00 元

邮购地址 100706　北京市东城区隆福寺街 99 号
人民东方图书销售中心　电话（010）65250042　65289539